U0674571

行政检察制度论

ON THE SYSTEM OF PROSECUTORIAL SUPERVISION
OVER ADMINISTRATION

张步洪◎著

中国检察出版社

图书在版编目（CIP）数据

行政检察制度论／张步洪著．—北京：中国检察出版社，2013.8
ISBN 978 - 7 - 5102 - 0970 - 3

Ⅰ.①行… Ⅱ.①张… Ⅲ.①行政诉讼 – 检察机关 – 司法制度 –
研究 – 中国 Ⅳ.①D926.3

中国版本图书馆 CIP 数据核字（2013）第 188400 号

行政检察制度论

张步洪 著

出版发行：	中国检察出版社	
社 址：	北京市石景山区香山南路 111 号 （100144）	
网 址：	中国检察出版社（www.zgjccbs.com）	
电 话：	(010)68658769(编辑) 68650015(发行) 68636518(门市)	
经 销：	新华书店	
印 刷：	三河市西华印务有限公司	
开 本：	720 mm×960 mm 16 开	
印 张：	23.75 印张 插页 4	
字 数：	243 千字	
版 次：	2013 年 8 月第一版 2013 年 8 月第一次印刷	
书 号：	ISBN 978 - 7 - 5102 - 0970 - 3	
定 价：	48.00 元	

检察版图书，版权所有，侵权必究
如遇图书印装质量问题本社负责调换

序

　　法治兴则国家兴，法治强则国家强。十八大后，习近平总书记站在党和国家战略全局的高度，多次就法治建设发表重要论述，对推进法治建设作出了全面部署，丰富和发展了中国特色社会主义法治理论，明确了推进社会主义法治国家建设的基本思路，提出了"法治中国"概念。中央政法委员会据此明确了"法治中国"建设任务。"法治中国"的提出，标志着中国的法治实践迈入崭新的征程——法治中国作为全体中国人民的高度共识和行动宣言，已不再是可望而不可即的梦想，也决不是一个时髦的口号，而是有着丰富内涵的现实目标。它是人类法治文明的"继承版"，是法治国家建设的"中国版"，是依法治国实践的"升级版"。从依法治国到法治中国，是中国法治建设又一次极为重要的全面提速，是中国共产党探索治国理政规律又一个极为重要的成果，是中国政治文明进一步提升又一个极为重要的契机。在实践层面，法治中国是从有法可依向科学立法、民主立法的转型升级；是从强调法律体系和规则体系向强调体制、制度、机制、规则四位一体的转型升级；是从依法管理向依法治理的转型升级；是从过去单纯地强调政府严格执法向强调共同推进、一体建设的转型升级；是从规范执法行为向由行为到程序、由内容到形式、由决策到执行一体规范的转型升级；是从事前授权、事后纠错的控权方式向建立权力运行的监督制约体系的转型升级；是从注重私法权利向不仅注重私法权利而且注重公法上的权利保障的转型升级；是从严格司法向公正司法的转型升级；是从强调依法办事向既强调依法办事又强调法治环境改善的转型升级。

依法治国是现代政治文明的重要标志。建设法治中国，难点在于有效控制公权力。权力监督体系是否完善，是衡量国家法治化程度的一个重要标准。习近平总书记指出，"要健全权力运行制约和监督体系，有权必有责，用权受监督，失职要问责，违法要追究，保证人民赋予的权力始终用来为人民谋利益。""加强对权力运行的制约和监督，把权力关进制度的笼子里，形成不敢腐的惩戒机制、不能腐的防范机制、不易腐的保障机制"，突出强调了制度在反腐中的基础作用。

推进依法行政，建设法治政府，是建设法治中国的重要步骤。法治政府是一种需要长期保持的状态。在市场经济条件下，国家行政机关承担着社会管理、市场监管、公共服务、经济调节等职能，涉及经济与社会生活的方方面面。在经济社会不断发展、行政环境日趋复杂、行政任务日趋艰巨的情况下，各级政府应当不断地坚持运用符合法治的方式来解决经济社会发展中的各种问题。新一届国务院领导高度重视法治政府建设，更加重视对行政权运行的制约与监督。李克强总理在国务院第一次廉政工作会议上强调，权力是双刃剑，用得好可以为老百姓办好事，用得不好误民误事甚至滋生腐败。政府管好权力，需要加强制度建设，用制度管权、管钱、管人，给权力涂上防腐剂、戴上紧箍咒，真正形成不能贪、不敢贪的反腐机制。

为保障和约束各级行政机关切实做到严格、规范、公正、文明执法，国家已经创设了多种对行政权进行监督的制度。在行政系统内部，国家设置监察、审计等监督制度，并出台了一系列规制行政行为的法律。在行政系统之外，宪法和法律规定，行政机关及其工作人员履行职责，依法接受人大、审判机关、检察机关和社会公众的监督。可以说，每一种监督制度均有其优势，又有其局限性，唯有不同监督制度实现相互衔接，才能发挥权力监督体系的整体效应。完善权力监督体系，宜遵循专群结合的思路，实现自上而下监督、自下而上监督、平行监督相互支撑，外部监督与内部监督相互衔接，事前防范、事中控制、事后监督相互协调。为此，需要在进一步明晰各监督主体职责权限的基础上，明确各种监督程序相互衔接的具体规则，使其更具有逻辑性、层次性、系统性、有效性。

我国检察机关是国家的法律监督机关，是建设法治中国的重要力量。习近平总书记在首都各界纪念现行宪法公布施行三十周年大会上的讲话中强调，"要按照宪法确立的民主集中制原则、国家政权体制和活动准则，实行人民代表大会统一行使国家权力，实行决策权、执行权、监督权既有合理分工又有相互协调，保证国家机关依照法定权限和程序行使职权、履行职责，保证国家机关统一有效组织各项事业。""全国人大及其常委会和国家有关监督机关要担负起宪法和法律监督职责，加强对宪法和法律实施情况的监督检查，健全监督机制和程序，坚决纠正违宪违法行为。"这些重要论述为我们准确定位国家机关之间的相互关系、完善国家监督制度指明了方向。据此，进一步深化检察改革，应当坚持检察机关的宪法定位，着眼于实现检察监督与其他监督相互衔接，检察权与决策权、执行权相互协调。

关于检察制度的性质、功能和定位，在理论界长期存在认识分歧。客观地说，由检察权监督行政权的制度设计，在理论上具有其他监督所不可替代的独特价值。其一，我国检察机关设置于行政系统之外，可以排除来自行政系统的干预、保障监督权依法独立公正行使。其二，检察监督基于公权力由人行使这一前提，着眼于追究严重违反公职人员的法律责任，有利于体现权责相当的原则。其三，检察监督权作为一种国家公权力，既是职权也是职责，不可放弃，符合公平正义的价值追求和法律面前人人平等的原则要求，有利于避免选择性监督。其四，检察职权由法律规定，有利于保持检察权与其他监督权能相互补充，与行政权相互协调。其五，国家设置检察职权遵循法律保留原则，实行上级检察院领导下级检察院的体制，有利于保障国家法制统一。当然，理论变成现实，迫切需要一些科学的制度作为支撑。

在行政法学中，行政检察属于"监督行政"的内容。与行政法学主要研究规范行政主体的行为规则不同，检察权直接监督行政权的重点是行政机关工作人员和特定行政活动。过去，行政法学界对于行政检察未予充分关注。在观念上，人们习惯于从检察职能的内在结构出发，将其理解为检察机关对行政诉讼的监督，对检察权监督行政权的其他制度，缺乏全面系统的研究。因此，有必要着眼于检察权在国家权力体系中的定位，以及检察权与行政权之间监督与被监督的关系来研究行政检察。

尽管检察制度已经伴随着新中国存在了数十年，但是，从学术研究的角度看，行政检察仍然属于一个比较新的问题。当前，我国正处于完善中国特色社会主义检察制度的关键时期。党的十八大对于进一步深化司法体制改革作出了部署，前两轮司法体制改革中并未实质性地涉及司法与行政之间监督与被监督的关系。数年前，我指导步洪以《中国行政检察制度研究》为题目完成了他的博士论文。毕业以后，张步洪博士并没有停止对这个问题的继续研究和思考。现在大家看到的这部《行政检察制度论》，比他当初的博士论文又有一些创新，逻辑更加缜密，表述更加准确，内容更加丰富。透过书中内容，不难得出这样的印象，作者试图探寻的，不是扩张检察权的理论根据，而是行政检察的合理边界与有效规范。或许，书中有些表述还可以推敲，有些观点还可以探讨。但通过作者的努力，吸引更多的人更加深入地研究行政检察制度，不仅对于丰富行政法学中的监督行政理论和检察理论具有重要的积极意义，而且可以为完善中国特色社会主义检察制度提供更直接的理论支持。

新时代与法治化（代前言）

国家实行市场经济，客观上要求明晰公权与私权的关系，国家与社会的关系。市场经济的发育，唤醒了公民的权利意识，促进了责任政府观念的普及。本世纪初以来，信息技术的普及应用，使得自媒体成为公众之间直接交换信息的重要平台，打破了官方传媒的信息垄断。公权力接受公众监督正在成为一种常态，公民对国家机关及其官员进行监督正在从文本走向现实。从这个角度说，我们正处于一个全新的时代。

一

依法治国是我国宪法确定的基本治国方略。对于中国应当走什么样的法治化道路，不无认识分歧。有人认为，我国检察制度脱胎于苏联。苏联早已经解体了，我们没有必要再沿用这套制度。的确，列宁精心构建的苏联法律系统未能永久地维系苏联的存续。事实上，苏联解体的主要原因不在于它的法律系统，而是有着非常复杂的历史与社会、经济背景。当年，列宁正是看到了国家存在分裂的危险，才建立了一套以公权力约束公权力的法制系统。法律制度通常被视为政治制度的一部分，也有人有意无意地将法律与政治割裂开来。毫无疑问，国家和政权的存在是确立法律系统的前提。但是，法律系统有其特定的国家和社会职能，超出了这个限界，法律往往无能为力。与其将西方国家的经济发展、技术进步归因于它们的法律系统，不如归因于它们比国家机器相对强大的社会系统。

现代法治有一套很重要的观念和制度——分权制衡、权力分设。在西方国家，国家权力划分的最基本模式是三权分立。不少西方国家通过三权分立的制度模式化解民怨、消除危机，保障公权力体系新陈代谢。表面上看，西方法治在国家与社会治理方面的成绩均可归因于三权分立。事实上，法治的核心在于实行分权制约，而不是国家权力只能划分为三种，三权分立只是法治的一种模式。分权而治是当代国家的基本治理模式，是法治国家的基本要素，但仅仅实行分权是不够的。衡量一个国家民主化、法治化程度的首要因素是国家与社会的关系，也就是公权力与私权利的关系。当代西方国家没有专门的公权力监督机构，不是因为它们实行三权分立，而是因为其社会力量可以有效约束公权力，私权足以抗衡公权，国家无需设置专门的公权力机构来监督其他公权力机构依法办事。这是西方民主政治的一个重要方面。

现代国家民主化、法治化的进程，正是推动公权力有效接受社会监督的过程。新中国成立之初，公权力机构具有极高的权威性，社会力量和公众几乎没有能力对公权力机构及其官员进行监督。这也是新中国将检察机关定位于法律监督机关的一个重要原因。当今中国，信息技术的普及应用已经使得公众监督公权力成为一种现实。我们能否因此认为专门的公权力监督机构已经完成了它的历史使命？

信息时代，以公权力监督公权力的制度安排仍然应当予以不断优化，而不是予以取消。因为，我国法治与西方法治有着截然不同的政治背景。我国实行共产党领导下的社会主义制度，基于共产党长期执政这一前提推行法治，政府虽然实行任期制，但在官员任用上具有很强的连续性。在我国，选举产生的官员与西方国家的政务类公务员不是一个概念。领导干部的权力影响可以覆盖辖区内经济社会生活的每个角落，甚至可以扩展到辖区之外。这也正是我国不可盲目模仿西方实行"组阁制"的一个重要因素。国家虽然已经推行市场经济多年，政府至今仍然控制着绝大部分社会公共资源，国家公职人员违法行使权力，一旦被发现，不仅要承担政治责任，而且要同时承担法律责任。而且，我国的政务公开尚处于起步阶段，社会力量没有条件对官员和公权力机构进行全方位的监督。公众监督通常只能解决政治责任问题，公职人员的法律责任追究仍然需要公权力监督机构来落实。

在我国，以其他公权力监督行政权的制度主要有人大监督、行政诉讼、检察监督。在行政系统内部，有行政复议、行政监察、审计等制度。监督主体多样化有利于防止个别机关垄断监督权而无所作为，同时也有一些局限：专门监督机构的运转完全依赖公共财政，国家不可能无限制地增加投入；监督程序相对封闭，监督结果更像是公权力体系内部的事情；专司监督的官员与其他官员一样，都属于国家公职人员，处于同一社会阶层，有着共同的利益和立场，因而存在缺乏监督动机的问题。为此，有些国家机关采用考核评价等方法来刺激专司监督的官员的积极性，却导致一些单位和个人过分看重考评结果，影响了监督和执法的统一性。因此，国家在设计监督制度时，应当首先着眼于加强对行政权的程序控制、社会监督。信息时代，公权力监督机构有必要从根本上打破相对封闭的工作模式，将履行监督职责与保障公民依据宪法第41条对国家机关和国家工作人员提出批评、建议，对国家机关和国家工作人员的违法失职行为行使申诉、控告或者检举的权利结合起来。唯有如此，以公权力监督公权力的制度才能获得强大的生命力，才能在社会主义法治国家的制度模式中发挥重要的积极作用。

二

在以公权力监督公权力的各项制度中，行政检察是最具有中国特色又最具争议的制度之一。行政检察，即检察机关对行政机关及其公职人员进行监督的制度。关于检察权的属性，各国制度并不一致，学界也无定论。西方法治国家通常将检察机关定位于公诉机关。中国的检察制度与英美法系、大陆法系国家的检察制度均有不同。

新中国检察制度创设之初，"法律"的内涵远不如现在这么丰富。在我国社会主义法律体系日臻完善的今天以及今后，检察机关是否还有必要作为法律监督机关而存在？关于检察权性质和检察机关定位的已有研究成果很多。不同研究者着眼点不同、方法论不同，往往结论迥异。进行比较研究，不可脱离相关国家的政治体制和社会环境去评价某个具体制度的优劣。况且，美国并不是因为有了它的检察制度才有了发达的经济，苏联也不是因为其检察制度而解体。中国之所以要将检察机关确定为法律监督机关，是因为在新中国成立之初，虽然有学习苏联经验的因素，但更重要的是适应高权政治环境下约束公权力的需要。虽然几十年之后，我国社会主义民主得到了空前发展，但是，民主不可以代替法治，在共产党长期执政的前提之下推行法治，设置专门履行法律监督职能的国家机关仍然具有积极意义。本书的研究也正是在此基础上展开的。

在我国，检察权与行政权的关系，属于检察制度的重要内容。尽管检察机关与行政机关互不隶属，但是，行政检察作为一种以公权力监督公权力的制度安排，表面上属于公权力体系内部关系。事实上，各种公权力相互之间关系常常包含着国家与社会的关系，而且，公权力内部运作规则同样关涉公平、正义与效率。没有公权力体系内部的公平正义，就难以在全社会实现公平正义；没有公权力规范运作、正当行使，就不可能有和谐的社会关系。

行政机关直接掌控和配置社会公共资源，因而需要接受全方位、强有力的监督。可是，行政权需要监督不能当然得出检察权扩张的结论。行政检察制度的存续与发展还必须回答以下问题：其一，检察权对行政权实行监督为什么优于西方国家实行的三权分立，由审判权对行政权通过行政诉讼进行监督为什么不能取代检察监督？我国社会主义市场经济是从计划经济逐步转变过来的，伴随着三十多年改革开放，一步登天、一夜暴富的神话不断上演，这对于每个公职人员的职业操守都是巨大的考验。行政公职人员占国家公职人员的大部分，行政系统及其延伸领域发生的职务犯罪占所有职务犯罪的大部分。因此，由行政系统之外的机关查处职务犯罪是必要的，也是可行的。过去，检察机关在行使侦查权方面出现的问题，可以通过加强对检察权的规制来解决，而不是简单地改变侦查权归属就可以解决。其二，如何看待检察权与行政监察权之间的关系？对这一问题的回答，可以有多个角度、运用多种理论，其中最为关键的是：公权力监督机构的权能是否应当具有排他性。如果对公权力主体进行监督，除了某一法定监督机构之外，其他任何机构和个人不得染指，不仅与宪法规定不符，而且不利于实现对公权力的有效监督。从这个角度说，检察监督和行政监察都不是绝对排他的监督权能。国家职权配置虽然有其自身规律，但这种规律，与其说是一种逻辑，不如说是一种现实选择。检察机关要在国家法治进程中发挥重要作用，必须在整个法律体系和执法系统中寻找法律监督职能的合理定位，在国家法治的总体框架内，在符合法治和国家分工的前提下适当确定检察职责。

目前中国检察机关承担的职能不仅符合人民代表大会制度的理念，而且体现了分权制约的观念。同样，长期以来饱受诟病的检察机关不受监督、既当裁判员又当运动员等问题，不可一概而论。检察机关在诉讼中承担的多重职能属于程序性的职能。根据刑事司法机关职能分工，检察机关认定有罪的案件都必须经过法院裁判才能最终认定行为人有罪；检察机关认定行为人不构成犯罪无需提交法庭审理即可作出决定，具有结案意义。在检察机关承担的诸多职能中，最令人担忧的是职务犯罪侦查权。检察机关没有能力给无辜者定罪，但是它完全有可能放纵犯罪。这样的问题，与警察权的腐败类似，不是简单地改变侦查主体就可以解决的，而是需要强化对检察侦查权的程序约束，强化社会公众的监督，增强对普通公民举报、控告权的法律保障来解决。进一步深化司法体制改革，有必要继续加强对检察侦查权的规范与约束。

在我国，检察权在性质上属于司法权。过去十年，民事司法改革和刑事司法改革均取得了一些进展，而行政审判、行政检察制度改革相对缓慢。其中一个重要原因是，前面的司法体制改革是遵循先易后难的思路展开的。行政审判、行政检察制度涉及司法权与行政权的关系，更加需要社会各方面的共识，特别是公权力体系内部的共识。未来五年，进一步深化司法体制改革，是形成中国特色社会主义司法制度的关键时期，对这些难题不可再拖延。

完善行政检察制度，不能简单地理解为扩大监督范围，也不是单纯通过某一部法律就能解决所有问题，必须系统地研究论证。我国社会主义法律体系基本形成之后，检察机关应当在法律监督中承担什么责任？长期以来，检察职能主要是围绕诉讼配置的，尽管其中具有监督行政权的功能，但是，检察机关能否对行政行为实行直接监督，或者设置这种监督的必要性常常令人怀疑。在我国法律体系中，行政法律数量庞大，规范社会的关系十分广泛，与国家社会公民生活密切相关。因此，宪法和法律规定行政权应当接受人大、法院、检察院的监督以及社会公众的监督。

行政检察制度在中国属于司法制度的组成部分。自上个世纪末以来，党中央数次部署司法体制改革，以解决社会反映强烈的告状难、执行难、司法腐败、司法不公问题。司法职业者们期待通过改革优化司法环境、增强司法保障。总体来看，过去十年推进和深化司法体制改革主要是针对实践中出现的突出问题按照先易后难的思路推进的。这种问题导向型改革被一些学者认为是小修小补、无所作为。其实，现代国家已经不太可能单纯基于某种学说重构国家基本制度。司法只能承担它应该承担、能够承担的责任，司法改革也是一样。至于司法保障，即使在经济特别发达的国家，司法经费保障也都要经过层层折扣、讨价还价。国家再重视司法，也不可能无限制地增加投入。这就决定了将来的司法管理与司法保障改革将遵循以优化现有资源配置为主、增加投入为辅的思路推进。

一个令人深思的问题是，过去三十多年来，我国的法律制度、法律教育都有空前的发展，司法官员的文化素养、专业素质都有空前的提高，司法公信力为什么不能随之提升呢？这在很大程度上可归因于司法不公、司法不廉。而司法不公、不廉，又在一定程度上归因于司法管理制度的弊病、监督司法的缺失。最好的司法官制度不是让每个法官、检察官都得到高官厚禄，而是让每个司法官有一种发自内心的公平感。改革司法官管理制度，应当本着客观、公平、公正的原则，建立以工作业绩为导向的司法官晋升制度，通过客观、理性的司法官业绩评价机制，以司法官的工作业绩决定其职业发展。对司法权进行监督，关键是对司法官员进行监督，以确保司法官廉洁奉公，宜遵循专群结合的原则，更好地发挥社会公众和当事人的作用。司法系统解决好这两方面的问题，才有可能真正承担起监督行政权的使命。

目　录

第一章　行政检察的概念和体系

在新中国检察制度发展史上，检察监督对行政法治的影响力似乎不大，但是，检察制度的兴衰与检察机关对行政的监督职能却是密切相关的。基于现行法律和实践探索，我国检察机关承担的监督行政权的职能分散于行政、刑事、民事三大诉讼程序当中以及一些特定的非诉讼行政领域。全面地研究检察机关监督公共行政的有关制度，首先需要明确行政检察的概念和基本体系。

第一节　行政检察的概念

在现代汉语中，"检察"一词被解释为"审查被检举的犯罪事实"。① 我国宪法第 129 条规定："中华人民共和国人民检察院是国家的法律监督机关。"据此，检察机关承担着维护法制统一正确实施、捍卫法律尊严的职责。我国行政机关是国家权力机关的执行机关，是行政法规范的主要适用者。检察监督作为一种专门的国家监督，应当在促进法

---

① 中国社会科学院语言研究所词典编辑室编：《现代汉语词典》，商务印书馆 1983 年版，第 553 页。

治政府建设，保障公民、组织合法权益方面发挥重要作用。本节我们通过分析行政检察的传统概念、归纳研究行政检察的基本方法，基于国家权力的内在结构提出行政检察的定义。

一、基于检察权内部结构的传统概念

行政检察，是中国特有的概念。无论在英美法系国家还是大陆法系国家，检察机关通常隶属于行政系统，而且主要承担刑事司法职能。[①] 我国检察机关是在借鉴苏联检察制度的基础上根据中国共产党作为执政党的国情建立起来的。在我国，检察机关由国家权力机关——人民代表大会及其常务委员会产生，对它负责，受它监督，不仅独立于行政系统之外，与各级政府并行设置，而且与审判机关并立。宪法规定，检察机关依法独立行使检察权，不受行政机关的干涉。同时，宪法和法律还赋予检察机关对包括行政机关在内的公共机构进行特定法律监督的权力。

在行政法学理论体系中，检察机关对公共行政的监督并不占据重要位置。过去出版的行政法教科书中，大多没有将它作为一部分重要内容。罗豪才教授主编的高等政法院校规划教材《行政法学》[②] 在"监督行政行为"一章设"检察监督与司法监督"，将检察监督作为监督行政的一种

[①] 也有学者认为西方检察机关特别是大陆法系的检察机关具有法律监督职能。如德国检察机关负有对法院审判活动的监督职能，表现为"申明异议和抗告"。何家弘主编：《中外司法体制研究》，中国检察出版社 2004 年版，第 253 页。

[②] 罗豪才主编：《行政法学》，中国政法大学出版社 1998 年版。

制度安排。然而，通过"中国知网"搜索标题为"行政检察"一词获得的论文，大多数是关于"民事行政检察"的文章，专门系统地研究行政检察的文章屈指可数。实践中，我们通常在两种意义上使用行政检察概念：一是基于检察机关内部分工的行政检察；二是基于检察与行政之间监督与被监督关系的行政检察。前者是狭义上的行政检察，后者是广义上的行政检察。

在检察理论中，检察职权通常被划分为公诉权、职务犯罪侦查权、逮捕权、诉讼监督权、非诉讼监督权，[①] 检察机关监督行政的功能并没有以显著的方式体现出来。基于检察权的内部结构，人们习惯上将行政检察理解为行政诉讼监督。它之所以被误解，主要基于以下原因：

其一，检察机关的法律监督主要是通过诉讼来实现的。根据我国法律，诉讼可以分为刑事、民事、行政三大类。刑事诉讼中的批捕、公诉等检察职能通常被称为"刑事检察"，检察机关在民事诉讼中的监督职能被称为"民事检察"，行政诉讼监督也就自然而然地被理解为"行政检察"。

我国刑事诉讼法规定，人民检察院依法对刑事诉讼实行法律监督。但在理论上，对于刑事检察的内涵不无分歧。一种观点认为，刑事检察就是包括审查逮捕与侦查监督、刑事公诉与审判监督、刑罚执行监督在内的各项刑事检察职能的总称。另一种观点认为，刑事检察是包括刑事侦查监督、刑事审判监督、刑罚执行监督在内的刑事诉讼法律

---

① 刘立宪、张智辉等：《检察机关职权研究》，载《检察论丛》（第二卷），法律出版社 2001 年版，第 108－121 页。

监督，而不包括公诉和审查逮捕在内。诉讼法学者认为，审查逮捕具有司法审查的性质，因而不同于公诉。与刑事司法属于国家活动不同，民事活动是一种社会活动，行政行为既是国家管理社会的活动，又与社会成员的活动密切相关。检察机关在民事诉讼中的地位较为特殊。基于当事人意思自治原则，检察机关并不对正常的民事行为和民事诉讼行为进行直接的监督，民事检察监督局限于民事诉讼环节。2012年民事诉讼法将检察监督原则从原来的对"民事审判活动"进行监督，拓展到对"民事诉讼"实行法律监督，既包括对民事审判过程、裁判结果进行监督，也包括对民事执行进行监督。

我国检察机关与行政机关平行设置，独立行使检察权不受行政机关干涉。行政机关正常履行职责的行政活动，也不需要检察机关参与。但是，法律监督本质上是对国家公权力的监督，行政权作为一种国家公权力，它不是通过诉讼的方式来实现的。可见，围绕诉讼配置检察权并不是检察权的本质特点和要求。

行政检察不同于行政诉讼检察监督。按照行政诉讼法规定，检察院对行政诉讼实行法律监督。但是，将行政检察等同于对法院行政审判活动进行监督，将其理解为行政抗诉都是不可取的。行政诉讼检察监督不仅包含检察权与审判权在行政诉讼中的关系，而且包含检察权与行政权之间在行政诉讼中监督与被监督的关系。表现在：检察机关可以对行政诉讼被告是否履行法定诉讼义务进行监督；检察机关通过监督法院所作的生效行政裁判，对行政行为合法性与有效性进行间接的监督。

其二，检察机关主要围绕诉讼与诉讼监督职能设置业务机构。1999 年以前，各级检察院设置刑事检察部门（厅、处、科）。1999 年以后，随着刑事诉讼监督职能的细化，刑事检察部门进行了分设。例如，最高人民检察院将刑事检察厅分设为审查批捕厅、公诉厅；2000 年，审查批捕厅更名为侦查监督厅。其他行使刑事诉讼监督职能的机构还有监所检察厅、刑事申诉检察厅。检察机关设置的反贪污贿赂部门、渎职侵权检察部门，其执法的直接依据是刑事法，属于广义上的刑事检察机构；职务犯罪侦查的对象主要是但不限于行政公职人员，因而通常并不被认为是检察权监督行政权的专门制度安排，[①] 在检察机关内部，它们也不被认为是一般意义上的行政检察机构。

检察机关的职能总体上偏重于刑事，是现代法治国家的一般做法。现代检察制度正是基于确保刑事司法权公正行使的需要而产生的。我国检察机关虽然是国家法律监督机关，但检察权通常不会扩展到正常进行的民事活动领域、行政管理领域。在民事诉讼、行政诉讼中，检察机关的监督职能比较单一。过去的实践中，检察机关行使行政诉讼监督权主要是针对法院所作的违法的生效行政裁判提出抗诉。因此，有人将行政检察理解为检察机关对行政审判活动进行监督。按照这样的理解，民事检察和行政检察没有

---

① 行政机关公务员在国家公职人员中占大多数；行政公务员犯罪占所有职务犯罪案件的大多数。因此，可以说，职务犯罪侦查的监督对象主要是国家行政机关工作人员。

实质性的区别。

长期以来，绝大多数检察院没有专门的行政检察部门，而是设置民事行政检察部门，同时承担民事审判监督和行政诉讼监督职能。在民事行政检察机构合并设置的情况下，两种监督职能的巨大差异常常被忽视，各级检察机关在开展行政诉讼监督时，实际上也把行政诉讼监督局限于对法院审判活动的监督，针对行政诉讼被告的监督实际上基本没有开展起来。

二、重新界定行政检察的必要性

中国的检察制度在现代国家司法制度中别具特色。其特色之一就在于检察机关具有对公共行政进行监督的职能。对我国检察机关监督职能的认识，不应当局限于诉讼，因为行政机关作为公法主体只有在极个别情况下才参加诉讼，因而，对于检察机关监督行政权的职能，应当从国家与社会的关系出发，放置到整个权力体系当中去考量，从各项检察措施承载的法律功能和社会功能去认识，客观地看待中西差异，理性地看待中国社会对法律监督的特殊需求，科学界定检察权与行政权之间监督与被监督的关系。

（一）行政检察制度的系统性

我们有必要将检察机关各内设机构分散履行的监督行政的职能、依据不同程序法规范取得的检察措施，运用检察权监督公共行政的主线贯穿起来。同时，将这些措施放置到整个国家权力体系的框架之内进行考量，力求实现检察机关诉讼监督职能与其监督行政的其他职能相衔接；对行政活动直接监督与行政法治的发展趋势相吻合；查办职务犯罪与保障行政法制统一相衔接，科学运用有限的检察资源形成监督公共行政的合力。研究行政检察，应当通过勾画现行法框架下行政检察措施的基本结构，描述中国行政检察制度在法治政府建设中发挥作用的方式。

（二）行政检察制度的社会适应性

法学作为一门社会科学，不仅以法律为研究对象，而且应当关注所有社会现象，从社会需求出发，体现社会发展趋势。研究行政检察制度，应当考虑中国现有法律体系的内在要求、中国检察制度的特点，以及理论学说或者实践做法，但不应当局限于此，而是要关注中国社会的司法需求，关注社会对现行法律制度的评价、对国家机关执法状况的评判，顺应社会变化发展趋势。唯有如此，检察制度才有可能在中国法治建设，特别是法治政府建设中发挥重要作用，承担起独特的责任。基于此，我们对行政检察制度的功能定位，不是求大、求全，而是希望通过一系列的制度安排，弥补其他制度在维护社会公平正义方面的不足。

（三）明确相关检察职权的法律监督属性

随着国家法治化程度的提高，我国检察机关承担的职能和三十年前相比有明显的拓展。其中有些检察职能是否属于检察监督，理论上不无争议。例如，职务犯罪侦查权是否属于法律监督，一直存在不同认识。职务犯罪侦查的对象虽然不限于行政公职人员，但是从实践情况来看，行政机关职能宽广，行政公职人员队伍庞大，掌控着国家和社会绝大多数公共资源。行政公职人员是检察机关通过侦查活动予以监督的最主要对象。在理论上，有学者对于职务犯罪侦查的法律监督属性并不认同，认为它和侦查普通刑事犯罪在性质上没有区别。事实上，公职人员不同于普通公民，他们肩负着对国家和社会的责任，在法治行政的背景之下，行政职责是一种法律上的义务。与普通刑事犯罪主要表现为违反刑法的禁止性规定不同，职务犯罪主要表现为违背公法上的职责和义务。国家查办职务犯罪，除了实现法律的制裁功能之外，更重要的是敦促所有公职人员尽职尽责。从这个角度讲，侦查职务犯罪是对行政机关及其公职人员的一种监督。

三、研究行政检察的基本方法

研究方法是指在研究中发现新现象、新事物，或提出新理论、新观点，揭示事物内在规律的工具和手段。对于同一现象的研究，采用不同的研究方法，可能得出不同的结论。为此，界定行政检察，应当首先确定研究方法。基于行政检察制度功能、定位的复杂性，单纯依靠一种方法不足以准确地界定其内涵与规则。为此，我们倾向于采用多种方法来作出判断，除运用系统分析、社会分析的方法之外，还有必要综合运用以下研究方法：

（一）功能分析的方法

功能分析法是社会科学用来分析社会现象的一种方法，是社会调查常用的分析方法之一。它通过说明社会现象怎样满足一个社会系统的需要，具有怎样的功能来解释社会现象。

　　无论行政诉讼监督还是行政职务犯罪侦查，既有理论对它们的功能的研究是不全面的。行政诉讼监督，在实践中一直被等同于检察机关对法院的监督，即对"行政审判"的监督，它所承载的监督行政的功能，长期没有受到应有的重视。职务犯罪侦查，常常与反腐败联系起来，在查办或不查办某一犯罪的官员完全取决于某一机关乃至个人的情况下，它既是反腐败的公器，也是可以被少数人利用作为排斥异己的工具。在司法公信力亟待提高的背景下，检察机关迫切希望通过优先查办发生在群众身边的职务犯罪、公众反应强烈的严重犯罪赢得社会公信。而公众基于最朴素的感情，最不能容忍的是贪污受贿。也正因为如此，"反贪污贿赂局"一经成立就在社会上引起了广泛关注。然而，贪污贿赂只是职务犯罪诸多罪名中的很小一部分。其他类型的职务犯罪，即使不存在徇私也要追究，因为其破坏性、危害性不低于甚至远远超过贪污受贿。对于查办渎职犯罪，一些检察机关存在畏难情绪。从行政责任理论出发，正确认识渎职犯罪的危害性，深刻剖析其犯罪机理，才能较为准确地把握职务犯罪侦查所承载的维护法治的功能。

　　（二）比较研究的方法

　　比较研究法是根据一定的标准，对两个或两个以上有联系的事物进行考察，寻找其异同，探求普遍规律与特殊规律的方法。

　　尽管中国检察制度别具特色，但是，它与现代西方国家的检察制度特别是大陆法系国家的检察制度可以说是同根同源。研究行政检察制度，不仅要关注中国的制度与现实，还应当深入地了解国外相关制度产生、发展和演变的过程和动因。运用国外资料，不应拘泥于文本，而是要全面了解各种规范与学说的社会背景、法治功能。例如，我国检察制度渊源于苏联的检察制度，但在检察职能的配置上又不同于苏联。苏联检察机关拥有一般监督权，而我国检察机关虽然也是法律监督机关，但检察职权依据法律的具体授权取得。再如，英美法系国家的行政公益诉讼，与其检察机关的性质和定位一脉相承，检察官在诉讼中充当的始终是基于国家立场的"公共利益代表"，而通常不是一般意义上的民意代表。我国检察制度设计之初，除了承载现代检察制度的一般功能之外，还承载着监督政府的职能。正因为如此，我国检察机关设置于行政系统之外。这既是中国检察制度的特点，也决定了我国检察机关在诉讼中不可能充当政府代言人的角色。同时，我国的政治体制决定了，绝大多数权限和效力争议，可以通过体制内的协调得到解决，无需通过诉讼。将来，中国即使创设行政公诉，也应当是一种制度上的保障，而不是一种常用的制度。

（三）历史分析的方法

历史分析法是指运用发展、变化的观点分析客观事物与社会现象的方法。社会是发展、变化的，分析社会现象与客观事物，只要把它们发展的不同阶段进行联系和比较，就容易弄清其实质，揭示其基本规律与发展趋势。分析解决某些问题，只有追根溯源，弄清来龙去脉，才能提出符合实际的解决办法。

研究行政检察制度，有必要深入考察我国检察机关监督公共行政职能的发展史，对于特定历史条件下形成的诸如一般监督职能进行客观的分析。新中国成立以来，行政检察承载着检察机关与检察制度的兴衰荣辱。新中国成立之初，检察机关被赋予了对行政机关及其工作人员的"一般监督"职能，但这只是文本上的法律，并没有成为一种现实的公权力关系。如今，行政检察面对全新的社会环境和法治环境，但是，检察权与行政权之间监督与被监督的基本关系没有变。检察机关现有的各项职能，都是在特定的社会历史条件下取得的。至于将来行政检察制度向何处去，不可能简单复制历史上的做法，而是应当立足于当今中国的社会需要，着眼于通过优化权力配置寻找合理定位。

四、行政检察的定义

如前所述，从行政诉讼监督的角度来界定行政检察，虽然清楚地阐释了行政诉讼法的立法原意，但却没有完整地揭示检察权与行政权之间监督与被监督的关系。尽管目前检察机关的行政诉讼监督职能和民事诉讼监督职能由一个部门行使，但在监督范围上，按照法律规定，行政检察的对象不局限于法院的审判活动，而是包括作为行政诉讼被告的行政主体的诉讼活动。不仅如此，检察机关依法承担的多项刑事职能同样对行政权形成了监督。可见，基于检察权与行政权之间监督与被监督的关系来界定行政检察概念是必要的。

较早对行政检察作出比较全面介绍的是 1988 年出版的

一部行政法学教科书。该书介绍了苏联检察机关的一般监督职能、中国检察机关对行政的监督职能，认为"检察机关对行政的监督通常仅限于刑法所涉及的范围之内，即与犯罪有关的问题。"① 1999 年出版的高等政法院校规划教材《行政法学》一书认为，检察监督是人民检察院依法对行政行为实施的监督。该书同样将检察机关"对公安机关、国家安全机关侦查活动的监督"、"监所检察"作为行政检察监督的内容，我们从中不难得出这种监督属于"监督行政"的结论。② 事实上，侦查活动虽然是由隶属于行政系统的机关承担，但这些职能主要是刑事司法职能，并不当然受行政法的约束。

基于检察权与行政权之间监督与被监督的关系定义行政检察，主要有三种不同的表述：其一，认为行政检察监督权，是指检察机关依照宪法和法律的规定，在人民代表大会制度框架内，对行政主体的行政权力和行政活动依法进行监督的权力。③ 持这一观点的学者认为，行政检察是检察权与行政权之间监督与被监督的关系，而不包括检察机关对行政审判活动的监督。其二，认为"行政检察监督权是指人民检察院依据宪法和法律的规定对行政行为和行政

---

① 罗豪才主编：《行政法学》，光明日报出版社 1988 年版，第 363 – 370 页。

② 罗豪才主编：《行政法学》（高等政法院校规划教材），中国政法大学出版社 1998 年版，第 354 – 355 页。

③ 廖腾琼、李乐平：《行政检察监督权研究》，载《中国检察官》2008 年第 5 期。

审判行为的合法性与公正性予以监督的权力。"① 其三，认为 "行政检察监督应包括检察机关对特定违法行政行为和行政诉讼活动两方面实施的监督。"②

从检察机关作为国家的法律监督机关的地位出发，基于检察权的行政法作用来理解和界定行政检察，将其理解为检察与行政之间监督与被监督的关系，更有利于我们科学、客观地审视各种制度安排。我国是人民民主专政的社会主义国家，共产党长期执政，不存在反对党的监督，主要依靠公职人员的自我约束和行政内部监督不足以实现法治，而公众的监督力度、视野毕竟是有限的，这就需要一个专门机关的监督，以公权力制约公权力。

其一，行政检察是基于行政法秩序的监督。监督对象包括行政行为、行政审判行为，以及行政公职人员与行政审判人员严重违背职责应受刑事追究的行为。无论是对行政的直接监督，还是对行政审判进行监督，都是为了维护行政法秩序。从这个角度讲，行政检察不是对行政机关和审判机关进行监督，而是对行政机关和行政审判机关履行特定职责进行监督。

其二，行政检察监督的依据主要是行政法规范，但不局限于行政法规范，还包括刑事法、诉讼法等规范。维护行政法秩序是行政检察的首要使命。但是，行政法秩序能

---

① 周佑勇、汪艳：《论行政检察监督权》，载孙谦、刘立宪主编：《检察论丛》（第三卷），法律出版社 2001 年版，第 177 页。

② 徐德刚：《宪政视野下的行政检察监督制度论析》，载《湖南科技大学学报（社会科学版）》2006 年第 6 期。

否实现，并不完全取决于行政机关。因为行政法秩序并不完全是在行政程序中实现的。广义的行政检察还包括检察机关通过刑事诉讼手段维护行政法秩序的措施。

其三，行政检察监督主要围绕诉讼活动进行，但不局限于诉讼过程之中。在刑事诉讼中，检察机关在多个环节承担诉讼与监督职能，法律赋予检察机关一些旨在维护行政基本秩序的监督措施，例如，立案侦查行政公职人员的职务犯罪行为。有些检察监督在诉讼程序启动之前，旨在启动诉讼程序，例如，刑事立案监督与监督行政执法机关移送涉嫌犯罪案件等。在行政诉讼过程中，特别是一审、二审等审判环节，正常的诉讼中，检察机关无需参与，诉讼各方也无需考虑检察机关的存在。

根据现行法律，检察机关对公共行政进行监督，不仅包含行政诉讼中检察机关对行政机关直接的或间接的监督，而且包含检察机关在其他程序中对行政主体及其公务员进行监督。例如，检察机关通过侦查职务犯罪进行的监督、对行政执法机关移送涉嫌犯罪案件的监督、对劳动教养等行政执法活动的日常监督，等等。将来，法律还可能授予检察机关监督行政的新职能。因此，只有将行政检察措施的设计与我国宪政体制，与检察机关的宪政地位、与中国社会维护法制统一的需要联系起来，才能完整地概括行政检察的内涵。基于此，我们认为应将行政检察界定为：检察机关出于维护行政法秩序的需要，依法对特定行政机关的活动、特定类型的行政行为、行政诉讼活动、行政公职人员严重违法进行监督、纠正和追究的活动与制度。

第二节 行政检察的基本体系

　　新中国检察制度从产生时起就承担着法律监督的使命。然而，检察制度创设之初，"法律"的内涵远不如现在这么丰富。在我国社会主义法律体系日臻完善的今天以及今后，检察机关还能否作为法律监督机关而存在，不仅是一个宪法定位问题，而且是一个现实定位问题。尽管宪法学主流观点认为我国宪法关于检察机关的定位具有制度合理性，但是，仍然不断有学者对检察机关的宪法定位提出质疑，理由之一就是检察机关的职能较为集中地体现于职务犯罪侦查、审查逮捕、提起公诉以及诉讼监督等方面，在监督行政尤其是直接监督国家行政主体活动的合法性方面并不充当重要角色。在进一步深化司法体制改革的背景下，是让检察机关的宪法定位服从于既有检察职权，还是基于宪法定位来完善检察职权？这并不是单纯的诉讼法或者宪法问题，也不能简单地基于某种理论或者观念做出选择，更不能基于检察权本身扩张或者自我完善的需要，而是应当服从国家和社会需要。在行政法律规范日趋庞杂的今天，检察机关能够在多大程度上保障和监督行政法治的实现，也是衡量检察机关法律监督属性的一个重要标准。全面地研究检察机关监督公共行政的有关制度，不仅有利于明确检察机关的宪法定位，也有助于为检察制度完善提供理论依据。

一、行政检察理论研究现状

过去的检察理论主要是从狭义上理解行政检察，相关研究成果主要集中于行政诉讼监督方面。在法学的其他学科中，行政检察一直是个边缘问题，有关检察机关监督公共行政的研究成果缺乏系统性和完整性，基本上没有从国家权力结构出发全面考察检察机关对公共行政实行监督的研究成果，仅有的一些成果只是初步的探讨。[①] 现有的有关行政检察的成果，绝大多数是从某个特定的角度展开的，大致可分为四个方面：

（一）对行政活动进行直接监督的研究状况

新中国检察制度创建之初，在 1949 年底至 1957 年"反右"开始之前，检察机关曾经拥有对行政机关的"一般监督"权，但在历史上，这种"一般监督"并没有在国家和社会生活中发挥多大的实际作用。检察机关恢复重建以后，中国的社会环境和法制环境已经发生了巨大变化。近三十年来的检察理论研究成果大多是作为历史来描述"一般监督"。尽管不少检察人员时常提起检察机关曾经拥有的"一般监督"权，但是，希望重新按照一般监督的理论改革检察制度的系统研究并不多见。关于检察机关直接监督行政活动的研究成果主要集中在两个方面：一是对劳动教养

---

① 张步洪：《中国宪政体制下检察机关监督职能研究——检察权制约行政权的单向分析》，载北京大学法学院编：《润物无声：中国宪政之路》（北京大学法学院百年院庆文萃），法律出版社 2004 年版，第 387－400 页；张步洪、孟鸿志：《检察机关对公共行政的监督》，载《人民检察》2001 年第 9 期。

检察监督的研究；二是对行政执法机关移送涉嫌犯罪案件实行检察监督的研究。

目前，检察机关对劳动教养执行活动进行监督的规范依据是全国人大常委会批准国务院制定的行政法规。1979年《国务院关于劳动教养的补充规定》第 5 条规定："人民检察院对劳动教养机关的活动实行监督。"理论界关于劳动教养检察监督的研究成果还比较少。现有研究成果中，有的学者研究了对劳动教养活动进行法律监督的法理基础和法律原则，[①] 有的学者分析了劳动教养法律监督的缺失，[②] 有的学者研究了检察机关对劳动教养审批活动进行监督的问题。[③] 劳动教养由于制度本身的弊病以及适用中出现的偏差，近年来一直受到社会各界的批评。学者们普遍认为应当废止劳动教养制度。中发［2004］21 号文件、中发［2008］19 号文件对改革劳动教养制度先后作出了部署。2013 年全国政法工作会议明确提出将推进劳教制度改革。由于劳动教养制度长期属于司法改革中待改未改的项目，近年来几乎无人研究劳动教养检察监督问题。

我国法律根据行为违法的程度而不是行为性质来判断某一行为是构成一般违法还是刑事犯罪。刑事犯罪由司法机关通过刑事诉讼程序追究，一般违法由行政机关通过行

---

① 潘益云：《完善我国劳动教养法律监督的思考》，湖南师范大学 2008 年硕士学位论文。

② 倪瑞兰：《劳动教养法律监督权的缺失与完善》，载《华南师范大学学报（社会科学版）》2009 年第 3 期。

③ 袁向阳：《对劳教审批法律监督的思考》，载《四川矫治》2007 年第 4 期。

政执法程序追究，由此不可避免地产生刑事法与行政法的衔接问题。对此，行政法学和刑事法学过去未予以充分关注。2001 年 7 月，国务院《行政执法机关移送涉嫌犯罪案件的规定》第 14 条第 1 款规定："行政执法机关移送涉嫌犯罪案件，应当接受人民检察院和监察机关依法实施的监督。"2003 年 4 月召开的全国整顿和规范市场经济秩序工作会议提出"进一步解决行政执法与刑事司法的衔接问题，加强案件移送和监督检查，不得以罚代刑"。此后，检察机关商同有关部门研究行政执法与刑事司法相衔接的具体措施。于是，在报纸杂志上随之出现了一批有关检察机关对行政执法机关移送涉嫌犯罪刑事案件实行监督的论文。这些文章大多从实践情况出发分析问题或提出建议，对于这项制度的功能定位和理论根据缺乏深入全面的分析。

无论是对劳动教养活动的监督，还是对行政执法机关移送涉嫌犯罪案件的监督，在理论上都属于监督行政的范畴，而不是单纯的检察理论问题。过去的研究，注重监督方式和监督策略，较少关注行政法规授权检察机关监督行政权的正当性与合宪性，以及检察机关对行政活动实施直接监督的标准与强度等基本问题。

（二）行政抗诉制度的研究状况

在有关行政检察的研究成果中，有关行政抗诉制度的文章数量较多，对个别具体问题的研究比较深入。但也有缺憾：一是从国家和社会全局角度研究行政抗诉的成果不多；二是技术层面的研究较多，缺乏针对行政抗诉制度合理性的充分研究论证，缺少针对行政抗诉制度科学性的精

密设计；三是关于行政抗诉的专门研究较少，多数研究将
民事抗诉与行政抗诉一起进行分析。例如，《经济全球化对
我国民事行政检察监督制度的影响及对策》①、《制约民事行
政检察的现实因素》②、《民事行政抗诉理由及适用标准探
究》③，等等。再如，《司法改革热点问题》一书第六章
"有关检察机关职权的争议"，将"关于民事、行政诉讼监
督权的争议"放在一起进行研究。④ 然而，自上个世纪以
来，对民事审判的检察监督就不断受到质疑，至 2003 年前
后，有关民事抗诉权存废的问题不时被学界作为一个问题
来讨论，专门研究行政抗诉权制度合理性的成果并不多。

---

①　刘阳、徐汉明撰写，载《人民检察》2004 年第 1 期。尽管民事审判监督和行政诉讼监督基于同样的宪法基础而创设，而质疑民事检察和行政检察的观点的理论根据也主要来自于西方现有的制度。我国的民事审判监督、行政诉讼监督，源于苏联的检察制度，难以在西方司法制度中找到范例。如今，苏联已经解体。而经济实力强大的西方国家的政治制度也为不少国人所崇尚。中国加入 WTO 之际，甚至有人主张中国在政治上也要与西方接轨。从这个角度说，加入 WTO，给中国检察制度带来的主要是挑战，而没有多少机遇。其中，行政检察与宪法制度和政治体制具有更高的关联度。对于民事抗诉，最大的分歧在于，有的学者认为它跨越了民事审判监督的限界，而成为一种救济方式。既然是一种救济方式，为什么不能通过降低再审标准的方式由法院直接提供呢？

②　李喜春撰写，载《人民检察》2004 年第 1 期。实际上，影响行政检察发展的因素与影响民事检察发展的因素有诸多不同。民事审判监督的制约因素是理论界一些学者将其等同于诉讼监督而进行的质疑。行政诉讼监督的最大制约因素是检察机关进行监督也不得不看行政机关的脸色行事，难以真正承担起监督行政的使命。

③　张步洪撰写，载《人民检察》2000 年第 4 期。随着研究的深入，我们发现，行政裁判和民事裁判按照不同的诉讼程序和证据规则作出，依据的是不同的部门法，针对的是不同性质的争议，衡量违法与否或者对错的标准也存在诸多差异，分别研究更为合适。

④　刘立宪、张智辉主编：《司法改革热点问题》，中国人民公安大学出版社 2000 年版，第 194 - 199 页。

将民事监督与行政监督混同起来研究，掩盖了行政诉讼监督必须单独面对的一些重要问题。尽管 2012 年民事诉讼法已经将 1991 年民事诉讼法关于检察机关对"民事审判活动"进行监督的规定修改为对"民事诉讼"进行监督，但由于民事诉讼当事人通常并不负有公法上的积极义务，检察机关在民事诉讼中的监督对象主要还是法院的审判行为；而行政诉讼检察监督中，对行政诉讼被告履行诉讼义务实行法律监督应当作为一项重要内容。过去的实践中，检察机关基本没有开展直接针对行政诉讼被告的监督。对于这类问题，理论界也没有给予充分的重视。

（三）行政公益诉讼制度的研究状况

1989 年行政诉讼法主要是基于保护个体利益的需要进行设计的，对于通过行政诉讼保护公益没有涉及。制定这部法律之前，也曾经有学者呼吁建立"行政公诉"制度，[①]但在当时，公益保护问题并不十分突出，因而没有引起人们的重视。1989 年行政诉讼法颁行后不久，就有学者发表论文研究行政公诉问题。[②] 此后，行政诉讼中的公益保护问题日益突出，公开发表的有关文章也因此越来越多。

这些文章主要围绕行政公诉的必要性与可行性、宪政基础、基本原则、受案范围、原告资格、启动主体等问题进行讨论。不少学者主张赋予检察机关行政公诉职能，[③] 也

---

① 王祺国：《行政公诉探讨》，载《政治与法律》1987 年第 3 期。
② 郑传坤、刘群英：《行政公诉初探》，载《现代法学》1994 年第 6 期。
③ 刘红星：《论行政公诉》，中国政法大学 2004 年硕士学位论文；谭素青：《行政公诉制度研究》，湘潭大学 2005 年硕士学位论文。

有学者介绍了域外检察机关提起行政公诉的制度。① 总体来
说，学者们对于中国为什么必须由检察机关来提起行政公
诉而不是像西方国家那样由普通公民或者社会组织提起公
益诉讼论证得并不充分。还有学者对行政公诉制度的合理
性与可行性提出质疑，认为行政公诉有悖于现行行政诉讼
制度的目的和原则，逾越了行政诉讼检察监督的应有边界，
破坏了既存的国家权力配置格局，阻碍了行政诉讼功能的
正常发挥。②

　　总体来看，现有的关于行政公益诉讼的研究成果大多
是从公共利益保护的实际需要出发，结合引用国外资料，
认为我国应该确立由检察机关提起行政公益诉讼的制度。
在考察外国的公益诉讼制度时，大多忽视了西方检察官在
公益诉讼中与政府（行政）立场的一致性，对中国现有的
涉及公益的争议解决机制缺乏考量，对检察机关在现行体
制下维护公益的功能估计过高。随着 2012 年修改刑事诉讼
法、民事诉讼法相继完成，修改行政诉讼法也已经被提上
日程。2012 年民事诉讼法关于公益诉讼的规定，使得检察
机关将来提起行政公诉的可能性大增。对此，本书将在后
面予以分析。

　　（四）职务犯罪侦查制度的研究状况

　　职务犯罪通常被认为是纯粹的刑事法问题。正因为如

---

　　① 田凯：《初论域外检察官的行政公诉》，载《中国检察官》2006 年第 3
期。
　　② 章志远、汪秋慧：《行政公诉质疑》，载《行政法学研究》2002 年第 2
期。

此，过去围绕职务犯罪侦查的研究成果主要是从犯罪构成或者刑事诉讼的角度来展开的。主要研究成果可以概括为两大类：有关犯罪构成的研究；有关诉讼技术的研究。其中，犯罪构成研究由于缺乏必要的行政法学理论作为支撑，刑法学对职务犯罪构成的研究有时难免会偏离法律本意。①诉讼法学者大多从结构论的角度分析司法职能配置。我国法律规定由检察机关行使职务犯罪侦查权，但在理论界不无争议。一种观点认为，检察机关行使职务犯罪侦查权，与其审查逮捕、公诉等职能存在冲突。另一种观点认为，检察机关依法承担的逮捕、起诉、侦查等职能在性质上都属于法律监督，因而并无不妥。以往的研究对于职务犯罪侦查所承载的监督和保障行政法统一实施的功能关注不多。检察机关也很少从监督和保障公权力正常运行的角度研究职务犯罪的刑事政策走向。只有个别行政法学著作讨论过违法行政的刑事责任问题。② 但是，对于职务犯罪构成与行

---

① 《检察日报》曾经报道一起渎职犯罪案件：王某在任福建省长乐市财政局局长期间，通过局长办公会研究决定，或者授权该市财政局信用服务部，先后与27家企业签订周转金借款合同，并由企业所在地的乡镇财政所提供担保。现在这27家企业已倒闭，财政周转金尚有745.8万元未能收回。法院认为，被告人王某身为财政局长，应当对财政周转金的发放、回收等工作负领导责任。在我国《担保法》实施后，王某仍然允许行政机关作为担保主体，从而违反了担保法中关于"国家机关不能作为担保主体"的规定，致使国家财产遭受重大损失，其行为已构成玩忽职守罪，应依法追究刑事责任，判处有期徒刑5年6个月。在检察机关查办此案的过程中，国内一位具有代表性的资深学者在公开媒体上为王某鸣冤，认为王某属于执行上级政策所犯错误，不应作为犯罪对待。

② 姚锐敏、易凤兰：《违法行政及其法律责任研究》，中国方正出版社2000年版。该书第九章从"行政职务犯罪的概念"、"我国行政职务犯罪的立法及其缺陷"、"行政职务犯罪的刑事责任"三个角度分析了违法行政的刑事责任。

政法理论的关系、行政职务犯罪对行政行为效力的影响，刑事法学与行政法学均未进行深入研究，在国内几乎属于理论空白。

二、构建行政检察基本体系的意义

我国检察机关定位于法律监督机关。同时，行政机关正常行使的执法权通常并不受检察机关监督。这种差异不仅引发对检察机关宪法定位的怀疑，而且使得检察监督的范围更加模糊。之所以如此，是因为理论上缺乏关于行政权和检察权关系的全面系统的研究。检察机关作为一个组织系统应当接受行政机关的公共管理，享受行政机关提供的公共服务。同时，检察权对行政权的监督也应当放在国家与社会之间关系的大局之下进行设计。因此，构建行政检察的基本体系，具有重要的理论意义和现实意义。

（一）理论意义

较早的行政法学著作，有学者将监督行政作为一部分内容。例如，许崇德、皮纯协教授主编的《新中国行政法学研究综述》一书中，设有"监督行政行为"一章，认为"监督行政行为是指具有监督权的国家机关、政党、社会团体和组织、企事业单位和公民为确保行政行为的合法、合理和高效而对行政机关及其工作人员的行政行为依法执行的监督。其核心是审查行政机关和行政工作人员是否严格依法行使职权。"① 该书将检察机关对职务犯罪的侦查作为检察机关对行政监督的措施。但同时，该书认为，"检察机关对行政的监督权限于与刑事犯罪有关的方面"。②

1. 有利于丰富行政法学中的监督行政理论

不同时期的行政法教科书，甚至同一时期不同学者编著的教科书，其内容和结构不尽相同。但是，透过其中的具体内容，结合学者们公开发表的论文，我们可以大致了解不同时期多数行政法学者心目中的行政法学体系框架。传统行政法学以行政组织法、行政行为法、行政法责任与监督行政为基本框架。20 世纪 90 年代以后，行政主体法、行政行为法、行政救济法成为行政法学研究的重要内容。

行政责任、行政救济与监督行政属于既相互关联、相互交织又不尽相同的问题。在不同版本的教科书中，有关行政法责任、行政救济法、监督行政法的内容，有时单独出现，有时一起出现③。《中国行政法学二十年研究报告》④一书对过去二十年间行政法学研究的重要成果进行了系统梳理，却没有关于检察监督的专门介绍。如果说，在大多

---

① 许崇德、皮纯协主编：《新中国行政法学研究综述（1949 – 1990）》，法律出版社 1991 年版，第 569 页。

② 许崇德、皮纯协主编：《新中国行政法学研究综述（1949 – 1990）》，法律出版社 1991 年版，第 588 页。

③ 例如，应松年教授主编：《当代中国行政法》，中国方正出版社 2005 年版，该书第五编"行政监督与行政救济法"就同时介绍了行政违法、行政法律责任、国家权力机关的监督、行政诉讼、行政复议、行政赔偿、行政补偿等制度。

④ 应松年、杨伟东编：《中国行政法学二十年研究报告》，中国政法大学出版社 2008 年版。

数学者的心目中行政检察制度不属于行政法学理论体系的内容，这未免过于武断。但可以肯定的是，在中国行政法学高速发展的最初三十年间，行政检察是一个比较冷门的子领域。

尽管如此，我们还是可以找到行政检察制度属于行政法学理论体系的重要证据。罗豪才教授主编的一部行政法教科书将检察监督作为一种监督制度予以叙述，但被视为与司法监督相并列的监督制度。① 当然，在罗豪才教授主编的其他行政法教科书中也没有检察监督的内容。②

不同学者关注的重点不尽相同。但是，对于控制行政权的必要性，行政法学界具有较高的共识度。毫无疑问，监督是保障行政权正当行使的最重要的制度安排。为了规制行政权，行政法学引入了法治发达国家不少成熟的原则和制度，例如比例原则、听证制度，等等；国家通过制定一系列的行政行为程序法来规范行政执法。通过考察西方经验，学者们普遍认同以私权利制约公权力的模式。可以说，私权利可以有效制约公权力是法治国家的基石。我们在赞同前述研究结论的同时，认为以公权力监督行政权的制度也是必不可少的。因为任何私权利的行使通常都离不开公权力的支撑，私权利抗衡行政权的能力毕竟是有限的。行政监察、审计、检察都是以公权力约束公权力的制度安

① 罗豪才主编：《行政法学》（修订本），中国政法大学出版社1999年版，该书第十二章"监督行政行为"部分第四节的内容为"检察监督与司法监督"。
② 罗豪才主编：《行政法学》（新编本），北京大学出版社2000年版，该书只介绍了行政责任而没有关于监督行政与救济的内容。此后，罗豪才主编的几部《行政法学》教科书都没有关于检察监督的内容。

排。较早的行政法学教科书中曾经有关于行政监察、审计的内容。这些内容虽然在现有的行政法学教科书中消失了，但它们仍然是十分重要的行政法制度。

我国宪法将检察机关定位于法律监督机关，在过去十五年的司法改革中，官方文件一直强调要坚持检察机关的宪法定位。检察权应当在多大程度上、多大范围内监督行政权，检察机关应当以什么方式监督行政权的运行，都还存有争议。

2. 有利于丰富中国特色社会主义检察理论

不少学者认为，新中国检察制度起源于苏联检察制度。苏联解体以后，俄罗斯检察机关职能与苏联检察机关职能大体相当，但是人们对检察机关性质的认识发生了一些变化。[①] 在这种情况下，新中国检察制度的发展与完善，只有发掘本土资源。新中国检察制度是社会主义革命的产物，它植根于人民代表大会制度这一政体模式，是人民代表大会制度的重要组成部分，是我国政治制度的重要内容。

经历了"文革"的劫难，检察制度重建以后不久，其宪法定位和性质就成为法学界争论的焦点。有的学者从西方普遍认同的观念和学说出发，有的从中国检察职能的现状出发，认为检察机关应当定位于行政机关。客观地看，由我国社会主义法律体系的复杂性所决定，检察机关不可

---

① 有的学者认为，俄罗斯联邦宪法规定，检察机关既不是立法机关、执行机关，又不是司法机关，而是代表俄罗斯联邦对现行法律执行情况实施监督，因而是一种特殊的国家机关。刘向文、宋雅芳：《俄罗斯联邦宪政制度》，法律出版社 1999 年版，第 269 页。

能承担起对法律实施进行全面监督或者一般监督的使命，检察监督也不可能代替人大监督、行政系统内部监督，但这并不意味着检察机关的职能应当局限于刑事公诉和监督审判活动。在保障行政法秩序实现的某些环节，检察机关的监督是不可或缺的。只有对行政检察制度进行全面的研究，才能为改革完善检察相关制度提供充分的理论支撑。

检察权作为一种独立于行政的国家权力而存在，首先是国家权力分工的结果。分权原则是近代民主宪政中的重要原则，其理论基础是洛克和孟德斯鸠的分权学说。分权理论是人类文明的共同成果，分权已经为现代国家的政治体制所广泛采行。不同的学者，从不同的角度出发，对分权的认识不尽相同。例如，近代分权学说的开创者洛克在《政府论》一书中将国家权力分为立法权、执行权和对外权，而孟德斯鸠《论法的精神》一书关于三权分立的学说将国家权力分为立法权、行政权和司法权，孙中山先生将国家权力分为五种：行政权、立法权、司法权、监察权、考试权。非要将检察权归属于司法或者行政的做法是没有意义的。对于当代国家而言，洛克和孟德斯鸠的学说并不是不可超越的绝对真理。分权原则要求不同性质的权力应当分立，不能集中于国家机构的同一部门或同一批人。① 或许是由于美国实行"三权分立"，美国的强盛放大了"三权分立"的优越性，有些人在观念上将分权原则等同于"三权分立"。一个显而易见的道理是，"三权分立"只是分权

---

① 胡建淼主编：《论公法原则》，浙江大学出版社 2005 年版，第 88 页。

的一种表现形式。社会主义国家的学者对于分权曾经有过曲解，认为"分权原则只是资产阶级虚伪的遮羞布，认为国家权力是不可分割的，社会主义国家宪法原则是议行合一而不是分权。"① 事实上，分权学说是人类文明的共同成果，不是资本主义特有的东西。将"三权分立"视为分权的唯一方式，在逻辑上讲不通，在实践中是有害的。美国是实行"三权分立"的国家，也是当今世界上最强大的国家。不少实行"三权分立"的国家属于发达国家。我们可以说，分权促进了社会的文明进步，为经济发展创造了良好的制度环境，但是，不能说这种进步应当主要归功于"三权分立"。

新中国检察制度是按照分权原则，根据列宁关于法律监督的理论，将检察权作为一种独立的国家权力予以设置的产物。列宁的法律监督思想产生于特定的社会历史环境，主要是为了防止国家分裂。20世纪末苏联的解体说明列宁当初的判断是正确的，只是检察制度没有能够真正起到反分裂的作用。这也从一个侧面说明，国家在进行制度设计时，不可高估、夸大司法制度的功能。

此外，证明检察权作为一种独立的国家权力而存在的科学性与制度合理性，需要我们全面地研究检察权与行政权之间的关系，甚至检察权、行政权、私权利三者的关系。在我国，检察基本制度是国家宪法制度的一部分，那么，检察基本理论自然就是宪法理论的组成部分。然而，检察

---

① 转引自周佑勇、汪燕：《论行政检察监督权》，载《检察论丛》（第三卷），法律出版社2001年版，第179页。

理论过去对于检察权与行政权关系的考察主要是局部的、微观的，缺乏有关检察权与行政权监督与被监督关系的整体研究。从整体上考察检察权与行政权之间的关系，是我们探寻中国将检察权作为一种独立的国家权力的制度合理性不可回避的问题。

　　3. 有利于公法理论在不同学科间相互借鉴

　　我国行政法学在过去二十多年的时间里飞速发展，对于推动国家行政法制发挥了不可替代的积极作用。但是，行政法学研究成果的影响还仅限于传统的行政领域和行政救济领域。它并没有因为行政责任与刑事责任的特殊关系而作为刑法学者研究职务犯罪构成的理论支撑。可以说，行政权理论在行政法学中已经比较成熟，它对于完善职务犯罪构成理论理应起到巨大的推动作用。再如，行政法学中的行政责任理论，偏重于行政主体责任的研究，对于行政主体与行政公职人员之间责任转换、追究程序的衔接，缺乏系统全面的研究。刑事法对于职务犯罪的研究偏重个人责任，轻视行政主体责任。同时，诸如职务犯罪构成这类传统刑法学的内容，随着民主法治的发展，仅仅依靠传统的犯罪构成理论进行解释，难以体现基本的公平和正义，如果用以指导实践，有时难免出现偏差。目前，检察机关对于行政法学研究成果的利用也非常有限，对于使用和选拔录用行政法学人才的必要性缺乏足够的认识。构建行政检察的基本体系，有利于唤起检察工作者对行政法学理论的再认识。

（二）实践意义

构建行政检察的基本体系，不仅具有重要的理论意义，而且有着多方面的实践意义：

1. 探寻检察权监督行政权的完整内涵

在法治环境下，国家、社会、公民扮演着不同角色。检察机关对公共行政的监督，不仅涉及检察机关在国家权力体系中的职能定位，而且涉及检察机关的社会角色。检察机关在推进国家和社会文明进步方面究竟应当发挥什么样的作用，是法学理论必须回答的问题。

其一，完善保障法律规范统一正确实施的制度安排。社会公平正义需要依靠法律规范的统一正确实施来推动。而法律统一正确实施需要相应的制度作保证。我国宪法第5条规定："国家维护社会主义法制的统一和尊严。一切法律、行政法规和地方性法规都不得同宪法相抵触。一切国家机关和武装力量、各政党和各社会团体、各企业事业组织都必须遵守宪法和法律。一切违反宪法和法律的行为，必须予以追究。任何组织或者个人都不得有超越宪法和法律的特权。"为实现这些目标，国家创设了一系列制度。我国的检察监督就是保障法律正确统一实施的专门制度设计。肖蔚云教授认为，"新宪法明确规定人民检察院是国家的法律监督机关。这就说明检察机关的性质是专门监督法律在全国的统一和正确的实施、与犯罪行为作斗争的机关。"①

---

① 肖蔚云：《论宪法》，北京大学出版社2004年版，第270页。这种表述虽然将检察机关的职能局限于"与犯罪行为作斗争"过于狭隘，但它却揭示了检察机关法律监督的真意。

这也是我国检察制度不同于西方检察制度的一大特点。在国家法律体系中，行政法的重要性日益凸显。检察机关能否肩负起法律监督的使命，关键在于能否对公共行政形成有效的监督。过去，有学者从诉讼本身出发、从检察机关从事的具体工作出发，得出检察机关实际不是法律监督机关的结论。从检察机关监督公共行政的角度，全面分析检察机关在保障行政法秩序方面的职能，探寻检察权配置的内在规律，有利于我们客观、理性地认识和理解检察监督的功能，有利于推动立法科学配置检察职权。

其二，为实现法律平等保护与社会公平正义寻找出路。现代国家，社会关系日趋复杂，每个人的行为都会不同程度地影响到他人的利益。为此，国家应当为个体利益和社会公益提供平等的法律保护。在我国，公共利益保护的重要性主要是由三方面因素决定的：一是行政领域和行政职能的特点。按照国家制度设计，行政机关就是行政领域的公共利益代表。几乎所有的行政行为与行政不作为都涉及国家和社会公益。监督和保障行政主体按照法律预设的目的进行活动，某种程度上就是保障公益。二是我国的基本国情。在我国，保障和维护公共利益具有更为特殊的意义。新中国成立以后，全国人民在战争的废墟上重建家园，凭借辛勤劳动和无私奉献积累了大量的国有财产和集体财产，这是我们国家建设社会主义市场经济的基础。三是我国社会主义市场经济的特点。经过三十多年的改革开放，我国早已宣布形成了社会主义市场经济体制，世界上多数国家也已经承认中国为市场经济国家。但是，我国的绝大多数重要公共资源和社会资源仍然由政府掌控，由政府通过许可、审批等方式进行配置。政府的经济管理、公共服务实际上是分配社会利益的活动，政府活动中的公平正义是社会公平正义的核心内容。我国自改革开放以后，从逐渐重视法制到推行依法治国，体现了治国理政方式的巨大进步。在推进法治的过程中，国家对个体利益的保障力度也越来越大，有关私权保护的法律不断完善。但是，有关保护公共利益的很多法律规范却长期停留在文字上，主要起宣示作用。有关公私权益冲突的规则亟待细化，计划经济体制沿袭下来的公益保障机制已经不能适应社会发展的需要。现实生活中，行政机关常常以公益的名义侵蚀私益，同时也有一些唯利是图之辈通过收买官员侵蚀公益，而现有的法律系统和司法制度往往难以为公益提供及时、有效的保护，基本法律关于公益与私权的规定无法得到有效的实施。基于此，构建科学的行政检察理论体系，在尊重行政活动基本规律的前提下完善检察机关监督公共行政的措施和制度，有利于体现法律平等保护的精神。

2. 推动检察职权配置与行使的科学化

其一，有利于我们重新审视现行社会条件之下检察机关与公共行政的关系。检察机关对公共行政的监督，在目前的检察业务工作中显得比较凌乱。检察机关恢复重建以来，"行政检察"很少为人们所重视。然而，也正是行政检察职能，曾经承载过中国检察制度的辉煌，左右了检察机关的兴衰。目前，检察机关的机构设置、人员配备，主要是从刑事检察的角度进行设计的，人们对现行制度之下检察与行政的关系缺乏系统的、全面的认识。对行政检察制度进行系统研究，揭示分散于不同法律之中、由不同内设机构行使的检察权能与行政权之间的监督与被监督关系，有利于实现行政检察制度的进一步科学化。

其二，有利于完善和优化检察机关监督公共行政的制度。根据宪法规定，中华人民共和国实行依法治国，建设社会主义法治国家。依法治国的核心和重心是依法行政。依法行政的前提是在建立科学的决策体系的基础上实现有效的权力制约，加强对行政活动的监督。其中，来自行政系统外部的监督和制约具有不可替代的作用。我国检察机关设置于行政系统之外，是专司法律监督的国家机关，理应在推动行政法治的过程中发挥重要的积极作用。科学设计行政检察制度，按照职权法定原则的要求完善检察机关监督公共行政的职能配置，是行政法保障体系建设的重要组成部分。同时，检察机关只有在充分认识自身承担的监督行政职责的基础上，才能在保障和监督依法行政方面发挥更大的作用。

三、行政检察基本关系

作为一种以公权力制约公权力的制度安排，行政检察需要国家和社会投入公共资源。而公共资源的投入必然是有限的，因为社会公众同时也在积极地参与对公权力机构和公职人员进行监督。因此，无论是设计行政检察制度，还是研究行政检察理论，都需要摆正两个关系：检察权与社会权的关系；检察权与其他公权力的关系。同时，行政检察作为我国社会主义检察制度的重要组成部分，是一个复杂的制度和理论体系。诸如，行政检察权存在的理论基础、价值取向、功能定位、原则要求、程序载体，及其在诉讼程序中的适应性，行政检察权能与非诉讼程序的衔接等问题，都应当作为行政检察理论的范畴。这里只介绍行政检察权与其他公权力、私权利的关系，在此后的有关章节中分别介绍行政检察各项具体制度的理论基础、价值取向、功能定位、原则要求等。

（一）行政检察权与社会权的关系

我国宪法规定，国家一切权力属于人民，人民有权管理国家事务、监督公职人员。根据党中央要求，社会主义民主应当扩展到政治、经济、文化、社会生活的各个方面。民主建设与法制建设密切相关，相辅相成。宪法还规定，"公民对于任何国家机关和国家工作人员，有提出批评和建议的权利；对于任何国家机关和国家工作人员的违法失职行为，有向有关国家机关提出申诉、控告或者检举的权利，但是不得捏造或者歪曲事实进行诬告陷害。""对于公民的申诉、控告或者检举，有关国家机关必须查清事实，负责处理。任何人不得压制和打击报复。"为保障这些宪法权利得以实现，应当通过行政决策和行政执法程序的设计，保障相关利害关系人充分表达意见的权利，鼓励公民、组织通过行政复议、行政诉讼等渠道捍卫自己的利益。

行政检察制度的设计，应当建立在尊重和保障公民这些宪法权利的基础之上。其一，有关特定公民、组织私权利保护的事项，要尊重利害关系人的选择权。其二，为了将维护法制统一与救济公民、组织合法权益结合起来，检察机关除依职权发现和纠正违法之外，还应当接受公民、组织的申请或者申诉，按照行政程序和行政诉讼优先的原则设计检察监督程序。其三，有关国家利益和社会公益的事项，应当按照低成本、高效率的思路，将检察机关的主动调查了解与公民、组织的检举、揭发结合起来。

（二）检察权与行政权的关系

检察与行政的关系，是研究行政检察制度不可回避的首要问题。检察与行政之间，既包括检察权对行政权的监督关系，也包括行政权对检察机关的（社会）管理、（财政）保障关系。本书的研究对象主要是前者。

关于检察机关与行政机关设置，世界各国主要有两种不同做法：一是检察机关设置于行政系统之中，隶属于行政机关，受司法行政机关领导或者监督，大陆法系的法国、德国、日本和英美法系的美国、英国都采用这种体制。二是检察机关与行政机关平行设置，互不隶属，如中国、蒙古、朝鲜等。

检察权与行政权的关系，首先取决于检察机关的性质。各国检察制度不尽相同，理论上不无争议。关于检察机关的性质，有"司法机关说"、"行政机关说"、"司法与行政双重属性说"。我国宪法学者认为，检察权与行政权具有本质区别。在本质上，我国检察机关是法律监督机关，处于与行政机关、审判机关相平行独立的位置，其主要职能是进行法律监督。① 有学者认为，我国将检察机关法律监督权作为一种单独的国家权力，符合中国由共产党一党长期执政的基本国情，有利于实现分权制约。也有学者认为中国应当像西方国家那样实行立法、行政、司法三分法，将检察权归属于行政权。

基于现行宪法关于检察机关性质的定位，人们对检察权与行政权之间的关系也有不同认识。有的学者从行政权无比强大、需要接受有效监督等角度，认为检察机关应当在监督行政方面发挥更加强有力的作用。也有学者认为，行政权需要监督并不能当然得出扩张检察权的结论。

实践证明，过去三十年来我国主要采用程序控制、内部监督、司法审判监督、群众监督等手段约束行政权行使是有效的。检察机关监督行政的制度设计，属于国家公权力监督体系的一部分，应当服从于国家和社会的需要，而不应该也不可能让国家和社会去单方面满足检察机关自身发展的需要。具有法律效力的检察措施应当依据法律授权获得和行使。检察机关应当尊重行政规律和行政权的裁量空间。即使将来的法律可以打破围绕诉讼配置检察权的限制，检察机关监督行政的功能仍然会有明确的范围和限界。至少，在行政权行使的几个层次中，检察机关对行政立法进行监督的机会不大，对裁量性行政决定进行监督不太现实，至多是对特定的行政执法、行政执行行为实行法律监督。

---

① 韩大元主编：《中国检察制度宪法基础研究》，中国检察出版社 2007 年版，第 85 页。

（三）检察权与其他公权的关系

我国行政机关承担着社会管理、市场监管、公共服务、经济调节等职能，行政权涉及国家社会生活的方方面面。为防止行政权滥用，宪法和法律规定，行政机关同时接受人大、法院、检察院等公权力机构的监督，接受社会公众监督。

对检察机关而言，它承担着监督行政权的职责，同时它也和行政权一样要接受人大监督。人大作为权力机关和立法机关，它对行政权的监督内容总体上说是宏观的，监督的程度不限于法律规定，还包括一般的价值判断。它对行政权进行监督的对象主要是行政机关工作和行政机关主要领导履职情况，通常不包括普通公职人员。检察机关对行政权实行监督的内容是具体的，监督方式是法定的，监督对象包括所有公职人员。行政检察制度的设计，应当在人民代表大会制度之下，力求检察监督与人大监督相互衔接。

检察机关和审判机关在职能上存在重要区别。检察机关是国家利益的维护者，是法制统一和法律尊严的捍卫者。法院是中立的裁判者，在具体案件中要对法律争议所涉及的社会利益、国家利益和个体利益按照法律规定和平等保护原则进行权衡，不宜作为一般意义上的国家利益或者公共利益代表。检察权通常具有主动性的特点，即使没有当事人或者利害关系人主张，检察机关也应当主动履行职责。审判权的启动具有被动性的特点，严格遵守"不告不理"的信条。我国法律规定，检察机关不仅承担公诉职能，而且拥有法律监督权，对审判活动进行监督。检察机关对行政审判活动的监督主要体现为通过提出抗诉在程序上有条件地否定行政裁判的效力，启动行政诉讼再审程序。

检察权与审判权在监督行政方面的关系主要包括两个方面：一是行政诉讼中的检法关系，法院通过审理行政诉讼案件对行政行为进行监督；检察机关监督法院依法行使行政审判权，监督作为行政诉讼被告的行政机关依法履行诉讼义务。在行政诉讼中，公民、组织向法院寻求救济是法院行使审判权、检察机关行使监督权的前提和基础。二是刑事诉讼中的检法关系，分工负责、相互配合、相互制约，检察机关对行政公职人员职务犯罪案件行使侦查和起诉职能，法院对于检察机关提起公诉的职务犯罪案件行使审判权。表面上看，检察机关既可以监督行政机关及其公职人员，又可以监督法院。但是，无论在行政诉讼中还是刑事诉讼中，法院都必然是最终的裁判者。在诉讼之外，还有一些柔性监督措施，法院通过审理案件可以向行政机关提出司法建议，检察机关可以向行政机关提出检察建议，这也是检察权与审判权交叉发挥作用的唯一方式。

关于检察权与审判权在民事程序中的关系。有的学者认为，既然探讨刑事程序中检察职能的行政法作用，就应当探讨民事程序中检察职能的行政法作用。我们认为，检察机关作为国家法律监督机关，其职责主要是捍卫国家法律的统一正确实施，而不是行政机关制定的法律规范的统一实施。根据立法法第8条的规定，"民事基本制度"只能制定法律。虽然行政机关也通过制定规范、市场监管等活动涉足民事法律与民事活动，但是，国家基本的民事法律规范是立法机关制定的，民事活动主要是公民、组织平等地完成的，行政机关参与管理、监管的民事活动，无论是否引起争议，都属于民事法律关系，而不是真正意义上的行政法秩序问题。尽管在极少数情况下存在行政诉讼与民事诉讼的衔接问题，但对于整个行政检察制度而言，甚至对于行政诉讼检察监督制度而言，这都不是主要内容。当然，在行政机关负有通过提起民事诉讼捍卫国家和社会公益的情况下，检察机关曾经进行了多年的督促起诉的实践探索。尽管2012年民事诉讼法并没有把检察机关这种成功的经验巩固下来，将来仍然可以考虑在单行法授权行政机关提起民事公益诉讼时，一并授予检察机关督促行政机关起诉的职能。本书将在第八章第二节专门分析检察机关督促行政机关提起民事公益诉讼的制度。

第二章　行政检察的功能

行政检察首先是一种国家制度，检察权通过监督其他公权力机构及其公职人员严格依法履职，确保国家机器正常运转。从这个角度讲，检察监督具有维护国家权力体系正常运转的功能。同时，法律是国家进行社会治理的重要方式，检察机关履行的公诉、审查逮捕以及各项监督职能都具有直接或间接的社会治理功能。因此可以说，检察权兼具调整国家公权力关系和社会关系的功能。为了表述上的便利，本章将行政检察的功能分为国家功能和社会功能，分别予以阐述。

第一节　行政检察的国家功能

我国检察机关承担的各项监督职能，从对象来看，直接指向各种公权力主体以及国家公职人员。检察监督作为一种以公权力监督公权力的制度，旨在维护整个国家机器正常有效地运转。检察机关与各种公权力机构、国家公职人员之间的关系，既属于国家权力体系内部关系，但又不同于一般意义上的国家机关内部关系。检察机关在整个国

家机器中发挥作用的主要方式，由国家法律规定。与行政
权通过执行法律管理社会、监管市场、服务公众不同，与
审判权通过审理民事案件解决社会矛盾纠纷不同，检察权
主要是一种实现国家功能的制度设计。我们将检察权通过
监督行政权维护国家机器正常运转的功能分为两个方面：
维护国家行政法制统一；促进行政机关及其公职人员廉洁
公正执法。

一、维护国家法制统一

我国是单一制国家，除港澳台之外的其他地区只有一
套法律系统。我国宪法第 5 条规定："中华人民共和国实行
依法治国，建设社会主义法治国家。国家维护社会主义法
制的统一和尊严。一切法律、行政法规和地方性法规都不
得同宪法相抵触。一切国家机关和武装力量、各政党和各
社会团体、各企业事业组织都必须遵守宪法和法律。一切
违反宪法和法律的行为，必须予以追究。任何组织或者个
人都不得有超越宪法和法律的特权。"检察机关作为国家法
律监督机关，对行政公职人员以及特定行政行为、行政活
动进行监督，正是维护社会主义法制统一的重要制度安排。

（一）维护法制统一的难题

经过三十多年的发展，我国的行政法制建设取得了举
世瞩目的成就。随着行政诉讼法、国家赔偿法、行政处罚
法、行政复议法、行政许可法等一系列适用于各个行政领
域的行政法律相继颁行，行政活动的绝大多数领域已经告
别了无法可依的时代。目前，社会主义法律体系已经形成。

与刑事法规范只能由全国人大及其常委会规定不同，行政法规范体系庞杂，关系复杂。相应地，维护行政法秩序的难度也远远大于维护刑事法秩序。

其一，在立法与规范制定上，下位法过多地重复上位法的内容，一些与上位法冲突的规范混杂其中，不容易辨别。一般认为，"行政法是从公共利益出发，为实现一定的目的而对权利义务的统一规定。"① 然而，有的地方和部门从本位主义出发对待行政立法，如果行政法律、行政法规不能体现本地区、本部门的利益，就利用自己的立法权，假借贯彻执行上位法之名在下位法中掺加具有地方保护和部门利益的规定。我国目前尚没有禁止下位法重复上位法的规定，上下位法之间大量的重复，使得整个行政法律体系非常臃肿，给法规、规章备案审查增加了难度，为地方性法规、规章对法律、行政法规进行任意取舍提供了条件，弱化了法律的权威。一些没有立法权的地方和部门上行下效，在规章以下的其他规范性文件中突破法律界限。

其二，在法律适用选择上，地方行政机关不关心法律、行政法规的要求，而是将下位法作为首选的执法依据。根据立法法，法律、行政法规的效力高于地方性法规、规章，除个别特定情况外，行政机关应当优先适用法律和行政法规。实践中，多数执法机关的顶头上司是地方机关而不是制定法律的中央机关，一些地方行政机关常常无视法律、行政法规的规定而优先适用地方性法规、规章甚至规章以下规范性文

---

① 杨建顺：《行政法上的公共利益辨析——〈宪法修正案〉与行政法政策学的方法论》，中国法学会行政法学会 2004 年年会论文。

件，致使有些法律、行政法规在其调整的行政领域难以发挥作用。

其三，在国家法制逐步完善、执法活动规范化程度越来越高的同时，国家为应对社会转型、经济发展而制定的政策也与日俱增，有的地方和部门依然不能正确处理适用法律与运用政策的关系。根据依法行政原则的要求，在政策与法律存在冲突的情况下，应当优先适用法律。可是，地方官员们非常清楚，决定他们命运的不是全国人大，也不是国务院，而是他们的顶头上司。实践中，一些地方机关往往更为关心"土政策"的执行情况，而不是法律的执行情况。

令社会公众强烈不满的是，一些行政决策、行政执法背后隐藏着权钱交易和利益输送，影响了行政活动的公正性与正当性。

（二）　其他监督制度维护法制统一之局限

维护行政法制统一，不仅要保证行政法律规范自身的科学性，避免不必要的规范冲突，而且要为行政法上的权利提供平等的法律保护。我国既有保障法制统一的制度，也有保障行政法上的权利的制度。前者主要是法规、规章、规范性文件的备案审查制度；后者主要是行政诉讼和行政复议制度等。

首先，规范备案审查的作用有限。根据宪法规定，全国人大常委会有权撤销省、自治区、直辖市的权力机关制定的同宪法、法律和行政法规相抵触的地方性法规和决议；国务院有权改变或者撤销各部、各委员会发布的不适当的命令、指示和规章，有权改变或者撤销地方各级国家行政机关的不适当的决定和命令。为落实宪法的规定，立法法和有关组织法规定了法规、规章备案审查制度：地方性法规、自治条例和单行条例应当报全国人大常委会和国务院备案；部门规章和地方政府规章应当报国务院备案。国务院公布的《法规规章备案条例》进一步明确了备案程序、备案审查、规范冲突规则。《各级人民代表大会常务委员会监督法》在立法法已有的立法监督规定的基础上，专章规定了"规范性文件备案审查"。规范性文件处于立法和执法行为的中间地带，是行政活动的重要依据，对规范性文件进行备案审查的必要性是显而易见的。但是，规范性文件数量庞大，审查难度可想而知。

根据法律规定的职能，全国人大常委会法工委、国务院法制办分别设置了备案审查机构，负责承办地方性法规、地方政府规章和国务院部门规章的备案审查工作，根据审查情况提出处理意见；办理国家机关、社会团体、企事业组织和公民对法规规章提出的合法性审查申请事项。按照制度设计者的初衷，通过备案审查，备案审查机构发现下位法超越权限，或者违反法律、行政法规规定的，通过一定的程序予以纠正，可以撤销、变更地方性法规、规章中带有部门保护或者地方保护倾向的规定，消除下位法与法律、行政法规之间的冲突。问题是，备案审查不是法规、规章和规范性文件生效的前提条件，有些地方性法规、规章和规范性文件备案时已经生效。面对数量极其庞大的规范性文件，国家不可能投入过多人力，审查机构难以在备案环节细致地审查。在备案审查环节，缺乏有效的方式吸引公众参与。往往只有当这些规范作为决策或者执法的依据，为公民、组织创设权利义务时，才会引起人们的关注。

其次，现行行政诉讼和行政复议维护法制统一的功能受到制约。为保障和监督行政机关依法行政，维护公民、组织的合法权益，我国先后建立了行政诉讼、行政复议等救济制度。公民、组织认为行政机关的具体行政行为侵犯其合法权益的，有权依法申请复议或者提起诉讼。行政诉讼和行政复议不仅是保障公民、组织合法权益的救济程序，而且是监督和保障行政机关依法行政的制度安排。法律、行政法规是复议机关处理行政复议案件的重要依据，也是法院审理行政诉讼案件的依据。实践证明，行政诉讼和行政复议制度在促进依法行政，遏制地方保护和部门保护，保证法律、行政法规统一正确实施，保障个体利益、纠正违法行政等方面发挥了重要作用。然而，行政诉讼和行政复议程序启动都具有被动性的特点，若无人申请、起诉，它们则无能为力，相当一部分违法行政和不作为因此难以通过这种监督得以纠正。一方面，现行制度侧重保护个体利益，忽视公共利益的法律保护。有些为相对人谋取非法利益的具体行政行为，损害的是公共利益，往往无人申请复议或者提起诉讼。另一方面，行政诉讼法、行政复议法要求起诉人或者申请人基于自身利益提起诉讼或者申请复议，对那些与起诉人或申请人自身利益没有直接关系的起诉或复议申请，法院和复议机关不予受理。因而，通过利害关系人起诉或者申请提交到法院或复议机关的违法行政只是其中的很小一部分，大量违法行为尤其是损害国家和社会公益的行政行为或者不作为无人主张诉讼或申请复议。

保障行政法制统一是一个系统工程，需要发挥多种监督制度的合力。我国检察机关长期以来一直承担着维护法制统一的职能，尽管行政检察制度同样有着明显的局限性。

（三）检察监督维护行政法制统一的功能分析

我国法律体系分为中央立法和地方立法。中央立法有全国人大及其常委会制定的法律，国务院制定的行政法规，国务院各部委制定的规章。地方立法有地方性法规和地方政府规章。检察监督作为一种专门的法律监督，它的主要使命不是保障所有法律规范的实施，而是保障全国人大及其常委会制定的法律在全国统一正确实施。

从实体法的角度看，行政关系涉及社会生活的方方面面，公民、组织公法上权利的取得与行政权有着密切的联系。因此，法规、规章在我国社会主义法律体系中虽然属于效力层级相对较低的规范，但在数量上却占据绝大多数。实践中，行政机关除了直接作出行政决定，还通过规范性文件设定行政法上的权利和义务。这些规范不仅是各级政府管理社会、行政执法的依据，而且是公民、组织参与国家行政事务的法律依据，更是法院裁决行政争议的直接依据或参考依据。法制统一并不要求各级行政机关只适用全国人大及其常委会制定的法律，而是要求它们适用的规范与全国人大及其常委会制定的法律不相冲突。检察权监督行政实体法实现的作用方式比较间接：一是通过调查和追诉违背职责构成犯罪的公职人员，以警示在岗公职人员严格依法办事；二是对违反法律、行政法规的已生效行政判决、裁定提出抗诉，推动法院再审，以重新确定行政法上的权利义务关系。

从程序法的角度看，现行法律并没有授权检察机关对行政程序进行监督。至于检察机关对劳动教养执行活动的监督，属于过程性的监督，不具有监督程序法实现的意义。法律明确授权检察机关履行监督职责的相关程序法是行政诉讼法。为此，检察机关应当通过履行监督职责，确保行政诉讼法基本原则、基本制度和基本规定在行政诉讼中得到遵守，行政诉讼法赋予当事人和其他诉讼参与人的权利受到尊重和保护。

行政管理涉及国家和社会生活的方方面面，行政机关常常需要创造性地工作。行政法律是一个繁杂的系统，有些事项，不同的法律规范都作了规定，而且这些规定之间可能存在冲突。立法法确立的法律适用规则是，上位法优先于下位法；同一位阶的法律规范冲突，新法优先于旧法，特别法优先于一般法。这是检察机关开展法律监督的重要规则依据。

过去的实践中，检察机关主要通过抗诉等方式维护个案公正，很少直接针对行政法规范的合法性进行监督。按照法律规定，对于违反上位法的行政法规范，多种主体拥有监督权，不宜将它作为一种专门的检察职权。但是，为了发挥检察监督维护法制统一的作用，检察机关宜将监督行政诉讼与立法机关备案审查等监督制度衔接起来，在履行行政诉讼监督职能过程中，发现违反法律的下位行政法规范，应当逐级提请立法机关备案审查机构进行审查。

二、促进廉洁公正执法

检察制度承载着促进廉洁公正执法的重要功能，因此在我国社会主义法治国家建设中得以不断发展和完善，检察机关的反贪污贿赂工作因此赢得了社会的广泛关注和认可，是促进廉洁公正执法最有效的手段之一。在司法体制改革初期，曾经有人主张将检察机关职务犯罪侦查权交由公安机关行使。这样的建议没有被采纳，很大程度上是因为公安机关隶属于行政系统，而大部分职务犯罪案件发生在行政系统，公安机关行使这项职权容易受到来自行政系统内部的不当干预。

（一）监督行政公职人员廉洁履职

廉洁一词最早出现在战国时期伟大诗人屈原的《楚辞·招魂》中，"朕幼清以廉洁兮，身服义尔未沫。"东汉著名学者王逸在《楚辞·章句》中注释说："不受曰廉，不污曰洁。"① 廉洁也是现代国家对公职人员的基本要求，至少包括两层意思：不接受他人馈赠的钱财礼物，不让自己清白的人品受到玷污；不损公肥私，不贪污。

廉洁是公正的前提。实践证明，相当多的执法不公背后都存在权钱交易。从这个角度说，确保公职人员廉洁奉公是法治政府建设的重要方面。在西方法治国家，为防止官员腐败，建立了一套严格的制度，比如限制官员权力，推行公权运行阳光化。在我国，革命政权建立之初，就对

———————

① 引自百度百科，http://baike.baidu.com/view/297707.htm。

公职人员廉洁自律有严格要求。新中国成立后的二十年多间，也就是实行计划经济的时期，绝大多数公职人员一直保持着廉洁奉公的品格，官员在公众心中保持着较好的廉洁形象。国家逐步实行商品经济、市场经济之后，一夜暴富、一日发家、一步登天的神化不断上演，随时考验公职人员的职业操守。既有不法商人为谋取不当利益，拉拢腐蚀官员，也有普通公民为办事顺利主动向官员行贿。总体来看，改革开放三十多年来，公职人员文化素质、专业素养逐步提高，约束公职人员廉洁奉公的法律和纪律越来越多，政府官员的廉洁形象并没有随之提升，倒是反腐败形势变得越来越严峻。

根据有关法律，检察机关自 1978 年恢复重建以来，即承担着查办国家工作人员职务犯罪的职能。根据刑法规定，职务犯罪的罪名有数十个，唯贪污贿赂犯罪势头迅猛，涉案金额屡创新高。1989 年 8 月 18 日，中华人民共和国第一个反贪局——广东省人民检察院反贪污贿赂工作局成立。此后，一些地方检察院纷纷效仿。1995 年 11 月 10 日，最高人民检察院反贪污贿赂总局正式成立。不久，全国各级各地检察院普遍将原来的经济检察部门更名为"反贪局"。根据现行法律，反贪局主要负责查办贪污罪、挪用公款罪、受贿罪、单位受贿罪、行贿罪、对单位行贿罪、介绍贿赂罪、单位行贿罪、巨额财产来源不明罪、隐瞒境外存款罪、私分国有资产罪、私分罚没财物罪等。

总体上看，全国检察系统查办的涉财职务犯罪案件数量、涉案金额呈上升趋势。对于这样的信息，人们给予了不同的解读。有的认为，检察机关查办职务犯罪的力度在不断加大。有的认为，现行的检察体制制约了检察机关反腐败作用的发挥，已经不能适应反腐败的需要。

（二）保障行政权公正行使

公正是指人们之间权利或利益的合理分配关系。如果权利或利益分配（包括分配过程、分配方式和分配结果）是合理的，被称为公正；反之，被称为不公正。公正不仅仅是对司法权的要求，而是所有公权力行使的基本准则。与法院审理民事案件通常要直接面对私益之间的冲突不同，行政决策与行政执法不仅要面对私益之间的冲突，而且要经常面对公益与私益之间的冲突。而公益与私益冲突，对行政决策者和执法者的职业操守往往是一种更为严峻的考验。法治政府对行政主体的要求是对利益不同的各方保持不偏不倚的立场。20 世纪九十年代以来，国家出台了行政处罚法、行政复议法、行政许可法，旨在从程序上规制行政权。1999 年以来，国务院就推进依法行政、建设法治政府出台了一系列文件，对各级政府和行政部门廉洁公正执法提出了具体细致的要求。这一系列举措，旨在解决执法不廉、不公等问题。

我国行政机关是职能最为广泛的国家机关。在法律上，行政机关是决策和执法主体，行政公职人员只是参与者、执行者。但是，行政机关是由人组成的，行政权也是由人行使的。行政公职人员能否公正履职，常常是行政主体、行政决定公正与否的决定性因素。为此，法律要求与相关行政事务具有利害关系的公职人员实行公务回避，符合回避情形的公职人员应当自行提出回避，相对人也可以依法申请其回避。对于这类问题，相对人往往高度关注，通常无需检察机关监督。只有在极个别情况下，应当回避而未回避的公职人员滥用职权造成严重后果的，检察机关才依法追究其责任。

公正在最基本的意义上表现为对公民、组织的平等保护。据此，行政机关及其公职人员负有不利用公权力侵害任何一方合法权益的义务。按照法治政府的要求，行政机关应当确保行政权行使过程的公正性。各个利益相关人，都享有在行政决策前表达意见的权利。如果公民、组织的诉求经过一系列程序仍未能实现，他通常不会认为公权力行使过程是公正的。同时，行政机关掌控的公共资源不可随意支配，它不可能满足所有人提出的合理或者不合理的诉求。依法行政并不要求行政机关满足相对人的所有诉求，而是要求其做到公正无偏。

目前，各级检察机关设置反渎职侵权检察部门，负责查办公职人员滥用职权、徇私舞弊构成犯罪的一系列渎职侵权犯罪案件。同时，检察机关在履行职责过程中，发现相关行政机关存在影响公正执法的制度隐患或者管理漏洞，可以向行政机关提出检察建议，敦促其纠正或者改进。

第二节　行政检察的社会功能

所有国家机关、国家权力从根本上说都是为管理社会或者服务社会而设置或者创设的。检察监督虽然作为一种以公权力监督公权力的制度，主要承担维护国家机器正常运转的功能，但是，它同样也承担着一定的社会功能。当然，关于行政检察国家功能与社会功能的划分是相对的。国家公权力治理社会的功能，某种程度上正是它作为国家机器应有的功能。从这个角度讲，我们将行政检察的社会功能定义为，检察权作用于社会、影响社会关系的功能。

一、促进社会公平正义

公平正义是人类世代追求的价值理想和人类社会发展的客观趋势，是当代国家与社会的首要价值取向。促进公平正义是社会主义的本质要求，更是各级各类国家机关共同的社会职责。人类发展史表明，社会公平的最终评价者是社会公众而不是公权力机构。从这个角度说，所有国家制度应当为全体社会成员服务，而不是为少数人服务。只有在全社会实现公平公正，才能有效协调社会关系，实现社会和谐稳定。促进公平正义是法律的基本功能。我国宪法和有关法律规定的检察机关活动的基本原则、有关检察制度的基本规则都是旨在促进社会公平正义的。人民检察制度自产生以来，特别是党的十一届三中全会以来，检察机关通过履行法律监督职责，在一定程度上促进了社会公平正义。二十一世纪以来，最高人民检察院把"强化法律监督、维护公平正义"作为检察工作主题。在新的形势下，行政检察促进社会公平正义，至少应当把握以下要点。

（一）兼顾形式正义与实质正义

法律的公正性不仅要求法律的实体内容是公正的，而

且要求给予相关公民、组织以公正的程序保障。程序保障
在广义上意味着为了保证权力公正行使而在程序或制度上
设定种种要求和规范性做法。为了保证行使公权力的公职
人员具有履行相应职权的素质和能力，我国和其他法治发
达国家一样，对各级各类国家机关公职人员的任职条件和
资格提出了明确要求，实行择优录用和选拔；为保证国家
机关及其公职人员履行职责不受非法干预，法律还规定了
公职人员的任职保障和身份保障，这都是为保障社会公平
正义所必需的。

　　我国建设法治政府是在相对薄弱的制度基础之上进行
的。为此，国家在前期推进法制化的过程中，着重围绕形
式法治规范执法活动。当前，随着社会主义法律体系初步
形成，行政活动的主要领域、关键环节已经基本做到了有
法可依。然而，公众的公平感没有显著增强，反而是信访
案件一直居高不下，一些地方甚至爆出了截访丑闻。究其
原因，一个很重要的问题是，实质正义与形式正义脱节。
一些地方政府和部门滥用权力，利用合程序的运作，实现
不合法、不正当目的，以公益的名义损害公民、组织合法
权益。检察机关查办严重渎职失职构成犯罪的公职人员，
立案追诉标准主要采用实质标准。对于行政决策、行政执
法中的程序违法，通常以检察建议等方式敦促相关行政机
关引以为戒，而不是追究相关人员的刑事责任。从这个角
度讲，检察机关对行政权的监督，兼顾了形式正义与实质
正义。

　　20 世纪末以来，程序法理论的发展，使得程序的独立

价值被深度挖掘，程序法规范因而得到完善和发展。我国各级行政机关决策和执法的规范化程度日益提高，同时也暴露出一些新问题。程序规范的运用并没有彻底解决行政决策和行政执法不廉、不公问题，反而出现了不少以合程序运作实现不正当目的的现象；行政决策和行政执法中，以公益的名义侵害私益，或者以收买官员为手段侵害公益的现象时有发生；随着行政公开的深化，面对空前发展的社会舆论监督，违法行政表现得越来越隐蔽。而公民、组织不仅关注公权力行使过程的公正性，更加注重结果的公正性，而且对行政行为是否公正具有一定的判断能力。无论公权力行使的方式和过程多么无可挑剔，只要最终出现了严重不公或者可以预见将出现严重不公，就会失信于民。因此，检察机关履行行政诉讼监督职能，不可局限于程序法的规定，而是要把认定事实是否客观，赋予权利、课以义务是否合法作为监督重点。

在行政诉讼中，检察机关没有直接确定当事人权利义务的职权。但是，检察机关对行政诉讼的监督并不是一种专门捍卫行政诉讼法或者行政程序法的制度安排，它追求的目标绝不限于程序正义。例如，行政抗诉程序的申请人与被申请人，都强烈地希望检察机关的监督能够维护自己的实体权利，而不是仅仅维护其程序权利，除非他（它）试图恶意利用检察监督程序拖延履行义务。公平正义的原则要求检察机关应当为抗诉申请人、被申请人提供平等的法律保护。假如检察机关针对一个单纯程序违法的裁判发动再审，即使将来再审的情况进一步验证了检察机关抗诉书确认的事实，如果原裁判确定的实体权利义务关系经过再审没有变化，我们也很难说这样的再审总体上维护了当事人的合法权益。因此，长期以来，检察机关通常将审判行为违法是否导致判决、裁定损害当事人的实体权利作为是否提出抗诉的决定性裁量因素，主要对确有实体错误的裁判提出抗诉。

（二）统筹个体正义与整体正义

个体正义与整体正义相辅相成，密不可分。系统评价是判断公平正义与否的重要方法。长期以来，检察机关通过办理具体案件来维护个案公正，主要着眼于个案正义。今后，检察机关应当按照统筹个体正义与整体正义的目标，统一监督标准。十一届三中全会确立了"有法可依、有法必依、执法必严、违法必究"的十六字方针，这也是社会主义法制的基本要求。现在，"有法可依"基本上做到了，但是"有法必依、执法必严、违法必究"却一直难以做到。为此，党的十八大提出，"要推进科学立法、严格执法、公正司法、全民守法，坚持法律面前人人平等，保证有法必依、执法必严、违法必究。"长期以来为人民群众深恶痛绝的选择性执法、选择性监督，就是因为放弃了"有法必依"、"违法必究"的原则，在某些情况下有法不依、违法不究。实践中，上级行政机关经常对下级机关的工作作出部署或者提出要求，下级机关为了实现上级机关提出的目标，可以创造性地开展工作，但不可以突破法律的规定。同样，上级检察院也经常部署专项工作和重点工作。突出重点具有一定的积极意义，但过度强调专项工作和重点工作，就会背离违法必究的原则要求，蜕变成选择性执法和选择性监督，从而背离公平正义的价值追求。因此，只有在坚持有法必依、违法必究的前提下突出重点，对于每个符合法定条件的申诉、申请或者控告、举报、建议，予以平等地对待和尊重，才能统筹个体正义与整体正义。

其一，为所有公民、组织提供平等的司法保护。行政法要求行政主体在决策和执法中做到"同等情况、相同对待"，这也是检察机关监督行政活动的一个切入点。特别是在监督行政机关依法移送涉嫌犯罪刑事案件方面，务必严格执行法定的刑事立案标准，做到不枉不纵。同时，检察机关自身也应当逐步将法律面前人人平等的原则具体化，力争做到"同等情况、相同对待，不同情况、区别对待"。在行政诉讼监督中，检察机关应当明确标准，对所有当事人申请抗诉案件一视同仁，而不是一味地强调重视上级机关、领导机关交办案件和人大代表关注的案件。

其二，在开展个案监督的同时，推行类案监督。1989年行政诉讼法授权检察机关监督行政诉讼的具体措施是抗诉。这是一种针对行政判决和裁定的监督。它是通过一个个地纠正错误裁判和违法审判行为来实现的。同样，检察机关通过办案发现行政机关在执法、管理中存在制度隐患的，也是个别提出检察建议。中发［2008］19 号文件更是要求检察机关规范检察建议，以避免提出检察建议的随意性。如何"规范"？主要是不允许下级检察院向上级行政机关提出检察建议。下级检察院认为需要向上级行政机关提出检察建议的，应当层报与该行政机关同级的检察院提出。

而层层报批的任何一个环节，都有可能否决下级检察院的动议。从表面看，针对个案进行监督，有利于维护公民、组织合法权益，有利于法院和行政机关进行有针对性的纠正，但也有局限性。事实上，与行政机关可能采用不同的执法尺度、法院可能采用不同的裁判标准一样，检察机关办理不同案件可能会有意无意地采用不同标准。从这个角度讲，抗诉多少个案件，提了多少检察建议，与在多大程度上维护了公平正义之间并不总是呈现出正比例关系。

为了在行政诉讼环节促进公平正义在整体上得以实现，检察机关应当着眼于透过办理具体案件，发现和监督各级地方法院为规范行政诉讼案件审理而制定的规范性文件，以及最高人民法院所作的司法解释和批复中涉及的违法内容，以纠正审判工作中某些带有普遍性的偏差，最大限度地促进审判权依法公正行使。检察机关发现法院在审理多起诉讼案件时出现了同类错误，可以对有错误的行政裁判一并提出抗诉，也可以探索开展类案监督。

（三）统筹法律监督与矛盾化解

行政检察虽然不是解决矛盾纠纷的主要制度安排。但是，在当前社会利益格局深刻调整、社会矛盾日趋复杂的今天，官民冲突时有发生。检察机关作为法律监督机关，通过监督行政机关及其工作人员依法履行职责，有利于增强行政决策与行政执法的公信力。因此，行政检察具有一定的解决纠纷的功能。

1. 增强行政活动的公信力

建设社会主义法治国家，特别是建设法治政府，首要的是强化对行政权的规范和约束。这也是衡量中国社会法治化程度的一个重要标志。然而，随着中国经济的高速发展，特别是地方政府收入结构的急剧变化，政府与公民、组织的矛盾呈上升趋势，公民、组织对行政决策和行政执法的质疑和不满经过累加，渐渐形成一种对政府的不信任情绪。于是，人们开始从人员素质、程序规范等方面进行反思。可以说，当前政府与公民、组织出现的矛盾，固然与公职人员素质不高有一定的关系，但是，现有行政公务员的专业修养和文化水平在新中国历史上无疑是最高的，而当今中国，社会公众对行政活动的质疑声音也是最强烈的。因此，可以断言，当前公众质疑的执法不公问题，与公职人员文化专业素质不高没有必然联系。

公信力是政府赖以管理社会的重要基础。当前，行政决策与行政执法的规范化程度在逐步提高，行政诉讼案件总量没有大的上升，而不服行政决策与行政执法引起的信访案件、群体性事件却长期居高不下。这表明公众普遍存在一种信访不信法的心理。公众对行政机关的不信任情绪，原因是多方面的。于行政主体一方，少数行政公职人员不公不廉、政府与民争利都是其中的原因。检察机关通过查办公职人员贪腐犯罪，有利于促进行政公职人员廉洁履职，有利于增强行政决策与行政执法的正当性与公正性，从而提升行政活动的公信力。

2. 最大限度地在法律框架内解决争议

检察机关通过支持公民、组织提起行政诉讼，或者对法院所作的不予受理、驳回起诉裁定依法提出抗诉，可以保障公民、组织依法行使行政诉权，将现实存在的行政争议引入诉讼程序。

按照法律规定，我国实行两审终审制。法院对于行政争议经过二审，所作裁判即为终审生效裁判。但是，国家尚无确保一审、二审裁判公正合法的制度保障，实践中当事人不服二审裁判的情况比较普遍。为此，法律规定了再审制度。但是，获得再审不是当事人依法享有的诉讼权利，相当一部分案件无法进入再审。这也是两审终审制原则的必然要求。有些案件，即使经过法院再审，当事人仍然不服，于是出现了大量的涉诉上访案件。行政诉讼检察监督是一种法律框架内的纠纷解决机制。

检察机关通过行使抗诉权，可以化解行政诉讼当事人之间的争议。行政诉讼检察监督，特别是其中的抗诉制度，授权检察机关通过抗诉启动再审程序，以纠正确有错误的行政裁判，促进行政争议的有效解决。当然，有些案件，即使法院经过再审作出新的判决、裁定撤销原裁判，并不必然能使争议得到根本解决。所谓通过再审使纠纷得到解决，指的只是以既判力为基础的强制性解决。这里所说的"解决"并不一定意味着纠纷在社会心理的意义上也得到了真正解决。败诉的当事人对判决表示不满是一种普遍现象，表面上像是解决了的纠纷又有可能在其他方面表现出来。有时候，一个新判决的作出就意味着新的冲突的形成。因此，行政诉讼检察监督并不是在任何情况下都能从根本上完全彻底地解决行政争议。

在相当多的案件中，法院作出判决后，当事人各方的权利义务关系已经法律程序得到确认，但是，当事人不服，在当事人的观念中，争议仍然存在。如果当事人向检察机关申诉，检察机关审查认为裁判合法公正的，劝告当事人服判息讼，纠纷有可能得以解决。从这个角度讲，检察机关对行政诉讼的监督具有化解社会矛盾的作用。最高人民法院、最高人民检察院《关于对民事审判活动与行政诉讼实行法律监督的若干意见（试行）》第 12 条第 1 款规定："人民检察院办理民事、行政申诉案件，经审查认为人民法院的审判活动合法、裁判正确的，应当及时将审查结果告知相关当事人并说明理由，做好服判息诉工作。"

息诉不是检察监督的方式，也不是检察机关的法定职责，而是检察机关支持和维护合法公正审判的工作方式。对于当事人向检察机关申诉的案件，检察机关作为审判机关之外的法律主体，它的释法说理更容易赢得当事人的信任。但是，过于积极地做当事人的服判息诉工作，会给人以"官官相护"的印象。因此，检察机关做服判息诉工作，应以适当的方式进行，以被动息诉为主。表现在：只有对当事人申请抗诉的案件，检察机关才有必要做息诉工作；只针对当事人申请抗诉的事由息诉；只对抗诉申请人做息诉工作。社会和公众关注的案件，检察机关即使审查认为行政裁判正确合法，也无须向公众主动说明。当然，对于行政裁判正确的申诉案件，检察机关息诉的着力点应集中在申诉事由上，清楚、明了、透彻地阐明裁判的合法性。

此外，在行政公职人员故意违法侵害公民、组织合法权益的案件中，检察机关依法建议追究违法行政的法律责任，可以平息当事人对违法行政的不满情绪。根据法律规定，行政机关公职人员的一般违法违纪责任，由行政监察机关调查和追究，检察机关不具有相应的职责和义务。但是，检察机关在履行法定职责过程中，发现行政公职人员违法违纪需要追究纪律责任的，应当将有关证据材料移送行政监察机关。大致包括以下两种情况：行政公职人员的行为不构成犯罪但是已经构成违法违纪；行政公职人员的行为已经构成犯罪，追究或者免除其刑事责任之后仍然需要予以行政纪律处分的。

二、平衡相互冲突的各方面利益

追求利益是人类一切社会活动的动因。马克思指出，"人们奋斗所争取的一切，都同他们的利益有关。"回顾历史，我们党之所以能够取得政权，除了理想信念上的优势之外，很大程度上取决于在革命的关键时期把握住了中国农民最直接、最现实的需要。过去三十多年来，不断深化的改革打破了计划经济时期形成的利益格局，催生了大量的利益主体和利益群体。随着改革的深化，社会利益深刻调整，各种现实因素和制度因素诱发的矛盾凸显出来，不同主体、群体之间的利益冲突在公共管理、行政执法环节都会得到体现。

（一）平衡个体利益与公共利益

如何处理公共利益与个体利益的关系，是检察机关履行法律监督职能必须回答的一个重大问题。在理论上，公共利益似乎很难界定清楚，但这不影响法律对公共利益予以保护。多数情况下，是否属于公共利益是显而易见的。对公共利益范围的误读主要来自实务部门的操作。有些情况下，"公共利益"被当做侵害公民、组织权益的借口。例如，在土地征收、征用和拆迁中，开发商和政府自身的利益堂而皇之地被称为公共利益，真正的公共利益却得不到有效的保护。例如，面对食品安全、环境污染和生态安全，地方政府又显得"束手无策"。有些问题，不是因为"无策"才"束手"，而是因为"束手"了才显得"无策"。实践中，每一次对公共利益的误读，都会严重损害政府的公信力。至于公共利益与个体利益谁先谁后，似乎不好一概而论。公平正义不允许以一部分人的利益压制、损害另一部分人的利益。在什么情况下遵循平等保护原则，什么情况下坚持公共利益优先，是否存在个体利益应当优先于公共利益的情形，都需要将来作更深入的研究。

与民事诉讼旨在确定平等主体的权利归属、义务承担不同，政府基于一定的规则配置公共资源、为社会成员提供基本公共服务。在处理复杂的利益关系方面，行政决策与行政执法都应当着眼于捍卫社会的整体利益，平衡私益与公益。与法院审理诉讼案件具有更多的羁束性相比，政府管理、行政执法通常具有较大的裁量空间。与审判活动相比，检察机关监督行政诉讼，在检察权发挥作用的范围内，又需要更强的羁束性。

检察机关监督行政活动与行政诉讼，一个重要的功能在于调节和维护法定的正当利益关系。检察机关应当平等对待所有个体的权利与责任。检察监督虽然不属于公法上的争议解决机制，但是，检察机关要将行政决策、行政执法、行政诉讼与诉讼监督视为社会利益分配与资源配置的调节机制，以是否公平、公道作为衡量行政行为、行政裁判是否公正的重要标准。公平地对待每个当事人以及诉讼利益相关人，并且为每个公民、组织通过诉讼维护自身利益创造制度条件与现实可能，是检察机关义不容辞的职责。正确把握办案与发展、稳定的关系，不是考验公民、组织的容忍度，也不是牺牲善良公民、组织的合法利益，而是要通过法律监督，为公民、组织捍卫自身利益提供更加强有力的保障。

司法的公正性要求司法判决应当公平对待所有当事人，实行同等情况同等对待，不同情况不同对待。为此，有必要将同等情况不同对待，或者不同情况同等对待的行政裁判纳入监督视野，作为当事人申请再审、检察机关提出抗诉和再审检察建议的事由。

在行政诉讼监督中，检察机关的抗诉从表面上看，常常支持一方的主张而反对另一方的主张，但这种"支持"与"反对"受法律平等保护原则支配，对事不对人。任何一方当事人和案外人的合法利益均应平等地受到检察监督的保护。

（二）维护公共利益

我国传统观念奉行公共利益至上。法治原则虽然不要求公益凌驾于个体权益之上，但至少应当为公益提供与私益同等的法律保护。在几乎所有的单行法中，公共利益都得到了宣示。在我国，维护公共利益还具有特别的意义，就是保护国家对国有资产的所有权。关于国有资产权益是否属于公共利益，理论上存在认识分歧。我国的国有资产是全国的劳动者长期以来埋头苦干和无私奉献积累起来的，其所有权在法律上属于全体国民，因而有必要建立严密的公产权益保护制度，防止国有资产流入少数人的腰包。检察机关查办贪污犯罪，正是维护国家财产权益的最强有力的手段。行政机关是维护公益的第一责任者。从广义上讲，检察机关通过查办公职人员故意损害公益或者因重大过失导致公益受到严重损害的犯罪，敦促行政公职人员廉洁奉公、勤勉尽职，也是维护公益的一种方式。

不仅如此，我国检察机关作为法律监督机关，往往同时被理解为公共利益的捍卫者。2011年最高法院、高检院《关于对民事审判活动与行政诉讼实行法律监督的若干意见（试行）》规定，"人民检察院发现人民法院已经发生法律效力的民事调解、行政赔偿调解损害国家利益、社会公共利益的，应当提出抗诉。"2012年民事诉讼法已经基于检法之间的这一共识作了相应修改。将来修改行政诉讼法，也应当增加这方面的内容，同时明确行政判决、裁定损害国家和社会公益的，检察机关应当提出抗诉。在行政诉讼法修改之前，检察机关对于损害公益的裁判，可以援引原裁判适用法律错误作为抗诉事由提出抗诉。

（三）保障个体权益

检察机关对行政机关及其公职人员实行法律监督，促进其依法行政，对于每一个善良公民来说都是一种保护。因为公权力的恣意可能伤害任何人。不仅如此，检察机关履行查办职务犯罪的职责，还应当保障公民、组织依法有效行使举报权，既要保证符合条件的实名举报线索得以及时调查，又要保障举报人的人身和生命财产安全。

关于行政诉讼检察监督，我们过去主要强调它的监督属性，视其为以公权力约束公权力的制度安排。在这一前提之下，行政诉讼检察监督的主要对象是行政审判的过程与结果。事实上，有些检察监督决定对公民、组织的权利义务会产生重大影响。因此，行政诉讼检察监督不仅是检察制度的重要组成部分，更是行政诉讼制度的重要内容，应当服从行政诉讼程序的目的。从这个角度讲，行政诉讼检察监督实际上一直承载着重要的救济功能。也正因为如此，一些当事人才会在诉讼权利受到侵犯之后寻求检察监督。从功能上讲，行政诉讼检察监督既是一种监督，又是一种救济，它是监督与救济的有机统一。其中，行政诉讼检察监督的救济功能，较为集中地体现在行政抗诉制度中。过去，无论理论上还是实务中，对于行政诉讼检察监督的救济功能的认识理解都不够深入细致。

行政抗诉监督与救济功能的一致性，是由法律的普适性与法律保护的平等性决定的。在法律监督中，过分强调法律的统一正确实施，忽视个体权益保护，或者将监督与救济对立起来，就会背离立法的本意。

检察机关行使抗诉权，不仅不能排斥公民、组织的合理诉求，而且要注意在审查抗诉程序中保障公民、组织寻求救济的权利。实践证明，行政抗诉权只有与公民、组织的权利主张结合起来，承载起为公民、组织提供司法救济的使命，它才能获得强大的生命力。早在 1991 年，最高人民检察院《关于人民检察院受理民事、行政申诉分工问题的通知》将诉讼监督与保障公民、组织的申诉权有机结合起来，使得这项监督职能得以存续下来。过去的实践中，检察机关办理的绝大多数案件是经过当事人申请才启动抗诉审查程序的。2001 年最高人民检察院《人民检察院民事行政抗诉案件办案规则》第 4 条规定了检察院受理行政案件的四种来源：（1）当事人或者其他利害关系人申诉的；（2）国家权力机关或者其他机关转办的；（3）上级检察院交办的；（4）检察院自行发现的。第（2）、（3）种情况实际上也是有关国家机关基于当事人或者利害关系人的申请而转办、交办的。实践中，检察机关在当事人未申诉的情况下基于公共利益而"自行发现"的案件微乎其微，公民、组织基于公共利益主张检察机关行使抗诉权的案件也不多。行政诉讼原告申请抗诉的目的，与其提起诉讼、参加诉讼、提出上诉、申请再审的目的从根本上是一致的，都是为了维护自身权益。无论理论和规范把抗诉制度视为一种监督制度，还是维护法制统一的制度保障，对于当事人而言，它就是一种救济。

2012 年修改民事诉讼法之前，公民、组织向检察机关申请抗诉没有被视为一种法律上的权利，即使面对违法或者错误的民事裁判，检察机关也可以拒绝提出抗诉。既然是一种救济，获得这种救济就应当上升为一种法定的权利，而不是检察机关的恩赐。当事人在行政诉讼中法律地位平等原则，不仅是对法院从事行政审判活动的要求，而且是

检察机关行使行政抗诉权应当遵循的基本原则。行政抗诉
制度的设计，应当确保当事人平等地享有获得抗诉救济的
权利。将来修改行政诉讼法，应当增加相应的内容。行政
诉讼法修改之前，检察机关可以参照 2012 年民事诉讼法的
相关规定办理行政申诉案件。

　　在承认行政诉讼检察监督具有救济功能的前提下，我
们也要认识到其救济功能的有限性。在行政诉讼中，法院
内部监督、当事人监督与检察监督具有一定的层次关系。
常规情况下，当事人在诉讼中直接在法院主导下行使诉讼
权利。多数情况下，当事人和其他诉讼参与人通过法院系
统的内部监督（包括审级监督）实现和保障诉讼权利与实
体权利。例外情况下，检察机关通过行政诉讼检察监督保
障当事人诉讼权利和实体权利。从诉讼诸环节的先后顺序
看，检察监督也是置后的。行政诉讼监督救济功能的有限
性表现在：检察机关对私权不提供主动的救济；检察机关
不为私权利提供预防性救济；检察机关不为私权利主体提
供重复的救济；检察机关不为私权利提供裁量性救济。

第三章　行政检察的基本原则

　　基本原则，是整个法律体系或者某一法律部门所适用的、体现法的基本价值的原则。行政检察作为一种以检察权监督行政权的制度安排，它应当尊重行政活动应遵从的基本原则，遵循检察活动的一般原则。行政检察的基本原则，是检察机关取得、行使行政检察权应当遵循的原则，而不是它要求行政机关遵循的原则。行政检察的基本原则不同于行政法的基本原则。同时，检察机关和行政机关同为国家机关，检察权和行政权又具有许多共性。例如，诚实信用原则、正当程序原则，不仅是行政权行使的基本原则，[①] 而且是检察权行使的基本原则。因此，行政法学中有关行政法基本原则的研究成果对于我们研究行政检察的基本原则具有重要的借鉴意义。然而，检察职能毕竟不同于行政职能，检察权的设置与行使又有其特殊规律。本章我们结合检察权取得与行使过程中存在的一些突出特点和问题，分别探讨行政检察权设置原则和行政检察权行使原则。

---

　　① 　应松年主编：《当代中国行政法》，中国方正出版社 2005 年版，第 104 –119 页。

第一节 行政检察权设置的原则

检察机关对公共行政的监督作为一种国家权能，首先受制于检察机关在国家权力系统中的功能和定位，这也是检察权与其他国家权能划分的基本准则。同时，作为一种公权力，行政检察权的取得应当遵循公权力取得的一般原则。作为一种旨在保障法律在全国统一实施的，对应于地方权力的国家权力，行政检察权应当由中央立法创设。同时，由于我国检察机关在体制上独立于行政机关，因而，检察权不应由国务院通过行政法规来创设。基于此，我们提出行政检察权设置的三个原则：遵循检察机关宪法定位原则、检察职权法定原则、检察职权法律保留原则。

一、遵循检察机关宪法定位原则

法律监督既是我国宪法关于检察机关的职能定位，也是检察权区别于其他国家权力的基本特征。我们将遵循检察机关宪法定位作为行政检察权设置的一个基本原则，意在表明法律授予检察机关监督行政的职能，应当符合检察机关的宪法定位，符合宪法确定的检察权与行政权之间的基本关系，至少不能与检察机关承担的法律监督职能相冲突。

（一）法律监督的制度与观念

法律监督是宪法确定的我国检察机关的性质和定位。检察职权的功能与检察机关的宪法地位密切相关。检察机关的宪法地位是指检察院在国家权力体系中的位置，在国家法治建设中充当的角色。1954 年宪法、1978 年宪法均规定："最高人民检察院对于国务院所属各部门、地方各级国家机关、国家机关工作人员和公民是否遵守宪法和法律，行使检察权。地方各级人民检察院和专门人民检察院，依照法律规定的范围行使检察权。"这两部宪法没有明确规定检察机关是法律监督机关，但在这两部宪法中，检察体制也是按照法律监督机关的要求确定的。1982 年宪法不仅明确"检察机关是国家的法律监督机关"①，而且规定"人民检察院依照法律规定独立行使检察权，不受行政机关、社会团体和个人的干涉"②。

　　一般认为，法律监督是对公权力主体及其工作人员执行和遵守法律情况的监督。理论上，法律监督有广义、狭义之分。狭义的法律监督是指检察机关为保障法律统一实施所进行的监督。广义的法律监督不仅包括检察机关的监督，还包括党的监督、权力机关监督、社会监督、行政系统内部监督等。与行政机关对公民、组织是否遵守法律进行监管不同，法律监督是一种以公权力监督公权力的制度安排，前者在法理学中被称为"法律适用"。在百度"百科"中，法律监督被解释为"有关国家机关依照法定职权和程序对立法、执法和司法活动的合法性进行的监察和督促"。其含义（特点）被归纳为专门性、程序性、事后性等。本书第四章的论述将要说明，检察监督不限于事后性、程序性。

---

① 1982 年宪法第 129 条。
② 1982 年宪法第 131 条。

关于我国确立检察机关为法律监督机关的原因，有的学者归结为三点：其一是列宁的法律监督思想，其二是符合我国建设社会主义法制的需要，其三是由我国的国体和政体决定的。① 不少学者认为，我国将检察机关确定为法律监督机关，其直接理论基础是列宁的法律监督思想。列宁认为，社会主义国家的法制应当是统一的。"法制……应该全苏维埃共和国联邦统一"。"用什么来保证法律的实行呢？第一，对法律的实行加以监督。第二，对不执行法律的加以惩办。"根据维护法制统一的要求，列宁确定了苏联检察机关的任务，"检察长的惟一职权和必须做的事情只有一件：监视全共和国内对法制有绝对一致的了解，既不顾任何地方上的差别，也不受任何地方上的影响"；"检察长的职责是要使任何地方当局的任何决定都不与法律相抵触。"② 事实上，新中国建国之初与苏联有着不同的国情。当时的苏联面临国家分裂的危险，列宁创设苏联检察制度的目的在于维护苏维埃共和国联邦的统一。新中国建立了共产党领导的人民政权之后，一个突出的矛盾是如何约束国家机关及其工作人员遵纪守法、恪尽职守。1979 年，彭真在向五届人大二次会议作起草《人民检察院组织法》的说明中指出，"确定检察院的性质是国家的法律监督机关，是我们运用列宁坚持的检察机关的职权是维护国家法制的统一的指导思想，结合我们的情况而规定的。"

新中国检察制度建立以来，检察机关的宪法地位就是一个存有争议的问题。围绕这个问题的争论，大致可以分

① 谭世贵：《中国司法改革研究》，法律出版社 2000 年版，第 303－305 页。
② 《列宁全集》（第 33 卷），第 266、326、328 页。

为两个阶段。第一个阶段是 1954 年宪法规定了检察机关的宪法定位之后，直至"文革"期间检察院被取消。这一阶段对检察机关宪法地位的批评带有明显的政治色彩和排斥监督情绪。第二个阶段是改革开放以后，这一阶段对检察机关宪法地位的批评是从推广西方法治的角度入手的。有的学者认为，西方国家普遍将检察权作为行政权而且运行良好，实现了法治，而我国的司法却出现了诸多问题，因而主张借鉴西方制度对中国检察制度进行根本性变革，将其改造为行政机关。

事实上，中国司法在实践中出现问题，原因是多方面的，可以概括为三方面：一是司法权运行规则不完善，相关规则的完善需要一个漫长的过程；二是司法官员管理方式没有体现基本的公平，挫伤了司法人员的积极性和责任感；三是对公权力缺乏有效的监督制约。总体来说，中国司法权运行中出现的问题是法治化程度不高的产物，不可能归因于检察制度。关于我国检察机关宪法定位的制度合理性，宪法学学者曾经有专门的、详细的分析，[①] 此处不再赘述。

新中国选择以检察机关作为法律监督机关，显然不是为了单纯地制约审判权、警察权而存在的，而是共产党长期执政条件下保障法治的一种制度安排。检察机关在人民代表大会制度下作为法律监督机关的宪法定位，决定了检察权与人大权力、审判权、行政权的关系。

当前，依法治国已成为基本的治国方略。在社会主义法

---

① 韩大元主编：《中国检察制度宪法基础研究》，中国检察出版社 2007 年版，第一章。

律体系中，由行政机关执行的法律在数量上占 90% 左右。而行政决策与行政执法行为对于国家和社会公益，对于公民、组织的合法权益都会产生直接的影响。现行法律关于检察权监督行政权的职能配置不是直接授权检察机关监督行政决策与行政行为，而是授权检察机关查办构成职务犯罪的行政公职人员，对行政诉讼进行法律监督，等等。这样的行政检察权配置模式，究竟是国家机关之间科学分工的体现，还是限制了检察权的有效范围？对这个问题的回答，不应当从检察权自身的完整性出发来进行论证，而是应当从国家和社会需要出发进行分析。公权力需要接受监督本身并不能当然得出扩张检察权的结论。只有在检察监督的性价比优于其他监督制度时，国家才有必要授权检察机关履行监督职责。

（二）法律监督权与其他公权力监督制度

在我国，行政机关承担着社会管理、公共服务、市场监管、经济调节等职能，直接掌控和配置绝大多数公共资源。因此，行政权不需要专门监督其他公权力，但是应当接受其他多种公权力的监督。明确各种公权力监督制度的边界，是确定检察机关法律监督职能的重要前提。

1. 检察监督与人大监督

根据我国宪法，人大产生并且监督"一府两院"。①

---

① 1954 年宪法第 31 条、1978 年宪法第 25 条都有全国人大常委会"监督国务院、最高人民法院和最高人民检察院的工作"的规定；1982 年宪法第 67 条规定，全国人大常委会"监督国务院、中央军事委员会、最高人民法院和最高人民检察院的工作"。1954 年、1978 年、1982 年宪法都有全国人大监督宪法实施，全国人大常委会解释宪法、监督宪法实施的规定。

2006 年《地方各级人民代表大会和地方各级人民政府组织法》第 44 条规定，县级以上的地方各级人民代表大会常务委员会"监督本级人民政府、人民法院和人民检察院的工作"。检察监督与人大监督的关系，涉及两个基本方面：一是人大与检察之间监督与被监督的关系；二是人大对行政、审判的监督与检察机关对行政权和审判权实行法律监督的关系。第二个方面与本书的主旨有关。既然宪法和法律规定人大及其常委会对政府的工作进行监督，那么检察机关对公共行政的监督是否还有必要？是否和人大监督存在冲突？

2006 年《各级人民代表大会常务委员会监督法》在宪法和组织法规定的基础上，对人大监督的方式、程序等做了规定。根据这部法律，各级人大常委会监督政府的方式主要是：听取和审议人民政府的专项工作报告；审查和批准决算，听取和审议国民经济和社会发展计划、预算的执行情况报告，听取和审议审计工作报告；法律法规实施情况检查；规范性文件的备案审查；询问和质询；特定问题调查；撤职案的审议和决定。可见，人大常委会监督政府的事项着眼于宏观层面。即使对于直接关系法律正确实施的事项，如法律法规实施情况检查，主要是从改进执法工作和完善法律的角度展开的；[1] 特定问题调查也局限于人大常委会职权范围内的事项，很少涉及具体的法律争议和法

---

[1] 《各级人民代表大会常务委员会监督法》第 26 条第 2 款规定："执法检查报告包括下列内容：（一）对所检查的法律、法规实施情况进行评价，提出执法中存在的问题和改进执法工作的建议；（二）对有关法律、法规提出修改完善的建议。"第四章"法律法规实施情况的检查"没有规定发现执法不公或者违法行政如何处理。

律适用。①

　　宪法学理论认为，我国的检察制度是建立在人民代表大会制度的框架之内的。全国人大及其常委会行使最高监督权，监督宪法和所有法律的实施，主要从宪法层面监督包括检察机关在内的所有国家机关的活动。检察机关是国家的"专门法律监督机关"，依法对宪法之外的其他法律的实施行使专门监督权。二者的区别表现为：（1）理论基础不同。人大监督的理论基础是人民代表大会制度；检察监督的理论基础是列宁的法律监督理论。②（2）对象不同。人大监督的对象包括行政机关、审判机关和检察机关；检察监督的对象具有特定性。（3）内容不同。检察监督仅限于法律层面的监督，主要是解决法律责任承担或者说是法律后果问题；而人大监督既包括法律监督，也包括工作监督，主要解决政治责任承担或政治后果问题。（4）方式不同。人大监督不采取诉讼的形式；检察监督主要是围绕诉讼进行监督。③ 可以说，人大及其常委会的监督是宏观和中观的，通常不直接处理法律争议；检察机关的监督是微观的、

---

　　① 《各级人民代表大会常务委员会监督法》第七章"特定问题调查"，基本上不包括对法律争议的调查。该法第39条规定："各级人民代表大会常务委员会对属于其职权范围内的事项，需要作出决议、决定，但有关重大事实不清的，可以组织关于特定问题的调查委员会。"

　　② 列宁主张，为了保证法律在全国范围内统一实施，必须建立专门的法律监督机构，即检察系统。新中国成立后，从当时的苏联借鉴了法律监督制度，组建了各级人民检察院，行使法律监督权。我认为，中国检察制度的理论基础是分权理论和列宁的法律监督思想。列宁的法律监督思想不过是将西方国家划分的三种国家权力细分为四种。

　　③ 韩大元主编：《中国检察制度宪法基础研究》，中国检察出版社2007年版，第60－67页。

具体的，主要是通过针对特定行为或事件适用法律的执法活动来实现的。因此，检察监督与人大监督虽然都是以权力制约权力，但属于两种不同的制度安排，既不存在冲突，也不存在重叠的问题。

2. 检察监督与行政审判

在我国，检察机关和审判机关都是广义上的司法机关。我国检察机关和审判机关都由人大产生、受人大监督，都承担着一定的监督行政权的职能。① 有学者认为，"司法机关是人民意志得以表达和实现的监督机关。"② 检察权和审判权对行政权的监督方式、监督重点各有不同。可以说，检察权对行政权的监督主要是通过查办行政公职人员职务犯罪等方式实现的；而审判权对行政权的监督主要是通过审理行政诉讼案件实现的。前者监督的对象主要是行政公职人员及其严重违背职责的行为；后者监督的对象主要是行政机关及其具体行政行为。当然，检察权与审判权的这两种职能之间存在交叉，表现为：检察机关查办的职务犯罪只有经过法院审理并作出有罪判决方能视为有罪；法院审理行政诉讼案件要接受检察机关的监督。

根据诉讼法规定，法院行使行政审判权，检察机关行使行政诉讼监督权；法院行使刑事审判权，检察机关行使职务犯罪侦查权、刑事立案监督权、公诉权、审查逮捕权。

---

① 1989 年行政诉讼法第 1 条规定："为保证人民法院正确、及时审理行政案件，保护公民、法人和其他组织的合法权益，维护和监督行政机关依法行使行政职权，根据宪法制定本法。"行政法学理论也认为，行政诉讼是监督行政主体的制度安排，监督主体就是承担行政审判职能的法院。

② 胡建淼主编：《论公法原则》，浙江大学出版社 2005 年版，第 330 页。

其中，法院的刑事审判和检察机关提起公诉、审查逮捕，虽属于追究公职人员刑事责任的必经程序，具有监督行政的作用，但不属于监督行政的专门制度。法院审理行政案件所作的判决、裁定可以撤销或者变更行政行为确定的权利义务关系；检察机关可以通过提出抗诉推动法院对生效行政判决、裁定进行再审，再审的结果可能改变原生效裁判所确定的法律关系。

行政审判权与行政诉讼监督权的界限，在总体上是清楚的，在理论上不难界分，但也存在一些中间地带。例如，在再审启动问题上就存在认识分歧。一种观点认为，为了维护法院裁判的既判力，应当取消检察机关抗诉权，将再审程序的发动交给诉讼当事人。另一种观点认为，抗诉作为一种纠错的制度设计是必要的，但是审判机关作为裁判主体不应当拥有再审程序启动权。有观点主张构建检察机关作为启动再审程序单一主体的制度。[1]

检察机关抗诉的效力在于启动再审程序。因而有学者认为检察监督具有程序性的特点。有学者进而认为抗诉应当围绕程序问题来进行，而不应当涉及事实判断即实体问题。这种观点稍显偏颇。抗诉的效力直接表现为启动再审程序，虽然能够直接影响行政判决的命运，但不是检察机关的决定最终影响行政判决的命运。另外，抗诉效力的程序性并不意味着抗诉事由的程序性。检察监督作为保障法治的重要制度安排，其功能不应当局限于维护形式法治。

---

① 王鸿翼、杨明刚：《审判监督程序中再审启动主体制度的重构》，载《人民检察》2006 年第 5 期（上）。

按照现行规定，检察机关依法拥有提起行政抗诉的职权，法院也有根据当事人申请裁定再审的职权。虽然检察机关决定抗诉和法院裁定再审的效力都是启动再审程序，但是二者仍然存在区别。行政抗诉权是一种基于公益和法律秩序的监督机制，同时也是保障个体权利的救济机制。尽管检察机关提出抗诉的案件法院必须依法进行再审，但是，对于检察机关提起抗诉的案件，接受抗诉的法院都要先作出再审裁定，然后进入再审程序。这说明法院一直把是否启动再审程序作为一种审判权来对待。我国法律授予检察机关抗诉权并且赋予抗诉以强制启动再审程序的效力，既是对利害关系人申请再审救济的权利保障，也是对法院行使再审启动权的监督。如果再审程序的启动权完全交由检察机关行使，检察机关一旦在某些矛盾突出的案件中不作为，当事人寻求再审救济的权利将失去保障。即使抛开再审启动权性质的考虑，从保障诉讼权利的实际需要出发，检察机关不应拥有完全排他的再审启动权。再审启动权由检察机关独有或由法院独有，都可能使得一些主张权利的人告状无门。从这个角度说，现行行政诉讼法关于行政审判权与行政诉讼检察监督权的配置是符合司法规律的。

检察机关监督行政诉讼，主要目的是保障诉讼活动正常进行，确保行政法秩序在行政诉讼环节得以实现。当然，在行政诉讼中，法院也是监督主体。行政审判的任务就是判断引起争议的具体行政行为的合法性，以审判权监督行政权。检察机关的监督，不仅要关注法律在行政审判过程中的实现，而且要关注行政审判所确定的违法行政引起的行政责任乃至刑事责任追究问题。

3. 检察监督与行政机关内部监督

在我国，推动依法行政、建设法治政府，有学术界和社会公众的呼吁，有立法机关通过制定国家赔偿法、行政处罚法、行政复议法、行政许可法等法律对行政行为进行规制，但主要还是依靠国务院的积极主导。尽管在法学理论上，我们通常习惯于认为，内部监督具有明显的局限性，不如外部监督更有力度。但从过去的实际情况来看，国务院发布指导性文件、制定行政法规、推行内部控制制度，在推动依法行政和建设法治政府过程中发挥着非常重要的作用。这也是由行政权的广泛性、专业性等因素决定的。因此，我们研究行政检察制度，并不是指望它能取代行政系统内部现有的监控制度，而是希望它和行政系统的内部监控制度相互补充。

首先，检察监督应当限于法律层面。检察监督的依据主要是全国人大及其常委会制定的法律，而不是行政机关制定的规范。从广义上讲，法律是一个复杂的规范体系。根据立法法的规定，我国法律规范分为法律、行政法规、地方性法规、行政规章等多个层次。相应地，制定法律规范的主体也分为多个层次。对于行政机关特别是基层行政执法机关而言，无论是哪一个层次的规范，无论是不是法律规范，只要是上级行政机关依法制定的有效规范，它都应当作为行政的依据。作为法院行政审判依据的规范，上升了一个层次。根据行政诉讼法规定，法院审理行政案件，适用法律、行政法规和地方性法规，参照规章。而检察机关进行法律监督的依据，有着更为严格的要求。检察机关对行政机关和行政活动的监督，最重要的使命是保障全国人大及其常委会制定的法律、国务院制定的行政法规在全国统一正确实施。检察监督主要是推动违反法律、行政法规的法律责任的追究和承担。地方法规、规章及规章以下的规范性文件虽然可以作为检察机关履行监督职责的依据或者参照，但不宜单独作为检察机关实施法律监督的依据。

其次，法律监督权与行政机关固有职权不得重叠。我国《地方各级人民代表大会和地方各级人民政府组织法》规定的各级地方政府的职权、① 由这些职权派生出来的具体行政职权，以及单行法授予各级政府部门的职权，属于行政职权。在我国市场经济体制之下，政府的职能主要是经济调节、市场监管、社会管理和公共服务。法律授予检察机关监督职能应当避免与这些行政职能交叉重叠。例如，管理行政公务员是行政机关的事情，惩戒行政公务员属于行政机关、人大及其常委会的职权。检察机关在履行法律监督职责过程中，发现行政公务员违法违纪应当追究纪律责任的，按照惯常的做法，应当建议有权机关给予有关公务员行政处分。也有学者认为，检察机关提出处分行政公务员的检察建议，有权机关应当采纳。事实上，检察机关的决定或者建议在行政程序中的效力，关涉行政权与检察权之间的关系。其一，既然处分行政公务员是行政机关的职权，行政机关就没有服从检察建议的必然义务。其二，

① 《地方各级人民代表大会和地方各级人民政府组织法》第 59 条。

检察机关发现存在违法违纪的情形，应当将案件线索连同证据材料移送有关机关。行政机关对于检察机关移送的案件，应当像对待普通案件一样进行调查取证、听取陈述和辩解等，而不是不加调查了解直接采纳检察机关的建议。①此外，检察机关对行政机关存在的制度隐患、管理漏洞，可以提出建议，但不能代替行政机关去消除制度隐患。

此外，检察监督与行政机关内部监督应当有效衔接。行政监察机关、审计机关在履行监督职责过程中发现行政公职人员构成职务犯罪的线索，应当及时移送检察机关，并且配合检察机关侦查取证。检察机关在查办职务犯罪、履行诉讼监督职责过程中，发现应当追究行政机关及其公职人员纪律责任的情形，应当将有关线索及时移送行政监察机关调查处理。

二、检察职权法定原则

为防止国家机关越权，或者公权力行使主体侵害公民、组织的合法权益，任何国家机关的权限范围都是由法律确定的，凡是法律没有授予的权力，原则上视为该国家机关没有权限，此即职权法定。职权法定原则与法律保留原则有所交叉，但不是同一个原则。职权法定并不要求所有公权力均由最高立法机关以法律的形式授予，而是要求公权力的取得、行使均有法律依据。从这个角度讲，职权法定

---

① 检察建议只具有启动程序的意义，它本身不能作为行政行为的证据。许凤梅：《"检察建议"不是撤销行政行为的合法依据》，载《资源导刊》2007年第 10 期。

既是公权力设定的原则，又是公权力行使的原则。

检察权作为国家公权力，基于公共目的创设，但是，任何公权力都是由人行使的。由于人性本身的弱点，公权力具有天生的自我扩张和自我服务功能，只有对其进行必要的约束，才能保障其具有正面的社会价值。20世纪九十年代，行政法学者就在研究是否有必要将职权法定作为行政法学的基本原则。十几年以后，职权法定仍没有成为行政法的基本原则。学者们对于职权法定在行政法学中的地位存在认识分歧。有学者认为，行政职权来源和范围法定，是行政法的原则。[1] 有学者认为它是依法行政的基本原则，是行政机关及其公务员在依法行政中必须首先遵守的原则。[2] 但是，在大多数行政法学著作中，职权法定原则没有作为行政法的基本原则，[3] 它只是依法行政原则的子原则。按照我的理解，职权法定原则之所以没有成为行政法的基本原则，主要是因为：其一，行政机关承担的管理事务非常复杂，法律不可能完全涵盖所有的行政事项。职权法定在行政法上只能是一个相对的原则，通常是指限制和剥夺公民、组织权利和自由的行政职权必须由法律规定。其二，在立法常常滞后的情况下，过分强调职权法定会强化行政职权的封闭性，导致行政监管与服务滞后。现实生活中，

---

① 杨小君：《契约对行政职权法定原则的影响及其正当规则》，载《中国法学》2007年第5期。

② 孟大川：《职权法定原则的内涵、意义与要求》，载《探索》2001年第5期。

③ 应松年、杨伟东编：《中国行政法学20年研究报告》，中国政法大学出版社2008年版，第125－149页。

行政机关经常遇到一些需要及时作出反应的新情况，没有行政机关的及时干预，社会将陷于无序状态。

当然，法律难以对所有公权力作出详尽的具体授权，并不意味着公权力不需要依法取得。关于以法律约束公权力的必要性，公法各学科都作过深入的分析，本书不再赘述。

我国检察权作为法律监督权是一种以公权力制约公权力的制度安排。在监督公权力方面，即使没有法律明确授权，检察机关仍然可以作出对有关国家机关或者国家公职人员不利的行为指引，例如检察机关就追究有关公职人员的行政责任或者纪律责任向有关机关提出检察建议。当然，检察机关的职能在于保障基本的国家法律秩序。国家的基本法律秩序并不像一般社会活动那样变动不居，而是具有较高的稳定性。检察主体法定、检察职权有限是各国检察制度的共同特点，而检察职权的开放性是由法律规范体系不断发展的现实因素决定的。

（一）检察机关设置法定

检察权的行使主体由法律规定，主要有三方面的要求：一是检察机关设置规则由法律规定。依据宪法和检察院组织法，设置检察机关应当遵循法定程序和标准。根据人民检察院组织法第 2 条的规定，我国检察机关分四级设置：最高人民检察院；省、自治区、直辖市人民检察院；省、自治区、直辖市人民检察院分院，自治州和省辖市人民检察院；县、市、自治县和市辖区人民检察院。省一级人民检察院和县一级人民检察院，根据工作需要，提请本级人大常委会批准，可以在工矿区、农垦区、林区等区域设置人民检察院作为派出机构。① 二是检察机关设置法定与行政主体法定不同，检察主体设置只能依据狭义上的法律，即全国人大及其常委会制定的法律，而行政主体的创设可以由法规甚至规章授权。② 三是法律授予检察机关职权具有最终确定性。检察权只能由检察机关行使。检察机关和检察官就法律授权的事项履行职责，与行政机关可以将行政权委托给符合一定条件的组织行使不同，检察机关和检察官在任何情况下都不得将检察权委托给检察机关或检察官之外的其他国家机关或其他组织行使，甚至也不得临时委托检察官之外的其他检察人员代行检察官之职责。

在检察机关内部，代表检察机关行使行政检察权的人员应当是经过严格的法定程序任命的检察官。检察官法第 2 条规定："检察官是依法行使国家检察权的检察人员"。据此规定，不具有检察官职务和身份的其他检察人员无权行使检察职权。

（二）检察机关职权法定

西方国家检察官作为独立的官署存在，检察官可以自己的名义处理案件。我国宪法规定检察机关依法独立公正行使职权，而不是检察官独立行使职权。检察机关，即国

---

① 党的十六大以来，通过司法体制改革，国有企业管理的公检法已经在人财物管理等方面与企业彻底脱钩。

② 新中国历史上，曾经出现过两个国务院授权检察机关进行法律监督的文件。一个是 1979 年国务院《关于劳动教养的补充规定》；一个是 2001 年国务院制定的《行政执法机关移送涉嫌犯罪案件的规定》。前一个文件经过全国人大常委会批准后发布，在效力上可以视为法律，后一个文件属于典型的行政法规。它能否授权检察机关进行监督仍然是一个值得探讨的问题。

家设置的各级人民检察院和专门检察院，而不是检察官（包括检察长）个人。因此，检察职权法定，是指检察机关职权法定。行政检察权是法律赋予检察机关的监督权，是一种公权力。根据公法原理，公权力不得放弃。

我国现行法律主要围绕保障法律实施的诉讼环节配置检察职权，检察权涉及的主要领域是关涉刑事法客观正确实施、基本诉讼秩序和司法公正实现、基本行政法秩序维护这样的基本问题。检察机关是法律秩序的捍卫者，但它的权力非常有限，它既不是法律的唯一执行者，也不是法律争议的裁决者，甚至不是法律实施情况的唯一监督主体。具体说，检察权的有限性体现在以下几个方面：一是检察权受国家机关之间职能权限分工的约束，检察机关不可代行其他机关的职权。例如，检察理论认为，检察职权具有程序性。检察机关不得对公民、组织或者有关监督对象作出罚款、没收等决定。二是受公民权利规则的约束，检察机关履行法律监督职责，不可侵犯公民依法享有的基本权利，应当尊重公民、组织依法处分其行政法上的权利和诉讼权利。与行政机关在特定情况下对于法律授权不明的事项行使社会管理职能不同，检察权与社会之间关系的准则是：无法律授权便无检察，法无明文规定即为禁止。这也是对检察机关行使职权的基本要求。

职权法定原则对不同性质的国家机关的要求不尽相同。在缺乏单行法授权的情况下，行政机关可以基于组织法的规定实施管理行为，但不能基于组织法的一般授权作出对公民、组织不利的行政决定。法院的刑事审判权受法律的严格约束，而民事审判权基本上只受法律排除规定的限制，行政审判权的范围正在经历一个从法律明确规定审判权到法律规定排除范围的过程。① 根据现行制度，对于影响公民、组织人身权、财产权的行政行为，只要法律没有排除司法审查，法院就拥有审判权。检察机关作为国家的法律监督机关，其监督权限与行为方式均受职权法定原则约束。对于法律未作具体规定的方式，检察机关为了丰富和完善法律监督的内涵，根据法律原则和组织法的要求进行探索，是法制不健全情况下的一种权宜之计，这些尝试不能为普通公民、组织创设法律之外的义务。当然，如果行政检察措施仅仅涉及检察权与行政权、审判权之间的关系，就属于国家权力体系内部关系问题，虽然要受职权法定原则约束，但是检察机关推动有关机关依法履职可以不受职权法定原则约束。例如，长期以来被检察机关广泛使用的检察建议，并没有充足的法律依据，② 而是检察机关根据履行法律监督职责的需要创制的一种监督方式。根据最高人民检

---

① 行政诉讼法将人民法院司法审查的对象限定为"具体行政行为"。1991年，最高人民法院《关于贯彻执行〈中华人民共和国行政诉讼法〉若干问题的意见（试行）》第1条曾经规定："具体行政行为是指国家行政机关和行政机关工作人员、法律法规授权的组织、行政机关委托的组织或者个人在行政管理活动中行使行政职权，针对特定的公民、法人或者其他组织，就特定的具体事项，作出的有关该公民、法人或者其他组织权利义务的单方行为。"这一司法解释由于对具体行政行为的限定过于严格，将不少行政争议排除在人民法院行政案件受案范围之外。2000年，最高人民法院《关于执行〈中华人民共和国行政诉讼法〉若干问题的解释》采用排除法界定可提起行政诉讼的具体行政行为，事实上拓展了具体行政行为概念的内涵。

② 最高人民检察院《人民检察院检察建议工作规定（试行）》没有提到法律依据。

察院的解释，检察建议是检察院为促进法律正确实施、促进社会和谐稳定，在履行法律监督职能过程中，结合执法办案，建议有关单位完善制度，加强内部制约、监督，正确实施法律法规，完善社会管理、服务，预防和减少违法犯罪的一种重要方式。因为建议的对方是公共机构，检察建议才得以在没有法律依据的情况下作为一种监督方式逐步走向规范。当然，也因为没有法律上的依据，人们对检察建议的监督效力一直存在认识分歧。

（三）检察职权的发展变化

如前所述，检察机关必须在法律规定的职权范围内活动，既不能代行其他国家机关的职权，也不可以将法律授予检察机关的职权委托其他国家机关代为行使；检察机关无权作出罚款、没收财产等专属于行政机关和法院职权的决定；授予检察机关职权的法律文件屈指可数。这些都容易给人以检察权具有封闭性的假象。

无论从时间的纬度看，还是从检察机关承担的国家功能来看，检察权都不是一个完全封闭的系统。其开放性体现在三个方面：一是在检察制度发展历程中，检察权虽然来自法律授权，但法律不是一成不变的，中国检察权的内涵随着相关法律的完善而不断丰富。二是职权法定对检察机关的约束因公共领域与私人领域而有所不同。限制公民、组织财产权利和人身权利的检察措施，必须有法律明确授权。有些检察行为不为公民、组织直接设定权利义务，因而不需要法律的严格约束，如检察建议。有些软监督措施虽然可以直接推动其他公权力主体作出相应的行为，但它作用的直接对象是国家机关，如职务犯罪预防，无需法律严格授权。再如，检察机关对行政执法机关移送涉嫌犯罪案件的监督，属于对公权力的监督，没有明确的法律授权，现行法上的原则依据是检察机关对刑事诉讼实行法律监督，具体依据是检察机关依法对拒不移交刑事犯罪案件罪案拥有侦查权。

目前检察机关的职权不是由一部法律系统规定的，而是由人民检察院组织法作较为全面的规定，其他法律补充规定。人民检察院组织法第 5 条规定了检察机关的五项职权，包括：（1）对于叛国案、分裂国家案以及严重破坏国家的政策、法律、法令、政令统一实施的重大犯罪案件，行使检察权。（2）对于直接受理的刑事案件，进行侦查。（3）对于公安机关侦查的案件，进行审查，决定是否逮捕、起诉或者免予起诉；对于公安机关的侦查活动是否合法，实行监督。（4）对于刑事案件提起公诉，支持公诉；对于人民法院的审判活动是否合法，实行监督①。（5）对于刑事案件判决、裁定的执行和监狱、看守所、劳动改造机关的活动是否合法实行监督。关于检察机关在刑事诉讼中的具体职能，刑事诉讼法规定的更加详细。此外，行政诉讼法、民事诉讼法先后赋予检察机关对行政诉讼和民事诉讼进行监督的职权。国务院的行政法规又规定劳动教养机关的活动、行政执法机关移送涉嫌犯罪案件的活动要接受检察机关的监督。尽管按照立法法的规定，国务院无权规定检察

———————————

① 从制度的演进脉络来看，人民检察院组织法规定的对审判活动是否合法实行监督中的"审判"仅仅指刑事审判活动，而不包括民事审判和行政审判在内。

机关职权，但是，国务院作为最高国家行政机关要求各级行政机关接受检察监督，不直接涉及公民基本权利和自由，可以视为有效。这些规范也作为我们对行政检察措施进行分类的基础。但是，从检察机关法律监督权的内涵出发，现行法律对检察机关职权的规定，特别是关于行政检察职能的规定是不完整的。因此，本书后面所作的分类主要基于我们对中国国家权力结构框架下检察权的内涵的理解，检察权与行政权之间监督与被监督的关系，各级地方检察机关实践探索等因素，而不局限于现行法的规定。

三、检察职权法律保留原则

法律保留的思想产生于 19 世纪初，最早由德国行政法学之父奥托·迈耶提出。根据奥托·迈耶的定义，法律保留是指在特定范围内对行政自行作用的排除。因此，法律保留本质上决定着立法权与行政权的界限，从而也决定着行政自主性的大小。行政法上的法律保留原则旨在限制行政机关自我授权。行政检察权的设置遵循法律保留原则的意义，不仅在于禁止检察机关自我授权，而且在于防止最高立法机关之外的其他主体为检察机关授权。

（一）法律保留原则的内涵

法律保留是近代宪政法治主义的产物，最初是为了以立法机关的民意来限制行政权。"法律保留实质是权利保留"。①随着立法主体的多元化，尤其是地方立法和行政立法的不断

---

① 肖北庚：《法律保留实质是权利保留》，载《现代法学》2008 年第 2 期。

扩张，人们意识到限制地方立法主体的必要性。法国《人权宣言》第4条关于"承认只有经过立法者同意并形成法律后，国家才可以限制人民之权利"的规定，被认为是关于法律保留原则的最早规定。在我国，行政法学首先引入了法律保留原则。关于法律保留在行政法上的地位，一般认为，它不是行政法的基本原则，而是依法行政原则的子原则。[①] 但在行政权理论体系中，它具有基础地位。在我国，法律保留原则主要体现为对地方立法和行政立法的限制。

对于法律保留原则的涵义，我国行政法学者有不同角度的理解。有的学者认为，法律保留原则是指宪法关于人民基本权利限制等专属立法事项，必须由立法机关通过法律规定，行政机关不得代为规定，行政机关实施任何行政行为皆必须有法律授权，不然，其合法性将受到质疑。[②] 也有学者将法律保留原则定义为"国家公权力行为，尤其是对公民权利进行限制、侵害，或者对公民权利有重大影响的公权力行为只能在法律规定的情况下作出，法律没有规定的就不得作出，只有在立法机关对该事项作出规范的情况下，它们才能按照法律的规范作出相应的行为"，同时认为"立法机关不仅要限制行政权还要限制地方立法权，否则无法维护国家法制的统一"。[③] 如果把法律保留理解为对

---

① 刘莘：《行政法基本原则》，载应松年主编：《当代中国行政法》，中国方正出版社2005年版，第71－93页。姜明安主编：《行政法与行政诉讼法》，北京大学出版社、高等教育出版社1999年版，第40页。

② 姜明安主编：《行政法与行政诉讼法》，北京大学出版社、高等教育出版社1999年版，第40页。

③ 胡建淼主编：《论公法原则》，浙江大学出版社2005年版，第325页。

公权力行使的限制，那么，法律保留就等同于职权法定；如果仅仅将其理解为对立法活动的限制，它推动法治的作用必然会大打折扣。

虽然法律保留原则最初是由行政法学者引入中国，但是，法律保留的规则显然不限于行政法领域。有学者认为，"法律保留原则是宪法上的基本原则之一，同时也是行政法上的依法行政原则的内容之一。"① 然而，我国宪法学理论不倾向于将其确定为宪法的基本原则。② 尽管法律保留作为宪法的基本原则有些勉强，但它在宪法学中还是应该占有一定的重要位置。立法法属于国家法，它规定的立法权限和立法程序对所有国家机关都有约束力。从这个角度讲，法律保留应该是公法的共同原则。

在我国，1979 年以前，由于刑事法不完善，罪刑法定原则没有得到充分体现。1979 年刑法第 3 条规定："法律明文规定为犯罪行为的，依照法律定罪处刑；法律没有明文规定为犯罪行为的，不得定罪处刑。"但这部法律同时还规定了类推。③ 直到 1997 年修订刑法时才彻底废除了类推制度，实现了真正意义上的罪刑法定。2000 年立法法规定，"犯罪和刑罚"、"诉讼和仲裁制度"只能制定法律，实行严格的法律保留。

---

① 柳祯坤：《浅析宪法与行政法中的法律保留原则》，载《天府新论》2007 年第 S2 期。

② 张庆福主编：《宪法学基本理论》，社会科学文献出版社 1999 年版，第 180—197 页。

③ 1979 年刑法第 79 条规定："本法分则没有明文规定的犯罪，可以比照本法分则最相类似的条文定罪判刑，但是应当报请最高人民法院核准。"

民法和行政法由于涉及社会与国家生活的方方面面，不可能实行绝对的法律保留。因此，2000 年立法法规定，"民事基本制度"由法律规定；人民政府的产生、组织和职权由法律规定。由此可以推断，对于一般民事制度、人民政府的产生、组织和职权之外的行政法制度，其他立法主体可以在职权范围内立法。因此，行政法成为一个复杂、庞杂的规范体系。几乎所有立法主体都可以制定行政法规范，严格实行法律保留的事项所占比例较小。也许这就是法律保留原则不应该作为行政法基本原则的一个重要理由。

有的学者认为，法律保留原则中的"法律"并不仅限于代议机关立法制定的规则，还包括行政立法所定之规则。"把行政立法纳入到法律保留中的'法律'并没有违背法律保留原则所追求的基本精神，而仅仅是随着时代的发展，为了更好地贯彻它的基本精神，我们所采取的方式有所改变而已。"①

其实，无论怎么界定法律保留原则，其基本精神就是保障法制统一，首先是法律制度在全国的统一性，其次是上位法服从下位法。在我国多级立法主体并存的情况下，法律保留原则的要求可以归纳为两个方面：中央立法与地方立法的关系；代议机关立法与行政立法的关系。在我国，司法法上的法律保留原则的要求既不同于行政法，也不同于西方法治发达国家。司法被认为是社会正义的最后一道防线，法制在司法环节的统一对于维护法制的统一与尊严至关重要。西方国家法官可以在判例中创制法律规则，而

---

① 胡建淼主编：《论公法原则》，浙江大学出版社 2005 年版，第 328 页。

中国的最高人民法院和最高人民检察院依法所作的司法解释应当以代表机关立法为基础，而且，具有规范创制功能的司法解释权集中于最高司法机关。因而，在我国，法律保留原则对司法的要求比对行政的要求严格得多。

（二）法律保留原则对检察权配置的要求

立法法第 8 条规定，"各级人民代表大会、人民政府、人民法院和人民检察院的产生、组织和职权"，"诉讼和仲裁制度"，只能制定法律。立法法为什么将检察机关的产生、组织和职权作为法律保留事项？如果抛开法律文本孤立地提出这个问题，我们很容易联想到检察权与私权的关系，很容易联想到基于保障公民自由、生命、财产安全的特别需要。然而，检察院产生、组织和职权的法律保留和其他国家机关产生、组织和职权的法律保留一起提出来，说明立法者在这里并不是为了强调检察权的特殊性，而是基于国家权力的共性所作的规定。立法法关于各国家机关产生、组织和职权的法律保留，是现代法治的基本需要，是人民代表大会制度的必然要求。尽管行政法学理论有时把法律保留分为绝对法律保留和相对法律保留，[①] 但事实上，行政法上的绝对法律保留只是针对具体事项而言的。由于社会现象的复杂性和国家职能的特殊性，除法律绝对保留的事项之外，国家机关的职权通常难以完全由最高立法机关制定法律加以规定。正因为如此，立法法第 8 条关于法律保留的一般规定和该法第 9 条关于绝对法律保留的

---

① 胡建淼主编：《论公法原则》，浙江大学出版社 2005 年版，第 326 页。

规定，都是对"事项"的法律保留。从这个角度讲，检察机关职权的法律保留也具有一定的相对性。

检察职权法律保留的相对性体现在哪里？立法法第9条禁止全国人大及其常委会授权其他机关就有关犯罪和刑罚、对公民政治权利的剥夺和限制人身自由的强制措施和处罚、司法制度等制定法律规范，实际上是对这些事项实行绝对法律保留。从中不难看出，实行绝对法律保留的事项是涉及公民基本权利和自由、国家法律基本制度的事项。我国检察机关作为国家法律监督机关，检察职权属于司法制度的重要内容。因此，全国人大及其常委会在任何情况下都不能授权其他有立法权的主体创设检察基本制度。对于立法法第9条规定之外的事项，虽然全国人大及其常委会可以授权其他机关制定规范，但是，它授权哪个机关来制定规范？如果授权给国务院，显然不符合我国"一府两院"的宪政体制。如果授权给地方立法机关，则与我国大陆单一制的政体不符，与检察机关作为国家法律监督机关的性质不符。如果授权给最高人民检察院，它又不是严格意义上的立法主体，而是检察权的行使主体，法治原则也不允许最高人民检察院自行创设检察职权。从这个角度看，似乎检察权属于法律绝对保留的事项。① 也许

---

① 在公法上，法律保留分为绝对法律保留和相对法律保留。绝对法律保留是指立法机关对自己所保留的立法事项，在任何情况下都不能授予其他立法机关行使立法权。相对法律保留是指立法机关对自己保留的立法事项，在一定条件下可以授予其他立法机关行使立法权。应松年：《〈立法法〉关于法律保留原则的规定》，载《行政法学研究》2000年第3期；胡建淼主编：《论公法原则》，浙江大学出版社2005年版，第327页。

有学者不认同这种观点，因为最高人民检察院拥有司法解释权，这种司法解释属于法律规范的范畴。1981 年全国人大常委会《关于加强法律解释工作的决议》规定，"凡属检察工作中具体应用法律、法令的问题，由最高人民检察院解释。"尽管在实际工作中很难分清楚规范创制与规范解释，但在逻辑上与立法学上，法律规范创制权与法律规范解释权是可分的。检察机关虽然可以根据社会发展的需要作出一些适用法律的解释，但这些解释不应当偏离法律，不得脱离、背离法律文本。

法律保留原则是创设检察权的基本要求。然而，在我国，法定的检察职权与实际的检察职权之间存在一定差异，实际上，有些检察职能并不是法律创设的。主要有两种情况：

其一，国务院对检察机关进行授权。国务院作为最高国家权力机关的执行机关，"根据宪法和法律，规定行政措施，制定行政法规，发布决定和命令"，有权就行政机关协调配合检察机关履行职责作出规定，但不得为检察机关创设法律未作规定的职权。例如，国务院《行政执法机关移送涉嫌犯罪案件的规定》要求行政执法机关移送涉嫌犯罪案件接受检察机关监督，是对刑事诉讼法规定的行政执法机关配合检察监督义务的进一步解释，还是为检察机关创设新的职权？这的确是一个值得研究的问题。一方面，刑事诉讼法没有明确规定检察机关可以就"以罚代刑"问题对行政执法机关进行监督，只是规定检察机关可以对公安机关有案不立进行监督，可见这并不是一项法律创设的检察职权。另一方面，刑事诉讼法授权检察机关对公安机关应当刑事立案而不立案进行监督，目的在于防止"以罚代刑"、有罪不究。长期以来，"以罚代刑"、有罪不究的问题同时存在于行政执法环节和公安机关刑事立案环节，国务院明确行政执法机关移送涉嫌犯罪案件接受检察机关监督，可以理解为是对涉及行政事项的法律的解释，只是这种解释客观上明确了检察机关以前不曾行使过的职权。在推动和深化司法体制改革中，检察机关是否可以对行政执法机关"以罚代刑"进行监督的问题被反复讨论。2012 年刑事诉讼法没有将其明确为一项专门的检察职权。

另外一个立法例，1979 年 11 月 29 日全国人大常委会批准国务院《关于劳动教养的补充规定》授权检察机关对劳动教养机关的活动实行法律监督。它实际上是国务院借用最高立法机关的名义给检察机关授权。"文革"结束后，百废待兴，重建法制需要一个过程，很多需要制定法律的事项因为缺乏理论研究和实践积累而无法在短时间内完成。当时，既没有关于法律保留的规定，也没有相应的理论。"试点"、"试行"或者先制定低层级规范，待条件成熟后再上升为高层级规范，成为一种普遍的做法。1979 年，检察机关恢复重建不久，人们对于人民代表大会制度下检察制度的要求，对于检察机关与政府的关系还没有清楚的认识。在这样的背景下，国务院以行政法规的形式，经最高立法机关批准，规定劳动教养机关的活动接受检察机关监督，对于推进法治、保障人权具有积极意义。此前，全国人大常委会制定的人民检察院组织法并没有规定检察机关对劳动教养机关的活动实行监督。1983 年修订人民检察院组织法也没有把这项内容写进法律。长期以来，没有多少人认为这有什么不妥。但是，立法法颁行以后，情况就不同了。国务院授权检察机关监督劳动教养机关的活动，与立法法的要求存在冲突。虽然这个行政法规经过全国人大常委会批准，取得了与全国人大常委会创制的法律同样的效力，但是，这显然不符合人民代表大会制度关于检察与行政职能分工的要求。从国家和社会需要来看，检察机关对涉及公民人身自由权利的行政措施进行监督是必要的，但是，必要的监督也应当经全国人大或者其常委会制定法律授权。由于劳动教养制度本身所存在的弊病，理论界对劳动教养的质疑自20世纪九十年代以来就没有停止过，劳教检察监督制度的命运将来取决于劳教制度的命运。

其二，地方性规范对检察机关进行授权。立法法第8条规定的法律保留，不仅是对行政立法权的限制，而且为地方立法权划定了界限。据此，地方人大及其常委会也无权创设或者限制检察职权。现行的地方性法规甚至地方政府规章涉及检察机关职权的，主要有以下几种情况：一是将法律关于检察机关职权与公民权利的关系具体化，主要规定检察机关的义务。例如，1998年无锡市人大常委会制定的《无锡市检察举报条例》规定了检察机关保障公民举报权利的义务。二是原则规定行政执法活动接受检察机关监督，并未给检察机关进行实质性的授权。例如，1997年安徽省人大常委会根据行政处罚法制定的《安徽省行政执法监督条例》第6条规定："行政执法活动依法受人民法院的审判监督、人民检察院的检察监督。"三是规定检察机关接受监督的义务。例如，2002 年《宁夏回族自治区人民代表大会常务委员会关于对审判机关、检察机关办理案件实施监督的规定》。四是拓展了检察机关监督的范围。例如，1994 年福建省人大常委会制定的《福建省加强检察机关法律监督的若干规定》，不仅规定了检察机关履行法定职责的辅助措施，① 而且规定了法律没有规定的实质性监督措施，② 甚至还规定了接受监督的机关的义务。③ 从立法主体看，这些规定有越权之嫌，但却能多年有效，没有被最高立法机关予以撤销，说明它们具有一定的合理性。而且，福建省人大常委会的上述法规的有些内容，在 2003 年以后被司法改革政策所借鉴。这说明，我们的法律完善机制还比较落后。维护法律的尊严和统一，首先要完善立法机制，以避免立法过分滞后于国家和社会生活需要。

---

① 《福建省加强检察机关法律监督的若干规定》第 3 条规定："人民检察院发现构成犯罪需要追究刑事责任而同级公安机关未予立案侦查的，可以查阅报案记录和案卷材料"；第 11 条第 2 款规定："人民检察院提出抗诉前，可以调阅案卷材料；人民法院在接到人民检察院的调卷函后，应在十五日内将案卷材料移送人民检察院；人民检察院应在二个月内将案卷材料退回人民法院。"

② 《福建省加强检察机关法律监督的若干规定》第 4 条规定："人民检察院发现同级公安机关违法立案的，应发出《纠正违法通知书》，公安机关应当撤销立案侦查决定。"第 6 条规定："公安机关侦查终结的刑事案件，属于已构成犯罪需要追究刑事责任，而作出行政处罚决定或撤销案件决定的，同级人民检察院应通知公安机关撤销原决定，依法提请起诉。"第 10 条规定："行政执法部门办理的案件，属于已构成犯罪需要追究刑事责任，而不依法移送司法机关立案侦查的，人民检察院应发出《纠正违法通知书》，有关行政执法部门应当依法移送。"

③ 《福建省加强检察机关法律监督的若干规定》第 12 条规定："人民法院对人民检察院按照审判监督程序提出抗诉的刑事案件，应当在三个月内审结；疑难复杂案件经审判委员会研究决定，可延长至六个月。"

按照法律保留原则要求，检察权保障的应当是国家法律的统一正确实施，而不是保障地方法的统一正确实施。我国采行单一制的国家结构形式，有别于西方国家的联邦制。从检察机关承担的职责使命考虑，我国检察院应该是国家设在地方的检察院，而不是地方人大及其常委会产生的检察院。检察机关行使权力代表国家意志，而非地方、团体或个人的意志。宪法规定地方检察院检察长由地方人大选举产生，但这并不意味着检察职权就代表地方意志和利益。现行法律授予检察机关职权的内容，鲜明地体现了检察权保障法制统一的功能。从这个角度看，法律保留不仅是检察职权取得的原则，也是检察权行使的原则。

综上，行政法规和地方性法规不同程度地涉及检察机关职权。对于这种现象，简单地认为是国务院和地方人大常委会越权是不妥的。它暴露出来的是法律保留对立法权要求的封闭性与法律系统的高度开放性之间的矛盾。一方面，按照国家机关的权限分工，创设检察机关职权属于全国人大及其常委会独有的权力。按照检察机关的职权性质，检察权的创设的确应遵循法律保留原则。但是，另一方面，法律是一个开放的系统，法律关于检察监督职能的授权又不应该是一成不变的。法律保留原则不是要求最高立法机关墨守成规，而是要求它根据社会与国家需要，适时调整检察职权。现行的规定检察机关职权的法律主要有：人民检察院组织法、刑事诉讼法、民事诉讼法、行政诉讼法、监狱法、刑法，以及全国人大常委会《关于加强法律解释工作的决议》，等等。其中，专门规定检察机关职权的人民检察院组织法是 1979 年制定的，1983 年对个别条文进行了修改。目前这部法律中相当一部分内容与法治的时代特点格格不入，或者被后来的法律所废止，而后来的法律规定的诸多检察职能在这部法律中没有体现。可以说，人民检察院组织法规范检察职权的功能几乎丧失殆尽。现行法律规定的检察职能如果不能满足保障法制的需要，全国人大常委会应该有所作为。可见，法律保留不仅是其他立法主体的义务，更是最高立法机关的义务。维护法制统一，前提是按照法律保留原则捍卫最高立法机关的立法权，而这一目标实现的前提是最高立法机关及时、有效地履行职责，根据建设法治国家的需要，完善关于检察职权配置的法律。据悉，修改检察院组织法已经列入第十二届全国人大立法规划。我们期待借助这部法律的修改，可以推动检察机关职权进一步完善。

第二节　行政检察权运行的原则

行政法对于行政权作用于社会（公民、组织）的事项，通常划定较为严格的权利义务界限。在行政体系内部，虽然也有行政法规范，但是，基于权力内部制约的需要而设置的规范，其法治化程度并不高。主要表现在：权力的行使方式和条件往往不是由法律规定，而是由行政机关自行规定；权力行使者拥有较大的裁量权；相当多的行政领域和行政环节因为没有法律明确规定，行政权的行使不是严格依照法定程序进行；被管理一方即使利益受到损害，也不可以诉诸法律手段寻求救济。法律监督虽然表现为以公权力制约公权力，但在检察权行使上，要求严格遵循法治原则作出决定，其法治化程度与行政法上关于行政权与公民、组织的关系的要求相当。之所以有如此严格的要求，主要基于两点考虑：其一，检察监督是一种专门的法律监督，唯有遵循法治原则，才能确保法律监督目标实现；其二，检察监督虽然是公权力制约公权力的制度安排，但是检察权的行使往往关涉公职人员的公民权，因而有必要受到法律的严格约束。同时，明确行政检察权的运行原则，还应当充分考虑检察机关履行监督职责的现实可能性。为此，我们将检察一体、程序正当、权责统一作为行政检察权运行的基本原则。

一、检察一体原则

检察一体，又称"检察一体制"、"检察一体化"、"检察官一体"，是人们对检察制度中有关上命下从的权力运行方式的概括。在检察理论上，检察一体与检察官独立的对立统一构成了检察制度所独有且能反映检察职能特点的原理。大多数国家特别是大陆法系国家把检察系统和检察职能的一体化作为保障检察机关统一有效地行使检察权，从而维护国家统一和法制统一的制度安排和检察活动的基本原则。[①]

_____

① 谢鹏程：《什么是检察一体化?》，载《检察日报》2006 年 4 月 18 日。

将检察一体作为行政检察权行使的基本原则,有着特殊的意义。一方面,我国检察机关实行上级检察院和同级党委双重领导、同级人大及其常委会进行监督的检察体制,即"双重领导、一重监督"。过去十年来,最高人民检察院围绕加强对全国检察工作的统一领导,强化上级检察院对下领导做了不少努力。同时,基于宪法和法律关于检察机关和检察权的规定,一些学者和实务工作者认为,各级检察院作为法律确定的检察权行使主体,都应当拥有属于自己的法定职权,上级检察院对下领导也应当遵循法定的权限、范围和方式。另一方面,按照现行的检务保障体制,检察机关经费由同级政府保障,地方检察机关与同级政府在某种程度上属于利益共同体,检察机关履行监督职责容易受到来自地方势力的影响。因此,完全依靠各级地方检察院对同级政府及其职能部门实行法律监督,不足以保证检察权行使的独立性与公正性、合法性。

根据现行法律规定和实践中的惯常做法,检察机关对行政机关及其公职人员的监督,有些属于上级检察院对下级行政机关进行监督,有些属于同级监督。例如,根据行政诉讼法的规定,上级检察院对下级法院所作的生效裁判有权提出抗诉,而下级法院所作的行政裁判多数针对下级行政机关的具体行政行为,少数属于同级或者上级行政机关的行政行为。检察机关查办职务犯罪案件,主要根据犯罪嫌疑人的职务级别等因素来确定级别管辖,上级检察院查办下级行政机关工作人员、下级检察院查办上级行政机关公职人员、同级检察院查办同级行政机关公职人员的情况都有。实践中，检察机关查办职务犯罪案件容易受到方方面面的影响。为此，过去的实践中，检察机关主要通过上级检察院指定异地管辖来排除行政干预和地方保护。将来修改人民检察院组织法时，应当总结实践经验，明确规定上级检察机关对职务犯罪侦查案件拥有指定管辖权。

二、程序正当原则

现代法治国家通常以科学、公正的程序规范公权力的行使过程。按照正当程序的要求，只要国家权力的行使可能使公民、组织的权利受到不利影响，国家机关就有义务为该公民、组织提供表达意见的机会。在法治国家，所有公权力机构都应当遵循正当程序原则。关于规范审判权行使的程序，主要由诉讼法规定。

关于行政权行使的规范，自 1989 年行政诉讼法以后，国家先后制定了行政处罚法、行政复议法、行政许可法、行政强制法等法律。2004 年国务院《全面推进依法行政实施纲要》首次将"程序正当"作为依法行政的基本要求之一："行政机关实施行政管理，除涉及国家秘密和依法受到保护的商业秘密、个人隐私的外，应当公开，注意听取公民、法人和其他组织的意见；要严格遵循法定程序，依法保障行政管理相对人、利害关系人的知情权、参与权和救济权。行政机关工作人员履行职责，与行政管理相对人存在利害关系时，应当回避。"

在我国行政法理论中，正当程序原则被认为是行政法的基本原则。① 我们主张将程序正当作为行政检察权行使的基本原则，并不是要求检察机关对行政机关是否遵守正当程序的情况进行监督，而是要求检察机关行使检察权时遵循正当程序。

检察机关监督行政的功能主要是通过行政诉讼监督与刑事诉讼职能实现的。因此，有关检察权行使的正当程序应当在行政诉讼法、刑事诉讼法中作出规定。而 1989 年行政诉讼法并没有对行政诉讼监督程序作具体规定。2001 年《人民检察院民事行政抗诉案件办案规则》规定了检察机关办理行政抗诉案件的办案程序，在一定程度上体现了正当程序的要求。例如，行政抗诉案件的利害关系人有事先得到通知的权利，有平等地表达意见的权利，等等。又例如，检察机关作出抗诉决定之前，应以适当方式听取被申诉人或者其他利害相关人的意见。

检察机关查办职务犯罪案件遵循的主要程序法是刑事诉讼法。职务犯罪侦查，不仅是监督公权力的一种制度设计，而且关系到犯罪嫌疑人的公民权利保障，因而受刑事诉讼法规定程序的严格约束。关于行政检察的其他方面应当遵循的程序，尽管法律和司法解释未作规定，检察机关的活动同样要受正当程序规则约束。行政检察活动受正当程序约束的程度，根据是否影响公民、组织的权利义务而有所不同。检察建议不直接创设、变更、消灭权利义务关系，不属于严格意义上的检察决定，可以不受严格的正当

---

① 应松年主编：《当代中国行政法》，中国方正出版社 2005 年版，第 108 页。

程序约束。例如，检察机关向有关机关提出调查追究某公职人员纪律责任的建议，通常无须听取该公职人员的意见，但是追究公职人员纪律责任的建议应当有事实和证据支持。同时，职务犯罪侦查中，正当程序一定程度上要让位于侦查案件的需要，不可能在启动侦查程序之前设置事先告知和听嫌疑人意见等程序，但在决定逮捕、提起公诉等环节，不仅要全面审查证据材料，而且应当讯问犯罪嫌疑人。

三、权责统一原则

所有公权力都具有两面性。它既是职权也是职责，不可处分，不可放弃。权责统一，是所有公权力行使的基本准则。国务院将它作为依法行政的基本要求之一，"行政机关依法履行经济、社会和文化事务管理职责，要由法律、法规赋予其相应的执法手段。行政机关违法或者不当行使职权，应当依法承担法律责任，实现权力和责任的统一。依法做到执法有保障、有权必有责、用权受监督、违法受追究、侵权须赔偿。"[1] 行政法学理论将责任行政作为一项基本原则。[2]

检察机关行使行政检察权遵循权责统一原则，其基本内容和要求如下：

检察职权同时也是检察职责。检察机关应当于法定情形出现以后，依法履行职责，不依法行使行政检察权就构

---

① 2004 年国务院印发《全面推进依法行政实施纲要》。

② 应松年主编：《当代中国行政法》，中国方正出版社 2005 年版，第 100 页。

成失职。在现行检察院组织法、刑事诉讼法和行政诉讼法中，检察程序主要由检察机关依职权启动，公民、组织通过申诉、举报等方式推动检察程序启动只是一种辅助方式。实践中，随着公民权利意识的觉醒，利害关系人申请行政抗诉、刑事被害人申请立案监督、公民向检察机关举报职务犯罪逐步成为一种普遍现象。然而，无论在法律层面还是在实践层面，对于公民、组织依法启动检察程序的权利尚未给予充分保障。例如，申请抗诉还没有真正上升为公民、组织可以普遍享有的一种法律权利。2012 年民事诉讼法已经明确了当事人申请抗诉的事由和条件。将来修改行政诉讼法时有望借鉴这一规定，明确当事人申请行政抗诉的权利，同时进一步限制检察机关在审查申请抗诉案件中的裁量权。职务犯罪侦查程序的启动，需要与保障公民举报权利很好地衔接起来。按照权责统一的要求，检察机关对所有公民、组织合法正当的主张，应当予以重视，符合条件的，应当启动检察程序；对于没有利害关系人的且涉及法律一般秩序和公共利益的监督事项，国家应当为检察机关有效发现违法犯罪行为创造条件，同时建立相应的督促机制，确保检察机关依法履行职责。即使没有公民、组织举报，只要检察机关发现职务犯罪的事实，就应当启动职务犯罪侦查程序。

检察机关违法行使检察权，应当承担相应的责任。行政检察的对象不同于普通公民、组织，表现为：行政机关掌握着几乎所有的国家和社会公共资源；与普通公民相比，行政公职人员具有较强的把握政策、理解法律的能力，这在客观上对检察机关正当行使职权形成了一种约束。这种约束可能使得检察人员对监督政府和官员形成一定的畏难情绪，对此，检察机关采取的策略是强化考核。事实上，对查办职务犯罪这样"靠天吃饭"的工作进行量化考核是不科学的。可以考虑将公民、组织等作为保障和监督检察机关依法认真履职的推动力量，强化公民、组织行使举报权的制度保障。

此外，权责统一不仅是纯粹的法律问题，而且是一个管理学上的问题。法律赋予检察机关监督职责，就要为它履行职责提供相应的体制、机制、人力、财力保障。同时，检察机关应当按照法律授权履行各项职责，依法对自己的行为负责。

四、客观公正原则

在现代检察制度中，检察官负有客观义务是各国的通例。检察官在刑事诉讼中应当保持客观公正的立场，以客观事实为根据，既要注意不利于犯罪嫌疑人、被告人的证据、事实和法律，又要注意有利于犯罪嫌疑人、被告人的证据、事实和法律，不偏不倚。[1] 简言之，检察官在诉讼中负有追求案件客观真实的义务。在刑事诉讼中，最能显现检察官客观性的表征是"审判程序主张被告无罪"。[2] 十九世纪中后期，德国就确立了检察官在刑事诉讼中的客

---

[1]　陈永生、瓮怡洁：《检察官客观义务理论的起源与发展》，载《人民检察》2007 年第 17 期。

[2]　林钰雄：《检察官论》，法律出版社 2008 年版，第 21 页。

观义务原则。当初，围绕检察官的角色定位，德国学者展开了一场辩论。① 最终，检察官客观义务得以确立。此后，检察官客观义务传播到欧亚其他大陆法系国家和地区。我国台湾地区"刑事诉讼法"第 344 条第（3）项就有"检察官为被告之利益亦得上诉之规定"。世界各国检察制度的形成和发展轨迹不尽相同，却蕴涵了相通的法治理念和要求。我国刑事诉讼法从法律原则到法律规范，均体现了检察官客观义务的要求。②

　　既然检察机关在其承担追诉职责的刑事诉讼中仍需要承担客观义务，那么，有关检察权监督行政权的制度设计，更需要检察机关承担客观义务。检察机关履行监督行政的职责容易受到行政干预和地方保护主义影响。检察机关应当遵循客观公正原则，本着对客观事实负责的态度，公正无偏地对待各方。特别是在查办职务犯罪与提起公诉时，检察机关和检察官应当客观、理性地对待犯罪嫌疑人无罪的证据材料和刑事裁判。

---

　　① 一种观点认为，检察官的定位如同民事诉讼原告，属于"两造"之"一造"，职责在于攻击对造（被告），仅须搜集对被告不利的事实证据。搜集对被告有利的证据，是辩护人和被告人的事情，检察官不得为被告的利益提出上诉。另一种观点认为，检察官是法律守护人，负有彻头彻尾实现法律要求的职责。为实现刑事诉讼法之目的，检察官立于负双重等阶义务的地位，既为"不利"又为"有利"被告之事项而奔命。参阅林钰雄：《检察官论》，法律出版社 2008 年版，第 23 页。
　　② 法律原则，如刑事诉讼法规定的"以事实为根据，以法律为准绳"原则；检察机关对刑事诉讼实行法律监督的原则。法律规范，有刑事诉讼法规定的检察机关搜集证据的义务、排除非法证据的义务、避免不当诉讼的义务、保护当事人实体权利和诉讼权利的义务、回避的义务、为被告利益提起法律救济的义务，都从不同角度体现了客观义务的要求。

　　在行政诉讼监督中，与法院行使审判权始终保持中立有所不同，检察机关针对个案行使行政抗诉权的活动有可能表现为支持一方的主张。但是，检察机关的法律地位不同于当事人的代理人，它作为诉讼监督主体，应当依据法律规定和案件证据材料独立作出判断，尽量避免先入为主，避免受当事人意志左右。检察官不得利用行政检察权偏袒任何一方，不得以案情和法律规定之外的因素决定案件的处理。①

　　① 关于检察官客观义务，我国学者大致有四种表述：第一种，认为检察官客观义务主要是一种价值追求，指检察官在诉讼中追求案件真实正义，诉讼观念上不是一方当事人，而是实现真实正义的忠实公仆，在追诉犯罪的同时要注意维护被追诉人的合法权益。第二种，认为检察官客观义务是指协调检察官的当事人角色和司法角色的制度安排，或者是在理念指导下的制度设计，它的精髓是"超越"，它解决的是一个超越当事人的问题，即为了发现真实情况，检察官不应该站在当事人的立场，而应该站在客观的立场上进行诉讼活动。第三种，认为检察官客观义务是一种原则，检察官既是审判等诉讼活动的参与者，又是法治的维护者，检察机关的主要任务是代表国家履行公诉等职责，确保法律得到公正的执行，人权得到尊重和保障。第四种，认为检察官客观义务是指检察官必须站在客观的立场上，追求案件的事实真相，不偏不倚地全面收集证据、审查案件和进行诉讼的思想、规范和行为。参阅龚佳禾：《检察官客观义务研究》，载《湖南社会科学》2007 年第 5 期。

第四章　行政检察监督的分类与措施

为了厘清行政检察的脉络，我们在前面几章分析了行政检察的概念、体系、功能、原则。至此，行政检察的各项具体制度之间仍然显得有点杂乱。本章通过分析行政检察监督的分类，进一步说明行政检察各项制度在功能上相互补充、相互支撑的关系。在此基础上，介绍行政检察的两项基本措施。

第一节　行政检察监督的分类

理论界过去对检察监督方式的研究主要是从检察权的角度展开的。对检察机关职权进行分类，是研究检察监督方式的前提。关于检察权的分类，主要有以下几种观点：第一种，将检察职权划分为职务犯罪侦查权、批准逮捕和决定逮捕权、公诉权、司法监督权。① 第二种，将检察职权划分为公诉权、检察侦查权和诉讼监督权。② 第三种，将检察机关的职权分为：职务犯罪侦查、批准和决定逮捕、刑

---

① 转引自谢鹏程：《论检察权的结构》，载《人民检察》1999 年第 5 期。
② 谢鹏程：《论检察权的结构》，载《人民检察》1999 年第 5 期。

事公诉、对刑事诉讼的监督、对民事审判和行政诉讼活动的法律监督、法律赋予检察机关的其他职权。[1] 第四种，将检察职权划分为公诉权、公务犯罪侦查权、逮捕权、诉讼监督权、非诉讼监督权。[2] 第五种，将检察职能分为对刑事法律实施的监督、职务犯罪监督、对民事法律实施的监督、对行政法律实施的监督、对监管改造法规实施的监督五类。[3] 前两种划分方法，是对现行法规定的检察权行使方式的概括，没有充分考虑不同类型检察权承载的监督功能。第三种划分方法尽管分类很细，在考虑行政检察的归类时，根据检察机关现有机构设置、各项业务的数量进行归类，将行政、民事与刑事并行的业务作为一类。第四种分类虽然没有将行政检察作为一类，但是其中的诉讼监督权和非诉讼监督权都包含有行政检察的内容，而且具有开放性。第五种分类将检察机关对行政法律实施监督作为一种单独的类型，却将检察机关对行政法律实施的监督等同于行政诉讼监督。传统检察理论从不同角度涉及行政检察，但对于行政检察监督方式的分类却很少进行系统研究。对行政检察监督方式进行分类研究，有利于我们理清行政检察制度的脉络，探寻行政检察职能的配置规律。

---

[1] 孙谦主编：《中国特色社会主义检察制度》，中国检察出版社 2009 年版，目录部分。

[2] 刘立宪、张智辉等：《检察机关职权研究》，载《检察论丛》（第二卷），法律出版社 2001 年版，第 83 页以后。

[3] 王桂五主编：《中华人民共和国检察制度研究》，中国检察出版社 2008 年版，目录部分。

一、直接监督与间接监督

检察机关作为国家法律监督机关，根据法律授权行使检察职责。检察监督的对象不仅包括行政主体和行政公职人员的行为，而且包括其他公共机构及其公职人员的行为。有些检察监督方式直接指向行政执法机关或者行政公务员，有些检察监督方式虽然作用的直接对象不是行政机关和行政公务员的行为，但其间接作用于行政主体或者其公务员的行为。因此，以检察监督作用于监督对象的方式为标准，可以分为直接的行政检察监督和间接的行政检察监督。之所以作这样的分类，是因为一些间接监督方式的功能在实践中和观念上容易被忽视。

（一）直接的行政检察监督

直接监督容易与当初的"一般监督"相混淆。1954 年人民检察院组织法规定，检察机关对同级政府部门及其工作人员的一般违法行为拥有监督权。然而，也正是"一般监督"，承载了检察机关的所有辉煌与屈辱、兴衰与沉浮。历史地看，当初"反对和排斥检察机关'一般监督'的实质，是某些党政尤其是地方党官员冀望形成并保留其非法特权和利益的需要。"① 当初的"一般监督权"也并不意味着检察机关可以采取一切方式保障法制统一。监督权与监督方式是两个不同的概念。监督方式是监督权的表达，而

---

① 雷铣、张培田：《新中国检察审判制度演进研究》，中国检察出版社1995 年版，第 58 页。检察机关恢复重建以后，有的老检察官提起"一般监督"还心有余悸。

监督权是监督方式存在的根据。即使在宪法和法律承认检察机关"一般监督权"的时候，检察机关对行政机关的监督方式也是很有限的，主要是建议行政机关纠正错误，只不过这种监督方式附加了被监督机关接受监督的一些程序义务，被监督机关对于检察机关的建议必须作出回应。由此看来，所谓"一般监督"，是针对监督事项而言的，检察机关发现行政机关有任何违法行为，都可以建议纠正。

1978 年检察机关恢复重建以后，"一般监督"没有随之恢复，检察机关监督的事项受到严格的法律限制。检察职权起初基本上是围绕刑事诉讼配置的。当时，人们对于刑事法与行政法的关系还缺乏客观、全面的认识，对职务犯罪侦查职能的认识还没有提升到法律监督的高度。"一般监督"没有了，有人就想当然地认为检察机关对行政的监督功能没有了。

"一般监督"与对行政的直接监督是两个不同的概念。二者界定检察权的角度不同。"一般监督"没有随着检察机关的重建而恢复，一方面是因为各方对这样的制度设计缺少共识，另一方面也说明新形势下由检察权对行政权实行"一般监督"的需求不足。公民权利意识和法律观念提高到一定程度之后，国家没有必要继续实行以一种公权力全面监督另一种公权力的监督制度，而是应当通过一定的制度安排，发挥公众监督公权力的积极性。当然，检察机关作为法律监督机关，在具有维护法制和人权尊严的特别行政领域和特别的行政环节，进行针对行政活动的直接监督是必要的，只是直接监督应当受职权法定原则的严格限制。

事实上，检察机关恢复重建以后，"一般监督"被取消，对行政的直接监督并没有全部取消。而且，随着法律制度的逐步完善，检察机关对国家行政的监督也逐步发展。其一，检察机关对行政机关工作人员的一般违法虽然没有监督权，但对于行政公职人员严重违法构成职务犯罪的行为，依法行使侦查权、起诉权。而且，检察机关履行职责中发现行政公职人员违纪，可以将案件移送有制裁权的机关调查处理。其二，检察机关对劳动教养活动实行直接的监督。在我国，劳动教养决定在性质上属于行政决定，劳动教养决定与执行机关均属于行政机关。① 其三，通过建立行政执法与刑事司法衔接机制，检察机关对公安机关刑事立案活动的监督正在延伸到对行政执法机关依法移送涉嫌犯罪案件进行监督。

（二）间接的行政检察监督

如前所述，检察权监督行政权的职能不是围绕行政活动程序配置，而是主要围绕诉讼进行配置的。有些检察职能，如公诉、审查逮捕，对于监督行政权并没有特别的意义。但有些检察职能，虽然直接对象不限于行政主体或者行政公务员，但实质上属于监督行政的制度设计，其监督行政的功能常常被忽略，例如职务犯罪侦查。行政权的行使主体是行政机关以及法律、法规授权组织，而不是行政公职人员。职务犯罪的主体是公职人员。因此，我们将其

---

① 主要表现为，劳动教养机关隶属于行政系统；劳动教养审批委员会主要由行政系统的工作人员组成；劳动教养决定遵循行政程序而不是司法程序作出；不服劳动教养的争议通过行政诉讼程序解决。

视为对行使权的间接监督措施。

检察机关监督行政审判活动属于间接监督行政权的制度设计。行政诉讼法规定，检察机关对行政诉讼实行法律监督。它不是一般意义上的诉讼监督，监督目的也不局限于保障诉讼秩序的实现，而是包括保障行政法秩序的实现。按照法律授权，检察机关监督的对象既包括法院的行政审判行为、行政判决和裁定，也包括被告的诉讼行为，还包括原告和其他诉讼参与人的诉讼行为。但事实上，对于行政法秩序具有决定意义的主要是法院的审判行为和被告的诉讼行为。法院通过行使行政审判权裁决行政争议，最终决定引起争议的行政行为的命运，从而确定具有争议的行政法律关系。从这个角度讲，检察机关对行政审判活动进行监督，不仅要保障和监督诉讼的顺利进行，或者审判本身的公正性，更重要的是保障行政法秩序在行政审判中得以公正地实现。

检察机关对行政诉讼被告履行诉讼义务的监督，属于对行政主体的直接监督。从表面上看，它不是对行政决定进行监督。但是，根据行政诉讼法，被告在行政诉讼中对被诉具体行政行为的合法性负举证责任，被告是否适当地履行诉讼义务，对行政诉讼的结果，也就是对法院作出行政裁判具有至关重要的影响。即使合法的具体行政行为引起争议，被告不履行诉讼义务，也应当承担败诉的后果，行政法秩序将因此受到影响。对于不合法的具体行政行为引起的诉讼，如果被告给原告或者法院施加压力，可能影响行政法秩序的实现。从这个角度讲，对行政诉讼被告的监督，也是为了保障行政法秩序的实现。

以作用方式划分行政检察监督，有助于全面了解检察监督在保障和推进法治行政中的作用，有利于更加客观地认识检察机关法律监督的功能定位。

二、事后监督与事中监督

划分事后监督与事中监督，研究其异同，有利于消除对检察监督时机的片面认识。法律在授予检察机关监督职能时，应当根据监督目的不同、保障权利的重要程度、是否可以补救等因素来确定检察监督时机。

检察监督的目的是促进公正执法与公正司法。但是，检察监督的广度与深度又与行政效率、司法审判效率有着密切关系。公平与效率是司法永恒的话题，也是设计检察监督制度不可回避的一对矛盾。这正是选择事中监督或事后监督的关键考量因素。关于监督与效率的关系，存在不同的认识。一种观点认为，检察监督会束缚官员的手脚，干扰其他国家机关正常工作，从而影响效率。另一种观点认为，检察监督有利于提高效率。尽管从局部看，检察监督可能在司法或执法过程中增加程序，推迟行政决定、司法裁判的作出和生效时间，增加公共支出，但是，从长远和宏观的角度看，检察监督会提高司法效益。[1] 当然，检察监督的广度、深度和时机都应当适度。出于保障国家权力运行效率的考虑，我国法律规定的绝大多数检察监督都是

---

① 汤志勇：《论检察监督与司法公正的相洽互适性》，载《检察论丛》（第五卷），法律出版社 2005 年版，第 84 页。

事后的。有的学者甚至将事后监督作为检察监督的一个特点。

当然，法律赋予检察机关的监督方式不完全是、也不应该完全局限于事后监督。为了保障行政效率，兼顾特殊行政领域或者特殊行政环节的最低限度的公正，行政检察时机的选择应当以事后监督为原则，以事中监督为补充。

（一）事后的行政检察监督

国家机关作出公权力行为通常需要一个过程。法律监督是通过对违法状态的矫正，或者对违法者问责来实现的。因此，只有在公权力行使的异常状态出现之后，检察机关才有必要进行监督。例如，职务犯罪侦查只有在发生了职务犯罪行为以后才能启动，而不是在行政权行使过程中全程跟踪，追求在职务犯罪发生的第一时间发现犯罪。

检察职能主要围绕诉讼环节配置，也决定了检察监督的时机以事后监督为主。诉讼作为解决争议，确定权利归属、义务承担、责任追究的最终程序，本身就是事后的判断。例如，检察机关对诉讼的监督不仅对于法律事实而言是事后的，而且对于诉讼过程来说也是事后的。行政抗诉只能在行政裁判生效以后才能提出，检察建议也只能在行政机关的违法行为或者不作为发生以后才能提出。

当然，在以事后监督为主的制度设计之下，提高检察机关法律监督能力，关键在于提高检察机关获取信息的能力。信息技术的普及应用已经为检察机关不妨碍行政机关正常活动而获取行政信息提供了可能性。

（二）事中的行政检察监督

尽管检察权对行政权的监督绝大多数情况下需要事后进行，但是，检察监督并不必然是事后的。检察监督以事后监督为主，主要是因为检察机关没有必要对绝大多数行政活动进行同步跟踪。只有在特定情况下，基于特别需要，检察机关依法对行政机关的活动进行同步监督。因此，同步的事中监督应当有法律明确授权。

法律授权检察机关进行事中监督，首先要考虑必要性，只有对特定事项非进行事中监督不足以保障法律秩序或者维护公民基本人权时，才予以考虑。同时还要考虑可行性，事中监督不应当影响行政效率，不宜大量增加人力、财力投入。

根据现行规定，现有的事中行政检察监督主要是检察机关对劳动教养机关执行活动进行日常监督。检察机关对劳教场所的执法活动进行监督，对于保障被劳教人员的人身权利和人格尊严具有特殊重要的意义。

刑事诉讼事关公民的自由、生命和尊严。检察机关在刑事诉讼中的监督措施贯穿于整个诉讼过程。而正常进行的民事诉讼、行政诉讼，一审、二审中当事人不会注意到检察机关的存在。可以说，民事诉讼监督、行政诉讼监督措施基本以事后监督为主，而刑事诉讼监督既有事后监督也有事中监督。为什么有这样的差异呢？检察职能贯穿刑事诉讼全过程，这不仅是检察机关承担追诉任务的需要，更重要的是因为，刑事诉讼犯罪嫌疑人或者被告人被剥夺或者限制人身自由，失去了抵制非法侵害的能力，全过程的监督有利于保障他们的合法权益。从这个角度讲，有些必须限制相对人人身自由的场所，例如戒毒所、收容教养所，可以考虑由检察机关对其日常管理活动进行同步监督。

三、对行政行为、行政活动的监督与对行政不作为的监督

行政检察监督的对象，在理论上很少涉及。以监督对象为标准进行分类，是一个比较复杂的问题。什么是"对象"？现代汉语解释为"行动或思考时作为目标的人或事物"①。"对象"一词，在法学的不同学科中有着不同的含义。行政法规范的对象是行政关系；民法调整的对象是平等主体之间的财产关系和人身关系；在刑法学中，刑法所保护的社会关系属于犯罪客体，而犯罪对象被定义为犯罪行为所侵害的人或物。犯罪客体，反过来说也是刑法保护的客体。法学理论对于客体和对象问题的研究还不是很全面。在哲学上，客体通常是指"主体以外的客观事物，是主体认识的对象"②。对象与客体关系密切，甚至有学者将"客体"等同于"对象"。③ 在法学上，客体是指"主体的权利和义务所指向的对象，包括物品、行为等"④。无论在

---

① 中国社会科学院语言研究所词典编辑室编：《现代汉语词典》（2002 年增补本），商务印书馆 2002 年版，第 320 页。

② 中国社会科学院语言研究所词典编辑室编：《现代汉语词典》（2002 年增补本），商务印书馆 2002 年版，第 717 页。

③ 转引自韩裕庆：《人大监督客体范畴及其对人大监督理论构建的价值》，载《学术论坛》2006 年第 10 期。

④ 中国社会科学院语言研究所编辑室编：《现代汉语词典》（2002 年增补本），商务印书馆 2002 年版，第 717 页。

哲学上，还是在法学上，客体和对象都不是同一个层次的概念。总体来说，前者是抽象的，后者是具体的。以客体为标准进行分类研究，① 有利于更加清晰地了解公权力的内在结构，更加科学地设计公权力之间的相互关系。但是，科学研究首先是一个从具体到一般的过程。可以说，以对象为分类的研究是进行客体研究的基础和前提。

究竟应当如何界定监督对象？有学者认为，现行法律将民事检察的对象确定为主要监督法院的审判活动不妥，而是应当转换为涉及国家与社会公益的民事案件中当事人的诉讼行为。② 这说明该学者主张监督的对象是行为。根据监督权的特点，监督对象大致可从以下几个角度确定：公权力；公权力行为与不作为；公权力活动与不作为；公权力主体与公权力操作者。

检察监督虽然从总体上说是对公权力的监督，但它并不是对所有公权力的行使情况进行监督，也不是对所有公权力行使的合法性进行监督，因而不宜简单地将公权力作为行政检察的对象。同样，行政检察虽然指向行政权行使者，但它显然不是对行政主体进行全方位的监督，不涉及重大公益与基本秩序的一般违法行政，不属于行政检察的范围。根据法律规定，对行政机关工作人员履行职责的一般监督职能，由行政监察机关或者上级行政机关行使。检

---

① 关于监督客体，有的学者将其界定为"监督权所指向的公共权力"。参阅韩裕庆：《人大监督客体范畴及其对人大监督理论构建的价值》，载《学术论坛》2006 年第 10 期。

② 王敬藩、天超奇：《民事检察监督对象初探——兼论检察权与审判权冲突之解决》，载《河南省政法管理干部学院学报》2002 年第 3 期。

察机关不主动参与对行政公职人员一般违法违纪行为的监督，只是根据法律授权对行政公职人员职务犯罪进行侦查。因此，无论是以行政权为对象，还是以行政主体为对象来研究行政检察措施，都不能很好地反映行政检察措施的内在结构。

公权力是通过公权力主体履行职责的行为实现的。在检察活动中，检察机关关注的不是公权力本身，也不是公权力主体，而是公权力的行使情况。由此看来，检察监督的对象确定为行为或者活动更为确切。在法律上，"行为"与"活动"具有不同的含义。"行为"，无论是法律行为还是事实行为，都是具有法律意义，能够产生一定法律效果或后果的行为。行政机关所作的法律行为，是行政（法律）行为，而审判机关所作的法律行为是司法行为，主要是司法裁判。"活动"本身往往不具有特殊的法律意义。公权力主体的"活动"通常是为作出一定的行为服务的，有些"活动"本身就是履行职能的基本方式，也有些"活动"是作出法律行为的必要环节。无论在行政程序中，还是在诉讼程序中都是如此。我国现行法律对检察机关的授权，并没有局限于"行为"或者"活动"，而是包括"行为"与"活动"。因此，以监督对象为标准，可以将行政检察分为对行为的监督、对活动的监督和对不作为的监督。

（一）对行为的监督

对行为的监督，根据被监督行为性质的不同，可以分为对法律行为的监督、对事实行为的监督和对违法犯罪行为的监督;① 根据被监督行为主体不同,可以分为对行政审判行为的监督、对行政行为的监督、对公职人员职务犯罪行为的追诉。不同的公权力行为对社会产生的影响不同,检察监督承载的功能不同。对行政审判行为与行政行为的监督,旨在通过法定程序否定违法或错误的公权力行为的效力,以实现法治秩序。对职务犯罪的追诉旨在以刑事制裁手段保障行政法秩序的实现,通过特殊预防实现一般预防。

例如,根据法律规定,无论是在民事诉讼、刑事诉讼还是行政诉讼中,检察机关都有权对可以通过再审予以纠正的违法或者确有错误的裁判提出抗诉,抗诉事由不仅包括认定事实错误、适用法律错误,还包括审判程序违法。可见,抗诉不仅是对审判结果的监督,而且是对审判行为的监督。

检察机关对行政行为的监督主要有三种情况:一是直接的柔性监督措施。例如,《人民检察院检察建议工作规定(试行)》第 5 条第(4)项规定,检察机关"在办理案件过程中发现应对有关人员或行为予以表彰或者给予处分、行政处罚的",可以提出检察建议。二是间接的刚性监督措施。例如,检察机关对涉及行政行为或行政不作为合法性的行政裁判提出抗诉,以保障行政法秩序的实现。三是直接的刚性监督措施。例如,检察机关对徇私舞弊拒不移交

---

① 三者在特定情况下存在交叉。

刑事案件的监督。① 对于涉嫌犯罪的行为，行政机关有义务移交刑事司法机关处理。如果"以罚代刑"，行政机关不仅作出了一个违法的行政处罚决定，而且没有履行移交刑事案件的义务。从行政法的角度看，行政执法机关对构成犯罪的违法行为处以罚款等行政处罚，属于违法行政行为，不移交涉嫌犯罪案件属于行政不作为。

行政行为和审判行为都属于法律行为，前者具有公定力，后者具有既判力，一经作出，不得随意撤销或者变更。因此，行政行为与审判行为的撤销、变更都需要经过法定程序。犯罪行为，只有在具备了犯罪构成的各个要件以后才可称为犯罪，司法机关才能启动刑事追诉程序。因此，检察机关针对行为的监督是事后监督。对于行政行为和审判行为，只有在行为作出以后，检察机关才有可能对其合法性、正确性、公正性作出法律判断。对于职务犯罪行为，只有在犯罪发生以后，才能启动刑事追诉程序。

（二）对执法（司法）活动的监督

公权力运行"活动"与公权力行为近似，但不相同。在现代汉语中，对它有五种解释。其中与"行为"一词相近的解释有："为某种目的而行动"；"为达到某种目的而采取的行动"。② 授权检察机关对"活动"进行监督的法律主

---

① 刑法第 402 条规定："行政执法人员徇私舞弊，对依法应当移交司法机关追究刑事责任的不移交，情节严重的，处三年以下有期徒刑或者拘役；造成严重后果的，处三年以上七年以下有期徒刑。"
② 中国社会科学院语言研究所词典编辑室编：《现代汉语词典》（2002 年增补本），商务印书馆 2002 年版，第 571 页。

要有：2012 年刑事诉讼法第 265 条规定："人民检察院对执行机关执行刑罚的活动是否合法实行监督。如果发现有违法的情况，应当通知执行机关纠正。"1994 年监狱法第 6 条规定："人民检察院对监狱执行刑罚的活动是否合法，依法实行监督。"1979 年人民检察院组织法第 5 条、第 13 条、第 15 条、第 19 条规定的，"公安机关的侦查活动"；"人民法院的审判活动"；"监狱、看守所、劳动改造机关的活动"。此外，1991 年民事诉讼法第 14 条曾经规定，"人民检察院有权对民事审判活动实行法律监督。"2012 年民事诉讼法将这一条修改为"人民检察院有权对民事诉讼实行法律监督。"

与检察机关对审判行为、行政行为进行监督旨在纠正偏离法律目的的法律行为，对职务犯罪的监督旨在追究犯罪的法律责任不同，检察机关对诉讼活动、审判活动、执法活动的监督，旨在防范违法的发生，避免司法或执法活动侵犯公民、组织的合法权益，损及法律秩序与社会秩序。从这个角度讲，检察机关对公权力运行"活动"的监督，体现的是检察监督的防范功能。既然是防范，就需要及时的事中监督，而不是事后监督。可见，简单地根据几个法律条款中关于检察监督的规定将"事后性"作为检察监督的特点，进而认为应当完全以"事后性"为标准完善检察措施是不确切的。实践中，检察机关针对"诉讼活动"与"执法活动"的监督开展得很不充分，这是检察实践与法律要求的差距，而不是检察权本身的特点。完善检察监督制度，需要研究的一个重要课题是如何强化对诉讼活动与特定执法活动的监督。

（三）对不作为的监督

检察监督，从根本上说是对行政机关和审判机关履行法定职责合法性的监督。公权力机关行使权力的方式，不仅有法律行为、事实行为，还有不作为。在不具备履行职责条件或者无需行政权介入的情况下，行政机关应当尊重法律的要求，不作出法律行为。正所谓"有所为、有所不为"。从这个角度讲，"不作为"是一个中性词。只有违背法定职责的不作为才构成违法。近年来公众对依法行政的要求越来越高，社会生活的有些领域行政机关应当介入而没有介入，人们已经习惯于将"不作为"与"乱作为"并用，意思是"应当作为而不作为"。检察机关的监督，不是对公权力机关所有的不作为进行监督，而是主要指向严重违法的不作为。因此，本书关注的"不作为"是指"应当作为而不作为"，而不是纯粹语言学意义上的行政不作为。

检察机关对行政不作为的监督，至少可以体现在以下三个方面：其一，在行政诉讼中，检察机关监督行政诉讼被告依法履行参加诉讼的职责，防止其在诉讼中不作为；在行政不作为引起的诉讼中于法院作出司法裁判后，根据当事人申请或者依职权判断行政裁判对行政不作为的存在、性质、责任认定是否合法，决定是否抗诉。其二，行政公职人员怠于职守，违法不作为情节严重构成犯罪的，检察机关依法追究其刑事责任。新中国刑法历来有玩忽职守罪的规定，玩忽职守作为一种职务犯罪，由检察机关负责侦查、起诉。其三，行政执法机关应当依法向司法机关移交涉嫌犯罪案件，检察机关对行政执法机关不移交涉嫌犯罪案件进行监督。行政执法机关拒不移交涉嫌犯罪案件，情节严重，有关人员构成犯罪的，追究其刑事责任。

如前所述，无论是对行政行为的监督，还是对行政活动、行政不作为的监督，都是以行政职责为主线进行的。行政法学作为以行政法律关系为研究对象的学科，对行政职责的研究比刑法学细致得多。行政法学的研究成果可以为完善职务犯罪构成理论与判别职务犯罪提供更多的理论支撑。行政职责是一个动态的可变因素。不同的环节，行政主体承担着不同的职责。现有的职务犯罪构成理论，与行政法学中的行政职责理论存在一定程度的脱节。因此，本书第九章将探讨行政法理论与职务犯罪构成理论的关系。

四、救济性监督、追诉性监督与防范性监督

法律关系实质上就是法律上的权利义务关系。法律监督的目的在于维护法律所保护的社会关系，即权利义务关系。从这个角度讲，对个体权利的侵犯本身就构成了对法秩序的挑战。因此，检察监督所承载的法律功能既有对权利的救济，也有对违法犯罪的追究和制裁，还有对违法犯罪、侵权行为的防范。现实中，既不存在纯粹的救济措施、追诉措施，也没有纯粹的预防措施，同时，不同的监督措施承载的功能又各有侧重。法律在社会生活中的实现，权利的实现、义务的承担、责任的追究、规则的遵守是关键要素，也是实现法治的难点。按照法治原则要求，权利受到侵犯需要有相应的救济渠道作为保障、违反法律需要有相应的责任追究机制。不仅如此，实现法治的最佳方式不

是尽可能多地追究违法犯罪的法律责任，而是尽可能地防范违法和犯罪的发生。我们尝试着将行政检察措施划分为救济性监督、追诉性监督、防范性监督，以更加清晰地了解各种监督措施的功能差异。这样的划分只能作为理论上的分类研究，因为救济性措施往往兼具防范功能，而追诉性监督措施同样具有特殊救济的作用。

（一）救济性行政检察监督

救济性检察监督，是指检察机关基于保护法定权利和法定利益的需要而采取的检察措施。检察机关在诉讼中不代表任何公民、组织参加诉讼，而是为受到侵害的权利和利益提供司法解决的可能性，主要是通过启动行政诉讼（包括再审）程序，通过法院的公正审判（包括再审），修复被破坏的行政法秩序。

根据行政诉讼法的规定，如果行政诉讼活动由于主客观原因偏离了法律预设的目标或者违背了法律预设的规则，检察机关提出抗诉启动再审程序，通过上级法院的再审予以纠正。

近年来，有些学者认为我国应当建立检察机关提起行政公诉的制度，以维护国家和社会公益。也有学者认为，在中国政治体制下，在现行行政争议解决机制中以检察机关提起行政诉讼作为维护公益的主要途径不一定是最佳选择，建立检察机关全面监督行政机关履行诉讼义务、主张诉讼权利的督促制度（包括督促行政机关申请执行行政裁判），可能是一种比较现实可行的选择。

救济性行政检察监督，既可以是依职权的监督方式，也可以是依申请的监督。基于公民、组织有权处分自己的权利这一前提，检察机关依职权开展救济性监督，应当局限于保护国家和社会公益的需要。同时，救济性行政检察监督，应当作为每个公民、组织可以平等利用的法律工具。无论是依申请实施还是依职权实施救济性检察监督，都必须遵循法律平等保护原则。

（二）追诉性行政检察监督

"追诉"是指追究犯罪。① 我们将旨在追究犯罪的刑事责任的检察措施称为追诉性检察措施。追诉性行政检察监督涉及两方面的问题：

1. 作为行政检察措施的刑事检察职能

关于普通刑事犯罪和行政法秩序的关系，需要明确以下三点：

其一，行政法与刑事法虽然分属不同法律学科，二者却有着密切的联系。刑事制裁作为最严厉的法律制裁手段，旨在保障法律得到社会成员的普遍遵守。刑法所保护的客体是特定的社会关系，有相当一部分属于行政法关系。正因为如此，行政法与刑法之间有个交叉学科——行政刑法。所谓"行政刑法"，是国家为维护社会秩序，保证国家行政管理职能的实现而制定的有关行政惩戒的刑事法律规范的总称。② 关于行政刑法的性质，尚存在认识分歧。有的主张行政刑法属于行政法，有的认为它属于刑法。主张行政刑

---

① 徐军、吴光升：《论检察机关客观追诉原则及其实现》，载《哈尔滨工业大学学报（社会科学版）》2008年第5期。

② 任继鸿：《行政刑法的社会保障功能》，载《行政与法》2003年第8期。

法属于行政法的学者认为，行政刑法"是关于行政犯罪及其刑事责任的法律"，实质上是"刑法中关于行政违法行为构成犯罪及其处罚的法律规范"。① 主张行政刑法属于刑法的学者从广义的刑法定义出发，认为行政刑法的特殊性并不否定其基本的刑法性质。不可否认，行政刑法与行政法有着密切联系，主要表现在：行政刑法与行政法调整和保护的社会关系相同；行政刑法规定的行政犯罪，都是情节严重的违反行政法的行为；行政刑法是行政法得以实施的保障和后盾；行政法律中的刑事责任条款从条文体系上又是行政法的一部分。②

在我国现有的行政法学理论体系中，行政刑法大致可以归属于行政责任法。在法学理论上，一般违法与刑事犯罪是根据社会危害性程度不同划分的。治安管理处罚法第2条规定："扰乱公共秩序，妨害公共安全，侵犯人身权利、财产权利，妨害社会管理，具有社会危害性，依照《中华人民共和国刑法》的规定构成犯罪的，依法追究刑事责任；尚不够刑事处罚的，由公安机关依照本法给予治安管理处罚。"在执法和司法活动中，罪与非罪的界限往往并不是一开始就十分清晰。

其二，在行政执法程序与刑事司法程序存在冲突时遵循刑事程序优先的原则。③ 行政执法机关发现涉嫌犯罪案件

---

① 任继鸿：《行政刑法的社会保障功能》，载《行政与法》2003 年第 8 期。
② 张明楷：《行政刑法辨析》，载《中国社会科学》1995 年第 3 期。
③ 治安管理处罚法第 95 条第（3）项规定："违法行为已涉嫌犯罪的，移送主管机关依法追究刑事责任"。

线索应当及时移送司法机关。在移送案件时已经作出行政处罚决定的，应当将行政处罚决定书一并抄送公安机关、检察院；未作出行政处罚决定的，原则上应当在公安机关决定不予立案或者撤销案件、检察院作出不起诉决定、法院作出无罪判决或者免予刑事处罚后，再决定是否给予行政处罚。

其三，一般违法在数量上明显多于刑事犯罪，行政机关承担着社会管理和制裁一般违法的职责。从流程上看，往往是犯罪案件从行政执法机关向司法机关移转，将一般违法案件从刑事司法机关向行政执法程序移转的情况只是少数。刑事犯罪案件能否顺利地从行政执法机关移送到司法机关，是法律实施的一个关键问题。检察机关监督罪与非罪的界限得以严格遵守，重点应当放在行政执法机关而不是公安机关身上。从这个角度讲，这是一种行政检察措施。

检察机关依法承担审查逮捕、提起公诉、刑事诉讼监督等职责。其中，审查逮捕和提起公诉虽然是适用行政刑法的必要环节，但是，这两项职能不具有监督公权力的特殊意义。唯有刑事诉讼监督职能，因刑事诉讼承载着实现行政刑法的功能而具有保障和监督行政法秩序的作用。但是，我们并不主张过多地将这些措施作为行政法学的内容来看待。因为，刑事诉讼法学对其中的多数问题已作了深入细致的研究。而行政执法与刑事司法相衔接，是实现行政法秩序的关键环节，需要检察机关对行政执法机关是否履行依法移送涉嫌犯罪案件的义务进行直接的监督，这是最具代表性的追诉性行政检察措施。

2. 作为行政检察措施的职务犯罪侦查

在我国，国家公职人员职务犯罪侦查权由检察机关行使，其他刑事犯罪侦查权由公安机关和国家安全机关行使。是什么原因使得职务犯罪侦查权与普通刑事犯罪侦查权分别由不同的机关行使？理论上，职务犯罪和其他犯罪一样，属于刑法学和犯罪学的问题。但是，关于职务犯罪侦查的性质，理论界存在不同认识。一种观点认为，检察机关直接受理侦查职务犯罪不是一般违法监督，也不是行政监督，而是对触犯刑法的犯罪行为的监督。[①] 另一种观点认为，职务犯罪的犯罪主体都是根据法律授权或者受委托从事公务活动，在国家职能活动或国家权力运作过程中负有职责的人；职务犯罪侵害的同类客体是国家管理秩序，犯罪与行为人的职务有着内在的联系。因此，职务犯罪实质上是国家公职人员在履行法定职责过程中实施的利用、滥用以及误用人民赋予的国家权力，损害国家利益，或者行使职权时严重超出法律授权对公民合法权利造成侵害的行为。其直接危害是国家正常的管理秩序。因此，查处职务犯罪是监督国家公职人员依法履行职责，是以权力制约权力，带有监督执法和司法弹劾的性质，与公安机关对普通刑事案件的侦查不是一个层面的问题。[②]

界定职务犯罪的性质，应当在法治的大背景下来考量。

---

① 赵登举：《浅谈检察机关的法律监督职能》，载《政法丛刊》1984 年第 1 期。

② 徐鹤喃：《职务犯罪侦查与法律监督》，载《检察日报》2004 年 2 月 22 日。

在我国，社会主义法律体系已经形成，国家制定了一系列关于公权力行使的法律规范。可以说，刑法关于职务犯罪的规定，都可以在约束公权力主体的法律规范中找到相应的禁止性规范或者义务性规范。从本质上讲，职务犯罪首先是违背公法上职责的行为或不作为，达到一定的严重程度，符合刑法规定的情节才构成犯罪。从法律实施的角度看，职务犯罪是公职人员或者公权力机构破坏公法秩序的情节严重的行为。同样，行政职务犯罪也就是行政主体及其公务员破坏行政法秩序情节严重的行为。查办职务犯罪，是对执法者的监督，是通过特殊预防和法律制裁来保证以行政法为重点的公法秩序的实现，因此我们可以将其视为行政检察措施。

（三）防范性行政检察监督

根据法学理论，法的实施是依靠执法、司法、守法和法律监督四个方面的共同作用来实现的。社会主义法强调守法在法律实现中的重要性，主要依靠人们的自觉遵守来实现。国家不仅应当制定法律让人们遵守，而且有义务为人们自觉守法创造条件。同时，在法治社会，法律不仅约束普通的公民、组织，而且约束行使公权力的机构和公职人员。同理，国家也应当为国家公职人员依法履行职责创造条件。为此，法律监督不能单纯地体现为责任追究和法律制裁，还应当结合法律监督职能防范公职人员违法犯罪。法律授权检察机关承担的旨在防范执法机关和执法人员违法的监督手段就是防范性检察措施。

从现行法律和实践情况来看，检察机关承担的预防性质的监督职能主要有三个方面：一是对劳动教养执行活动的法律监督；二是职务犯罪预防；三是检察机关参与社会治安综合治理。其中，社会治安综合治理不是严格意义上的检察职能。在理论上和实践中，经常有人认为检察机关不应当参与社会治安综合治理。因此，实质上，现有的防范性行政检察监督主要是对劳动教养执行活动的监督和职务犯罪预防。职务犯罪预防虽然是由职务犯罪侦查派生出来的一项职能，看似一个刑事法问题，但是，作为法律监督特殊形式的职务犯罪预防，应当主要与行政规范制定程序相衔接，同时为检察机关提高侦查能力、确定侦查方向提供支持。

第二节　检察调查与检察建议

法律赋予检察机关法律监督权能，通常应当同时明确它履行监督职责的方式，这也是检察职权法定原则的要求。由检察权的性质所决定，检察机关无权对案件作出实质性的处理，不可以为当事人创设、变更、消灭实体法上的权利义务。在某些情况下，检察机关正式启动法定的检察程序，或者推动其他主体履行职责，之前都需要作出基本的事实判断。检察机关为此而依法采取的行动，我们称其为检察措施。由行政权与检察权的关系所决定，检察权监督行政权的效力、措施都是有限的。除了法律明确授予检察机关的各种监督方式，最为常用的监督措施是检察调查和检察建议。

一、检察调查

检察机关履行行政检察监督职责，需要就每个监督事项作出事实判断与法律判断。其中，事实判断是法律判断的前提。检察机关只有经过一定的调查了解，才能保证事实判断的准确性。为此，检察机关在启动、推动严格的法律程序之前，需要进行一定的调查核实。

检察调查应当有针对性地进行，调查人员应当秉持客观、公正的立场，力求掌握全面、翔实、可靠的信息，增强调查的科学性和有效性。检察调查应当坚持专门机关与群众路线相结合，充分发动群众举报，重视举报线索的调查和反馈。调查中不得采取查封、扣押、冻结等限制被调查对象人身、财产权利的强制措施。调查人员应当严格遵守保密纪律，维护有关机关的工作秩序。检察机关开展调查，可以调阅相关单位的档案资料，询问相关单位的工作人员，走访相关行政相对人，必要时可邀请有关单位专业人士协助调查；有关机关应当给予必要的配合、支持。检察调查应当在规定期限内完成，没有规定期限的，应当在合理期限内完成。概括起来，检察调查主要适用于以下情形：

（一）行政诉讼检察监督中的检察调查

2001年《人民检察院民事行政抗诉案件办案规则》规定了行政抗诉案件审查程序中的检察调查。2012年民事诉讼法第210条规定："人民检察院因履行法律监督职责提出检察建议或者抗诉的需要，可以向当事人或者案外人调查核实有关情况。"这一规定可以作为检察机关履行行政诉讼监督职责的参照。将来修改行政诉讼法，也有必要做相应的规定。不仅如此，检察调查还应当具有更宽广的适用空间。在 2012 年出版的《新民事诉讼法讲义——申诉、抗诉与再审》一书中，我已经就民事诉讼监督中的检察调查作了详细分析，行政诉讼监督中的检察调查与其大同小异，此处不再赘述。

（二）重大责任事故和重大复杂案件调查

过去的实践中，长期存在检察机关与有关机关共同调查重大事故、重大案件的做法，最高人民检察院通过与有关机关会签文件形成了相对稳定的工作机制。1986 年，最高人民检察院、劳动人事部《关于查处重大责任事故的几项暂行规定》，明确了以下内容：对于重大责任事故，机关、团体、企业、事业单位和公民，有权利也有义务向检察院提出控告和检举；厂、矿企业和其他单位，发生重大伤亡事故，应向当地人民检察院报告；伤亡事故现场，必须经过劳动部门和人民检察院或事故调查组同意，才能清理；检察院接到重大伤亡事故报告或劳动部门的通知，应及时派员参加对重大伤亡事故的调查工作；检察院在参加事故调查中，为了及时依法做好必要的取证工作，提出必要的补充调查和技术鉴定事项的要求时，事故调查组应给予补充调查和技术鉴定；检察院在事故调查的基础上，认为有犯罪事实需要追究刑事责任的重大责任事故案件，应及时立案侦查；检察院没有参加调查的，由劳动部门移送或由其他机关、团体、企业、事业单位和公民提出控告的重大责任事故，检察院应及时审查，并作出是否立案的决定。

2006 年监察部、最高人民检察院、国家安全生产监督管理局《关于加强行政机关与检察机关在重大责任事故调查处理中的联系和配合的暂行规定》①，明确了检察机关参加重大事故调查的一些基本规则：

其一，国务院或者国务院授权有关部门组成的事故调查组，应当邀请最高人民检察院参加；地方各级政府或者政府授权有关部门组成的事故调查组，应当邀请同级检察机关参加。事故调查工作由事故调查组统一领导、组织协调。事故调查组成员和检察机关所派人员应当积极配合，紧密协作，在事故调查组领导下，各自在法定职权范围内开展调查工作。

其二，事故调查组的有关材料，应当及时分送检察机关参与调查的工作人员。事故调查组召开的有关会议，应当及时通知检察机关人员参加。事故调查组与检察机关在事故调查和案件查处中应当互通情况，协调配合。

其三，检察机关发现涉嫌渎职犯罪线索后，根据立案前审查的需要，经检察机关和事故调查组有关负责人批准，可以借阅和复制事故调查组的有关材料和卷宗；可以接触与事故调查有关的人员，向其询问和了解有关情况。事故调查组和各有关部门应当予以协助和配合。检察机关参加调查的工作人员可与事故调查组工作人员一起向事故有关责任人了解情况，谈话记录由事故调查组作出。

---

① http：//www.cnki.com.cn/Article/CJFDTOtal - RMJC200607025.htm.

其四，事故调查组调查中发现与事故责任有关的国家公职人员涉嫌下列行为之一的，应及时将有关证据材料及必要的调查材料复印件移交参与事故调查的检察机关所派人员，检察机关可以视情况组织办案组依法查办涉嫌职务犯罪案件：贪污、挪用公款，收受财物或者向他人行贿的；不依法履行职责，工作中严重失职渎职的；违法审批产生严重后果的；不依法查封、取缔、给予行政处罚，产生严重后果的；事故发生后，有关部门不立即组织抢险救灾、贻误抢救时机造成事故扩大，产生严重后果的；对事故隐瞒不报、谎报、拖延迟报，产生严重后果的；其他渎职行为。

其五，检察机关在重大责任事故调查期间，对犯罪嫌疑人决定立案侦查，或者决定采取拘留、逮捕等强制措施的，应当向事故调查组负责人通报。侦查终结后，检察机关应当将对犯罪嫌疑人的查处情况及时告知事故调查组。

实践中，有些案件因为案情重大复杂，既涉及职务犯罪，又涉及违法违纪问题，对于这类案件，通常不是由检察机关单独侦查，而是根据案件性质和办案需要，由纪检监察机关、检察机关组织有关司法、行政执法机关参加，对涉嫌重大复杂职务犯罪案件进行专项调查。需要专案调查的案件，通常具有下列情形之一：涉及多个部门、多名公职人员，调查阻力较大的；案件调查涉及专业性、技术性问题，或者适用法律问题复杂的；社会影响较大，公众高度关注，存在影响社会稳定风险的；公职人员违法犯罪与普通刑事犯罪相互交织、情况复杂的；对重大事故未成立调查组，或者在事故调查结束后为查清瞒报、谎报以及其他重大复杂违纪违法犯罪案件需要的。专案调查的主要任务是：查清事实、明确定性，确定责任人；对有关专业性、技术性、政策性问题进行论证，组织、委托鉴定，确定违纪违法犯罪的成因、危害；根据调查的事实、证据材料，依法依纪提出处理意见。这种司法、行政联合办案的工作模式一直为理论界所诟病。比较一致的看法是通过深化改革，确保司法机关依法独立公正行使职权。检察机关已经决定立案侦查的案件，不得进行联合的专案调查。

过去，刑事诉讼法对于司法机关之外的机关调查获取的证据的效力没有规定，检察机关对于纪检监察机关调查获取的证据，需要进行复取。为了明确行政程序中获取证据的效力，2012 年刑事诉讼法第 52 条第 2 款规定："行政机关在行政执法和查办案件过程中收集的物证、书证、视听资料、电子数据等证据材料，在刑事诉讼中可以作为证据使用。"

（三）职务犯罪举报线索调查

举报，即检举、揭发。举报是公众同职务犯罪作斗争的基本方式，也是检察机关获取职务犯罪线索的重要来源。检察机关自 1988 年成立举报中心以来，依靠公众举报加大了惩治腐败的力度。随着自媒体的出现，公众的举报热情逐渐高涨。检察机关已形成举报宣传、受理、管理、查处、反馈、保护、奖励为一体的工作机制。最高人民检察院于 1996 年制定《人民检察院举报工作规定》，于 2009 年进行了修改完善。同时，一些地方检察机关对举报工作机制进行了积极探索，形成了各具特色的工作模式。各级检察机关举报中心通过接待来访、接收来信、接听电话等方式接收举报线索。2009 年 6 月 22 日，检察机关全国统一举报电话"12309"正式开通。

根据最高人民检察院规定，对举报线索的调查可以分为初核、初查两种情况：

其一，初核。检察机关举报中心对性质不明难以归口、群众多次举报未查处的举报线索应当及时进行初核，以查明举报的犯罪事实是否存在，是否属于本院管辖，是否需要立案侦查。举报线索的初核实质上是一种调查，因为它不受刑事诉讼法的规制，只能在侦查程序启动前实施。

举报线索的初核应当报经检察长审批，按照《人民检察院控告申诉首办责任制实施办法（试行）》的有关规定，确定责任人及时办理。初核前，举报中心应当向有关侦查部门通报。初核可以采取询问、调取证据材料等措施，一般不得接触被举报人，不得采取强制措施，不得查封、扣押、冻结财产。初核应当采取措施保障办案安全，防止发生安全事故。初核后应当制作初核报告，提出处理意见，报检察长决定。

其二，初查。初查在 2012 年刑事诉讼法中未作规定。初查虽然规定在 2012 年《人民检察院刑事诉讼规则》中，但它并不是在刑事诉讼程序启动之后，而是在刑事诉讼程序启动之前。2012 年《人民检察院刑事诉讼规则》以一节的篇幅规定了检察机关侦查部门初查案件线索的一些规则，此处不再赘述。

此外，2009 年《人民检察院举报工作规定》还规定，对打击报复或者指使他人打击报复举报人及其近亲属的，经调查核实，应当视情节轻重分别作出处理：尚未构成犯罪的，提出检察建议，移送主管机关或者部门处理；构成犯罪的，依法追究刑事责任。各级检察院应当依法维护举报人及其近亲属的合法权益。事实上，国家能够为举报人提供的积极保护是十分有限的。关键是对举报信息采取有效的保密措施。为此，2009年《人民检察院举报工作规定》第51条规定："各级人民检察院应当采取下列保密措施：（一）举报线索由专人录入专用计算机，加密码严格管理，未经授权或者批准，其他工作人员不得查看。（二）举报材料不得随意摆放，无关人员不得随意进入举报线索处理场所。（三）向检察长报送举报线索时，应当用机要袋密封，并填写机要编号，由检察长亲自拆封。（四）严禁泄露举报内容以及举报人姓名、住址、电话等个人信息，严禁将举报材料转给被举报人或者被举报单位。（五）调查核实情况时，严禁出示举报线索原件或者复印件；对匿名举报线索除侦查工作需要外，严禁进行笔迹鉴定。（六）其他应当采取的保密措施。"这些保密规定既适用于职务犯罪侦查线索的初核，也适用于初查。

（四）行政执法机关移送涉嫌犯罪案件调查

根据中办、国办转发中央纪委等部门《关于加大惩治和预防渎职侵权违法犯罪工作力度的若干意见》（中办发〔2010〕37号）①，"对群众反映和举报的违法行政处罚决

---

① http：//www.chida.gov.cn/show News.do？id=1824.

定，纪检监察机关有权进行调查，涉嫌滥用职权、徇私舞弊以及因徇私舞弊不移交刑事案件构成犯罪的，由人民检察院进行调查。"《关于加强行政执法与刑事司法衔接工作的意见》（中办发 [2011] 8 号）① 规定，县级以上地方政府、人民检察院和行政监察机关对行政执法机关应当移送涉嫌犯罪案件而不移送或者公安机关应当受理而不受理、应当立案而不立案的举报，要认真调查处理，并将调查处理结果告知实名举报人。检察机关在调查时，应当及时向行政执法机关、公安机关查询案件情况，必要时，可以派人查阅、复印案件材料，行政执法机关、公安机关应当予以配合。

最高人民检察院、全国整顿和规范市场经济秩序领导小组办公室、公安部、监察部《关于在行政执法中及时移送涉嫌犯罪案件的意见》（高检会 [2006] 2 号）② 规定，"人民检察院接到控告、举报或者发现行政执法机关不移送涉嫌犯罪案件，经审查或者调查后认为情况基本属实的，可以向行政执法机关查询案件情况、要求行政执法机关提供有关案件材料或者派员查阅案卷材料，行政执法机关应当配合。确属应当移送公安机关而不移送的，人民检察院应当向行政执法机关提出移送的书面意见，行政执法机关应当移送。"

有关检察机关监督行政执法机关移送涉嫌犯罪案件的具体规则，本书将在第十章予以专门分析，此处不再赘述。

---

① http://zjj.zunyi.gov.cn/ch8760/ch8762/2012/12/14/content-2011372803.shtml.

② http://baike.baidu.com/view/2707427.htm.

二、检察建议

在长期的实践中，检察机关为更好地履行法律监督职能，实现检察办案法律效果与社会效果的有机统一，根据宪法和法律关于检察权的规定，创设了检察建议这一监督形式。检察建议是检察院为促进法律正确实施、促进社会和谐稳定，在履行法律监督职能过程中，结合执法办案，建议有关单位完善制度，加强内部制约、监督，正确实施法律法规，完善社会管理与服务，预防和减少违法犯罪的一种重要方式。检察建议的应用，有利于敦促有关单位完善制度、加强内部管理，预防和减少违法犯罪，有利于增强检察机关法律监督的效果。检察建议广泛应用于三大诉讼监督中，也是行政检察的基本措施。

（一）检察建议的一般规则

过去的实践中，检察建议对于加强社会管理、预防违法犯罪、促进社会和谐发挥了重要作用。同时，由于缺乏全面、统一的规范约束，检察机关适用检察建议在过去的实践中出现过一些问题。主要表现为：适用范围不规范，与纠正违法通知书、检察意见书等相混淆；制发程序不规范、不统一，有的地方以检察院内设机构名义发送检察建议；建议质量不高，有些检察建议缺乏可行性；管理不规范，有的检察院不同办案环节的不同业务机构就同一问题重复发送检察建议；落实情况跟踪回访不到位，多数被建议单位对检察建议高度重视、及时回应，少数被建议单位不反馈情况，检察机关缺乏跟踪了解。为此，中央在深化司法体制改革意见中明确要求，依法明确、规范检察机关提出检察建议程序。

作为落实中央深化司法体制改革意见的一项重要任务，2009 年 11 月最高人民检察院下发《人民检察院检察建议工作规定（试行）》，明确了检察建议的提出原则、发送对象、内容要求、适用范围、提出程序、制发主体、审批程序等。

第一，关于检察建议的性质与定位。从性质上讲，检察建议不属于诉讼活动，也不是严格意义上的法律行为，它是检察机关扩大办案效果的方式。它与行政法学中的行政指导特别类似，只是作出主体不同。因此，我们可以称其为检察指引。它通过被建议单位自觉接受、采取行动而发挥作用。关于检察建议的定位，有的认为它是检察机关参与社会治安综合治理、预防腐败的一种形式。有的认为它是法律监督权的延伸和补充，带有监督属性。有的认为它是促进法律正确实施与社会和谐稳定的方式。如果从检察建议适用的范围、对象和领域来看，它已经成为一种综合性的检察监督方式。

第二，检察建议应当遵循的原则。提出检察建议，应当立足履行检察监督职能，结合执法办案活动，不能脱离执法办案提建议。要坚持严格依法、准确及时、注重实效的原则。

第三，检察建议的适用情形。包括：有关单位管理不完善，制度不健全、不落实，存在犯罪隐患的；行业主管部门或者主管机关需要加强和改进管理监督工作的；民间纠纷问题突出，矛盾可能激化导致恶性案件或者群体性事件，需要加强调解疏导的；检察机关办理案件过程中发现应当对有关人员或行为予以表彰或者给予处分、处罚的；法院、公安机关和刑罚执行机关和劳动教养机关在执法过程中存在苗头性、倾向性的不规范问题，需要改进的，等等。

第四，检察建议的提出程序。各级检察院结合执法办案工作，可以向本院所办案件的涉案单位、有关主管机关或者其他有关单位提出检察建议。向本院所办案件的涉案单位提出检察建议，可以直接提出，不受单位级别限制。需要向发案单位的上级单位或者主管机关提出检察建议的，办理案件的检察院应当层报被建议单位的同级检察院决定并提出检察建议。

第五，检察建议的内容要求。发出检察建议应当有事实依据，并且符合法律、法规等有关规定，建议的内容应当具体明确，切实可行。检察建议一般包括以下内容：问题的来源或提出建议的起因；应当消除的隐患及违法现象；治理防范的具体意见；提出建议所依据的事实和法律、法规及有关规定；被建议单位书面回复落实情况的期限等其他建议事项。

第六，检察建议书应当按照统一格式制作，由检察长审批或者检察委员会讨论决定，以检察院的名义作出，按照法律规定送达有关单位。检察机关内设机构不能以自己的名义制作检察建议书。检察建议书应报上一级检察院备案，同时抄送被建议单位的上级主管机关。

第七，对检察建议采纳情况进行跟踪了解。为保障检察建议发挥应有的作用，发出检察建议的检察院应当及时了解和掌握被建议单位对检察建议的采纳落实情况，必要时可以回访。被建议单位对检察建议无正当理由不予采纳的，检察院可以向其上级主管部门反映有关情况。检察长对本院发出的检察建议，上级检察院对下级检察院发出的检察建议，事后发现确有不当的，应当撤销，及时通知有关单位并作出说明。

第八，检察建议在检察院内部归口管理。各级检察院办公室统一负责检察建议书的文稿审核、编号工作，各承办部门负责检察建议的跟踪了解、督促落实等工作。在做好以上工作的基础上，各级地方检察院还应做好分类统计，定期对发送检察建议的情况进行综合分析和评估。

（二）行政检察建议

检察建议不仅是一种行政诉讼监督措施，而且是检察机关监督行政行为的方式。在行政诉讼监督中，检察建议可以用于纠正行政审判中的违法行为或者不作为，也可以向行政诉讼被告提出履行诉讼义务的督促，或者向行政诉讼被告的主管机关提出改进工作的检察建议。

检察建议是一种柔性监督方式。有人主张赋予检察建议与其他法定监督方式一样的效力。基于检察权与行政权之间的关系，将检察建议作为一种软监督措施是恰当的。可是，"建议"不是检察机关的专利。在某些情况下，行政机关、审判机关也可以向检察机关提出建议。例如，最高人民检察院等单位《关于在行政执法中及时移送涉嫌犯罪案件的意见》（高检会〔2006〕2号）规定，"行政执法机关对公安机关不立案决定有异议的，在接到不立案通知书后的三日内，可以向作出不立案决定的公安机关提请复议，也可以建议人民检察院依法进行立案监督。""公安机关接到行政执法机关提请复议书后，应当在三日以内作出复议决定，并书面告知提请复议的行政执法机关。行政执法机关对公安机关不立案的复议决定仍有异议的，可以在接到复议决定书后的三日以内，建议人民检察院依法进行立案监督。"法律不可能从实体上赋予检察建议强制约束被监督机关的效力，它只能用于推动一定的法律程序，相关事项的决定权仍然在被建议的机关。在行政检察监督中，根据适用对象不同，检察建议可以分为向行政机关提出的建议和向审判机关提出的建议。

1. 向行政机关提出的检察建议

向行政机关提出的检察建议，主要适用于职务犯罪预防，启动纪律责任追究程序，敦促行政诉讼被告依法履行诉讼义务，督促行政执法机关移送涉嫌犯罪案件，等等。例如，中办发［2011］8 号文件规定，行政执法机关不移送涉嫌犯罪案件或者逾期未移送的，由本级或者上级人民政府，或者实行垂直管理的上级行政机关，责令限期移送；情节严重的，对负有责任的主管人员和其他直接责任人员依法给予处分；构成犯罪的，依法追究刑事责任。检察院发现行政执法机关不移送或者逾期未移送的，应当向行政执法机关提出意见，建议其移送。检察院建议移送的，行政执法机关应当立即移送，并将有关材料及时抄送检察院；行政执法机关仍不移送的，检察院应当将有关情况书面通知公安机关，公安机关应当根据检察院的意见，主动向行政执法机关查询案件，必要时直接立案侦查。

同时，检察建议还广泛适用于办案职能延伸。最高人民检察院《关于充分发挥检察职能参与加强和创新社会管理的意见》（高检发〔2011〕22号）提出，"切实发挥检察建议的作用，针对执法办案中发现的社会管理漏洞和制度缺陷，及时向发案单位、相关职能部门提出健全管理机制的检察建议，促进正确实施法律法规，完善社会管理服务，预防和减少违法犯罪，建立健全检察建议同步跟进机制，推动社会管理体制机制创新。探索建立个案监督与类案监督相结合的综合监督机制，对社会管理中的普遍性、倾向性、苗头性问题深入调查研究，提出治理对策建议。"根据国家机关职能分工，行政机关是社会管理的承担者，因此，检察机关就社会管理提出建议主要是针对行政机关履行社会管理、公共服务、市场监管、内部管理职能存在的问题。

2. 向审判机关提出的检察建议

关于检察机关对行政审判行为监督方式的选择，有的同志主张采用纠正违法通知。多数同志认为，行政诉讼检察监督方式的选择，应当遵循法院主导诉讼的思路，是否构成行政审判行为错误，原则上宜由法院自行判断。因此，检察建议是比较恰当的监督方式。目前，检察机关在行政诉讼监督中使用检察建议尚无直接的法律依据，实践中可参照2012年民事诉讼法第208条第3款关于"各级人民检察院对审判监督程序以外的其他审判程序中审判人员的违法行为，有权向同级人民法院提出检察建议"的规定。例如，建议符合法定回避条件而不回避的审判人员回避某一案件的审理。

此前，最高人民法院、最高人民检察院 2011 年《关于对民事审判活动与行政诉讼实行法律监督的若干意见（试行）》第 9 条规定，法院的审判活动违反法律规定情形，不适用再审程序的，检察院应当向法院提出检察建议。检察机关适用检察建议的前提是发现了违法审判行为或者不作为。违法审判行为通常发生在诉讼进行中。检察机关通常不参加普通的行政诉讼，法院审理案件的过程和结果也无须向检察机关通报。对于违法审判，检察机关缺乏有效的发现渠道。同时，由行政诉讼的任务和特点所决定，诉讼过程中的违法审判行为或者不作为，不仅可能侵害当事人的诉讼权利，而且可能损害国家和社会公益。将检察监督与当事人行使诉讼权利结合起来，既有利于增强检察监督的针对性，又有利于强化当事人诉讼权利保障。当然，基于审判救济优先的原则，当事人认为违法审判行为或者不作为侵犯其诉讼权利的，原则上应当首先向法院提出异议。在法院未予纠正的情况下，当事人才可以向检察机关提出申诉。

第五章 行政活动与行政行为检察监督

在行政法学中，行政行为与行政活动是不同的概念。行政行为是能够创设、变更、消灭行政法律关系的法律行为。行政活动是不具有法律效力又不产生法律后果的行为。目前，检察机关针对行政活动的监督主要是劳动教养执行监督，通过办案延伸监督职能、预防行政机关发生职务犯罪也属于对行政活动的监督。检察机关对劳动教养活动的监督①，监督活动的指向是劳教执行机关的日常监管活动；职务犯罪预防，指向的是行政机关等公共部门的内部管理和约束机制。对行政行为的直接监督，基本上停留在探索和论证阶段。在观念上，人们倾向于认为检察机关不直接监督行政行为。但这并不是绝对的。我们将在本章第二节专门探讨检察机关对行政行为进行监督的可能性。

---

① 刑罚执行的检察监督从广义上也可以归属于对行政活动的监督。考虑到它与劳动教养检察监督相比没有太多的特别之处，本书仅选取劳动教养检察监督作为一个典型予以分析。

第一节　行政活动检察监督的两个范例

　　尽管我国法律主要围绕诉讼配置检察机关的法律监督职能，但是，我国检察机关职能又没有完全局限于诉讼环节。这也正是检察机关作为法律监督机关存在的现实根据。目前，针对行政活动的检察监督主要有劳教检察监督与职务犯罪预防。尽管这两项监督职能都不是全国人大及其常委会以法律形式创制的，但是，它们不仅符合检察机关的宪法定位，而且在推动法治行政方面发挥了不可替代的重要作用。劳动教养执行监督为我们提供了检察机关直接监督行政活动的范例，而职务犯罪预防为检察监督直接推动行政管理活动规范化找到了出路。

一、劳动教养检察监督

　　根据法律授权和行政法规要求，检察机关对刑罚执行活动和劳动教养活动实行法律监督。按照现行规定，刑罚中的徒刑由行政司法机关所属监狱负责执行，劳动教养由司法行政机关所属的劳动教养执行机关依法执行。劳动教养执行机关和徒刑执行机关都隶属于行政系统，在性质上属于行政机关。从这个角度讲，检察机关对刑罚中的徒刑执行的监督也是对行政活动的监督。但是，刑罚执行属于刑事诉讼活动的内容。严格地说，检察机关对行政机关履行刑事司法职能的监督，不属于监督行政的范畴。① 因此，这里仅以劳动教养执行监督为例分析检察机关对行政活动的监督。

（一）劳动教养检察监督制度的演进

劳动教养是指将具有严重违法行为尚未构成犯罪的人员，送进劳动教养监管场所进行强制劳动教育的行政制裁措施。我国劳动教养始创于1955年。1957年，以全国人大常委会批准《国务院关于劳动教养问题的决定》为标志，劳动教养作为一种制度固定下来。劳教检察监督制度始于1979年全国人大常委会批准《国务院关于劳动教养的补充规定》。② 1980年，最高人民检察院将劳动教养监督纳入检察监督的范围。此后，各级地方检察机关逐步开展劳教检察监督。

1983年，最高人民检察院制定《人民检察院劳教检察试行办法》，规定了劳教检察监督的范围：（1）检察不符合政策法律规定的劳动教养决定，法律文书是否齐全，是否按照规定交付劳动教养场所执行。（2）检察劳动教养人员在所外执行、所外就医的条件是否符合规定，管教措施是否落实，应该收回劳动教养场所的是否按期收回。（3）检察纵容或唆使劳动教养人员逞凶作恶、摧残其他劳动教养人员、危害教养秩序的情况。（4）受理公安机关移送审查

---

① 也有学者认为，检察机关对行政机关的监督还体现在"检察全国监所及犯人劳动改造机构之违法措施"方面。罗豪才主编：《行政法学》，光明日报出版社1988年版，第365页。

② 《国务院关于劳动教养的补充规定》第5条规定："人民检察院对劳动教养机关的活动实行监督。"

批捕、审查起诉的下列刑事案件：劳动教养人员在劳教前罪行严重或隐瞒罪行，需要追究刑事责任的案件；劳动教养人员在劳动教养期间犯罪的案件；留在劳动教养场所就业人员犯罪的案件。（5）检察对劳动教养人员的管理教育、劳动时间、劳动强度、安全生产、生活卫生、加期、减期、解除劳动教养，是否符合规定。（6）检察对劳动教养人员滥用武器、械具和违反规定实施禁闭，以及打骂、体罚、侮辱、虐待等违反政策、法律的行为。（7）检察劳动教养人员非正常死亡的情况。（8）受理劳动教养人员及其家属向检察院提出的下列申诉和控告：经原审批机关复查驳回后又向检察院申诉，检察院认为有冤错可能的；检举、控告劳动教养机关和干警违法的；上级检察院交办的。（9）办理劳动教养场所干警职务犯罪案件。

1987年，最高人民检察院制发《人民检察院劳教检察工作办法（试行）》，将劳教检察监督分为两部分：

一是"对劳动教养决定执行情况的监督"，包括：（1）检察劳动教养管理所（院）收容劳动教养人员有无劳动教养管理委员会的《劳动教养决定书》、《劳动教养通知书》。（2）检察劳动教养人员中是否有依法不应当收容的精神病人，呆傻、盲、聋、哑人，严重病患者，怀孕或哺乳自己婴儿未满一年的妇女，以及丧失劳动能力和不满16周岁的人。（3）发现不够劳动教养条件的，建议原审批机关复核纠正；发现犯罪应判处刑罚的，建议原审批机关按刑事案件管辖范围移送当地司法机关处理。（4）检察劳动教养人员所外就医是否符合规定；所外就医条件已消失是否及时收回。（5）检察对劳动教养人员延长或减少劳动教养期限、提前解除劳动教养是否符合规定，劳动教养期满后是否按期解除劳教。（6）检察注销、恢复劳动教养人员城市户口和劳动教养人员劳动教养期满留场就业是否符合规定；检察留场就业人员的政治、经济待遇是否符合规定。

二是"对劳动教养机关管理教育活动的监督"，具体包括：（1）检察劳动教养机关对劳动教养人员的管理教育活动，是否符合国家法律和"教育、感化、挽救"的劳动教养工作方针及有关政策，劳动教养人员的合法权利是否得到保障。（2）检察对劳动教养人员实施禁闭、使用械具是否符合规定，审批手续是否完备。（3）检察劳动教养工作干警、护卫武警有无对劳动教养人员打骂、体罚虐待、侮辱人格、刑讯逼供的行为；有无对劳动教养人员及其家属敲诈勒索、收受贿赂的行为；有无徇私舞弊、私放劳动教养人员及贪污、克扣劳动教养人员口粮、财物的行为。（4）检察劳动教养工作干警有无使用劳动教养人员代行干警职权或纵容、唆使劳动教养人员为非作歹、称王称霸的情况。（5）检察劳动教养工作干警对劳动教养人员的通信、控告、申诉等信件有无拆检和扣压的行为。（6）检察对劳动教养人员进行政治教育、文化技术教育的时间有无保证。（7）检察劳动教养人员的劳动时间、生产安全设施是否符合规定，劳动教养人员是否按规定享受应有的劳保待遇。（8）检察劳动教养人员应有的生活待遇是否得到保障，伙食标准、宿舍条件是否符合规定，伤病能否得到及时治疗。（9）检察劳动教养场所的安全防范措施是否严密，有无隐患和漏洞，以防止劳动教养人员逃跑、行凶、自杀等事故发生。（10）检察劳动教养人员非正常死亡是否由法医做出鉴定，是否及时通知其家属和原工作单位，并会同主管单位查明原因，妥善处理。（11）检察劳动教养机关对劳动教养人员逃跑、行凶、聚众闹事等危害管教秩序和社会治安的行为，是否及时依法处理。同时，《人民检察院劳教检察工作办法（试行）》还根据检察机关的职能规定了监所检察机构受理案件的范围和对申诉、控告的处理方式。

2008 年最高人民检察院制定《人民检察院劳教检察办法》，在明确劳教检察职责的同时，更为详细地规定了检察机关监督劳动教养活动的环节和内容、程序，增强了检察监督规程的可操作性。对劳动教养的检察监督范围大致可以分为：对劳教人员的入出所监督；劳动教养变更执行监督；监管活动监督。其中，监管活动监督包括禁闭监督、事故监督、教育管理活动监督；保障被劳教人员控告、举报和申诉权利的监督。

几十年来，劳教检察监督对于维护法制统一、保障人权发挥了积极作用。从监督方式上看，检察机关对劳动教养执行活动的监督，同监督监狱、看守所的活动一样，采取派驻检察室、派驻检察员的方式进行日常监督，是一种同步监督，而不局限于在发生违法事实以后介入调查、追究责任。可以说，劳动教养检察提供了一个检察机关对行政执法活动进行常规、直接监督的典型范例，它表明在事关公民生命、自由与尊严的行政执法特殊领域、关键环节，检察机关进行同步、常规监督是必要的、可行的。

（二）劳动教养检察监督存在的问题

检察监督是劳动教养外部监督体系中最为重要的制度安排。检察机关对劳动教养执行活动的监督程序较为规范，监督措施比较及时。这也是检察机关"监督劳动教养机关准确实施劳动教养法律、法规和正确贯彻劳动教养工作方针、政策，保障法律政策的正确实施"的重要保障。① 同时，从制度层面看，劳教检察监督也存在一些问题，主要表现在：

其一，劳教检察监督的独立性受到弱化。全面、及时的监督对于保障和监督劳动教养执行机关依法办事，维护法律尊严，保障人权固然具有积极意义。但是，外部监督的重要性就在于它是外部的。而被监督机关总是希望和监督机关"团结起来、一致对外"。② 检察机关以派驻检察室、派驻检察员的方式紧紧跟随劳教监管活动进行同步监督，某种程度上具有将法律监督"内部化"、"形式化"的危险性。按照新的规定，监督内容越来越细，检察人员与劳教机关工作人员的工作接触与配合越来越多，被同化的危险也就越来越大。

---

① 潘益云：《完善我国劳动教养监督的法律思考》，湖南师范大学 2008 年硕士学位论文。

② 1982 年国务院转发公安部《劳动教养试行办法》第 51 条规定："劳动教养人员正常死亡的由医院做出死亡鉴定；非正常死亡的由法医做出鉴定，报告当地人民检察院检验后，通知其家属或原工作单位，共同研究处理，并报告原审批机关。"检察机关作为监督机关，显然不能也没有必要与其他机关"共同研究"这类事件如何处理，而是应当站在国家的立场上独立地判断这种突发事件是否与犯罪有关。

其二，劳教执行检察监督有关职能之间存在冲突。在劳动教养执行环节，检察机关既要保障劳教人员的人权，查办劳教执法人员犯罪，又要查办劳教人员在劳教期间犯罪的案件、劳教人员在决定劳动教养时没有发现的罪行。表面上看，这些职能集中在一起，可以让劳教人员与劳教执法人员互相监督，但实际上，检察机关在同一个环节同时拥有保护和追诉双重职能，劳教人员在控告劳教执法人员的违法行为时难免心存顾虑。劳动教养是最严厉的行政制裁措施。在劳动教养审批环节，对每一个案件准确地作出事实判断与法律判断，以甄别罪与非罪，意义重大、任务艰巨，仅仅由劳动教养委员会进行判断，不符合刑事程序优先的原则。因此，检察监督的部分职能应当前移，对劳动教养审批活动进行监督，重点监督是否存在"以罚代刑"的问题。

实践中，劳动教养审批是"以罚代刑"最为严重的行政领域。原因是：检察机关为避免错误逮捕，往往在审查逮捕环节实行严格的审查标准。公安机关对于检察机关不批准逮捕或者退回补充侦查的案件，认为无法继续侦查取证的，常常利用劳动教养证据标准低、程序不规范、自己说了算的制度弊病，将本应追究刑事责任的人予以劳动教养。从这个角度讲，对劳动教养审批的监督，不仅是保障检察机关对劳教执行活动有效监督的必要，而且是防止劳教审批机关"以罚代刑"的需要。① 对于劳动教养决定，目前虽然有行政诉讼作为外部监督，但是，行政诉讼监督主要是保障公民个体权利的制度设计，对于劳动教养审批过程中的"以罚代刑"，行政诉讼难以发挥作用，为此，劳动教养审批环节中的检察监督是不可替代的。

此外，劳教检察监督的法律性经常受到人们的怀疑。劳教检察监督同时担负着保障被劳教人员合法权益的使命，这也正是对劳动教养执行场所实行同时、实地、直接监督的首要原因。与后来的诉讼法授权检察机关实行"法律监督"不同，1979 年全国人大常委会批准《国务院关于劳动教养的补充规定》，授权检察机关对劳动教养机关的活动"实行监督"。这也许成为劳教检察监督内容繁杂的直接依据。既然法律没有限制，能否理解为检察机关对劳动教养的监督既包括法律监督，也包括法律问题之外的监督？例如，对劳动教养执行活动的合理性、科学性能否监督？从检察机关的性质和定位出发，对劳教的检察监督仍然应当定位于法律监督，只不过这种法律监督是全方位的。如何

① 检察机关对劳动教养审批是否应当进行监督，也是一个存在争议的问题。一种观点认为，劳动教养监督包括对劳动教养领导机关、管理机关和执行机关的监督。劳动教养审批活动是劳动教养机关执法活动的一部分，应当接受人民检察院的监督。目前劳教审批活动缺乏监督，易导致对公民人身权利的侵犯，应通过立法，规定检察机关有权对劳教审批活动进行法律监督。另一种观点认为，法律关于检察机关对劳动教养机关的活动进行监督的授权仅仅是指对劳动教养的执行活动进行监督，不包括对劳动教养审批活动的监督。劳教审批权是行政权，检察机关对劳动教养审批活动进行监督，涉及检察机关是否有权对行政机关的行政决定进行监督以及我国宪法关于国家机关职责分工的体制性规定，尚需研究。刘仲发：《检察机关对劳动教养的法律监督》，载《法学杂志》2002 年第 3 期。

在坚持对劳动教养机关的活动实行全面的法律监督的同时，防止检察人员被"同化"？这不仅是劳教执行检察必须回答的问题，而且是将来检察机关对其他执法、司法活动进行常规监督必须解决的问题。

（三）检察机关直接监督特定行政活动的制度走向

劳动教养是不经过司法程序就可以决定长期剥夺公民人身自由的行政制度，因而饱受批评。目前，我国劳动教养正在面临重大改革。2013 年全国政法工作会议上，中央提出适时废止劳动教养制度。将来，废除劳动教养制度以后，需要刑事法作相应的调整，完善诸如寻衅滋事、恐吓等行为的法律责任，同时建立违法行为教育矫治制度。未来的违法行为矫治仍然是一项干预公民基本权利、限制（或有条件剥夺）相对人人身自由的行政措施，是否还需要检察机关的监督，以及检察机关如何进行监督，值得深入研究。与此相关的问题是，对于那些基于维护秩序需要而限制或剥夺公民人身自由的其他行政措施，如戒毒、收容教养等活动，检察机关是否应当进行监督，也有必要一并予以研究。虽然现在讨论劳教检察监督的走向已显得不合时宜，但是，透过劳教检察监督的经验与不足，结合检察职能，分析检察机关直接监督特定行政活动的制度走向，无论对于完善检察制度，还是对于推动行政法治都具有重要的积极意义。

1. 立足于监督的法律属性寻找检察机关直接监督行政活动的合理定位

世界各国现行制度中，检察机关对不涉及刑事犯罪问题的行政执法直接进行监督的立法和做法不多。俄罗斯沿袭苏联的制度，授权正副检察长有权"向能够制止违法行为的机关或公职人员提出消除违法行为的建议书。上述机关或工作人员应当刻不容缓地进行研究，并自收到建议书之日起一个月内，采取消除违法行为、消除产生违法行为的原因和条件的具体措施，并将处理结果以书面形式通知检察长。"① 我国宪法和法律规定公民有控告、检举国家机关违法的权利，检察机关是"保障公民对于违法的国家工作人员提出控告的权利"的机关，是特定法律问题的监督机关。劳教检察监督能够作为一种直接的、常规的监督存在下来，主要有两方面的因素：劳动教养的执行涉及公民的基本人权保障；劳动教养与犯罪具有多方面的高度关联性。基于此，对于具有同样特点的行政执法场所（例如强制戒毒所、行政拘留所）和特定的行政执法活动（例如重大行政处罚），法律有必要授权检察机关进行适当的直接监督。

2. 着眼于检察机关独立行使职权推行检察监督方式的现代化

长期以来，检察机关对劳教场所的监督主要依靠派驻检察室或者派驻检察人员，通过检察人员参与、了解日常监管活动来进行。这种监督方式的优势在于，检察人员身处劳教监管一线，有利于全面、直观地了解情况。不利因素在于，检察人员与劳教场所工作人员长期共事，容易被

---

① 刘向文、宋雅芳：《俄罗斯联邦宪政制度》，法律出版社 1999 年版，第 273 页。

同化。同时，监管场所发生的侵犯劳教人员人身权利的事件往往具有突发性特点，利用传统监督方式既不利于及时发现，也存在事后取证难等问题。因此，检察机关应当打破将直接监督等同于派员实地监督的思维定式，借鉴检察机关与监狱、看守所信息共享的经验，顺应行政活动公开的大趋势，探索信息技术条件下直接监督的新形式，推进检察机关网上同步查阅特定行政执法信息，同步监控特定执法场所的活动。过去，人们认为检察监督不应当过多地延伸到行政执法领域的理由，主要是担心检察监督会影响行政活动的正常进行。而信息技术的普及应用，既可以避免检察监督影响行政管理活动的正常进行，又可以防止检察人员被同化，还有利于提高检察机关的监督能力。

二、职务犯罪预防

广义上的职务犯罪预防包括惩治职务犯罪。狭义的职务犯罪预防，不包括惩治职务犯罪，通常是指通过调动一切积极因素和权力体系内外部的社会力量，最大限度地消除产生职务犯罪的主客观因素，以阻止犯罪行为与结果发生的活动。我们将职务犯罪预防界定为检察机关为防范职务犯罪发生而采取的监督措施。

（一）职务犯罪预防作为行政检察职能的制度合理性

与预防普通刑事犯罪一样，预防职务犯罪也是一项社会系统工程，是全社会面对的一项共同任务。党的十五大确立了反腐败应当坚持"党委领导，党政齐抓共管，纪委组织协调，部门各负其责，依靠群众的支持和参与"的领导体制和工作机制，检察监督被确定为这个体制和机制中的一个重要环节。可是，职务犯罪预防是否应当作为检察职能，曾经是一个有争议的问题。

其一，关于职务犯罪预防与侦查两种职能是否存在冲突。有的学者认为，从工作评价的角度看，查办案件数量与预防效果存在此消彼长的关系，查办职能和预防职能存在冲突。因而，检察机关不宜同时查办、预防职务犯罪。事实上，职务犯罪的侦查和预防是否冲突，不能泛泛而论，而是应当区分具体与总体、局部与整体。从局部来看，预防与侦查可能存在一定的职能冲突，一个机关同时承担预防与侦查职能，也可能会在评价检察工作时出现自相矛盾。职务犯罪数量少了，可以说是预防的成绩；职务犯罪数量上升了，也可以说是打击力度加大了。反过来也可以说，职务犯罪少了，是打击不力；职务犯罪查办多了，是预防不力。但是，从整体上讲，法律制裁本身就具有特殊预防的功能。[①] 如果所有职务犯罪必然会被发现和查处，将来犯罪的人会越来越少。如果大多数职务犯罪不会被发现和查处，不贪不腐被认为是一种非理性的行为，职务犯罪自然会越来越多。检察机关作为承担侦查职务犯罪职责的机关，对职务犯罪的发案规律有着最为清楚的了解，理应在预防有规律的犯罪方面发挥作用。这也决定了职务犯罪预防应当着眼于宏观或中观，而不是微观的、具体的监督。

---

① 在法理学上，根据对象不同将犯罪预防分为一般预防和特殊预防。一般预防是指防止社会成员实施犯罪行为，特殊预防是指采取特殊预防手段和措施防止犯罪者重新犯罪或者继续犯罪。

其二，关于预防职务犯罪是否具有"法律性"。检察机关作为法律监督机关，应当定位于自身职能参与社会管理创新。预防职务犯罪在诸多方面与传统检察职能存在差异。它不直接为公职人员或者行政机关创设法律上的权利义务，也不是基于具体的权利义务关系而展开的。从这个角度看，职务犯罪预防行为不是法律行为。但是，职务犯罪预防的目的，在于通过督促有关公权力机构完善管理制度和工作机制，对公共机构及其工作人员行使权力的行为或者过程加强监督、制约和控制。一方面，职务犯罪预防具有主动性、广泛性等特点。职务犯罪的发生，有着政治、经济、文化等多方面的原因。公共行政领域是职务犯罪高发区。行政机关在这些领域不仅仅是执法者，同时也是制度建设者。加强制度建设被认为是预防职务犯罪的最有效方式之一。另一方面，职务犯罪预防是从职务犯罪侦查派生出来的一项从属性的职能。① 检察机关开展职务犯罪预防旨在减少职务犯罪的发生，以保障公权力公正高效地运行，节约

① 透过人民检察院组织法第 4 条关于"人民检察院通过检察活动，教育公民忠于社会主义祖国，自觉地遵守宪法和法律"的规定；检察官法第 8 条关于检察官"维护国家利益、公共利益"的义务的规定；检察官法第 33 条关于检察官"提出检察建议或者对检察工作提出改革建议被采纳，效果显著的"、"保护国家、集体和人民利益，使其免受重大损失，事迹突出的"应当予以奖励的规定，我们可以看到检察机关承担职务犯罪预防职能的影子。但是，我国关于检察机关职能的法律主要形成于 1998 年之前，当时检察机关还没有把职务犯罪预防作为一项重要职能。因此，在现行法律中寻找检察机关开展职务犯罪预防的法律依据是牵强的。研究检察机关承担职务犯罪预防的主要职能，宜着眼于研究其应然性和必要性。为了弥补法律依据上的不足，有的地方专门就职务犯罪预防进行地方立法。按照检察职能是司法职能这一特点，结合立法法第 8 条的要求，有关职务犯罪预防的授权应该由全国人大及其常委会制定法律。

刑事司法资源。检察机关通过查办案件，发现行政机关和其他公共机构在管理和制度上存在的漏洞，在此基础上开展职务犯罪预防，比不计成本地设置专门的预防腐败机构，将预防职务犯罪扩展到行政的各个环节和领域更符合法治政府建设的要求。当然，如果公职人员都能够恪尽职守、廉洁奉公，国家不需要投入相应的人力、财力，可以为社会节省一笔财富。

（二）职务犯罪预防的方式

检察机关开展职务犯罪预防以来，关于如何开展预防的探讨就没有停止过。实践中，各级检察机关，尤其是基层检察院，通过采取个案预防、系统预防、重点工程专项预防、特殊预防等方式，① 针对具体的、局部的问题作了不少工作。学者们也围绕职务犯罪预防方式进行了探讨。有

---

① 个案预防，是指检察机关办理一起职务犯罪案件，按照"一案一分析"、"一案一教育"、"一案一整顿"、"一案一建议"、"一案一回访"、"一案一本预防卷宗"的要求，分析发案的主客观原因，向发案单位提出检察建议，以采取堵漏建制等防范对策，案后"护理"，争取查办一案，教育一片。系统预防，是指检察机关通过查办行政机关工作人员职务犯罪，抓住一个系统具有代表性的案件进行剖析，找出对策，在全系统范围内进行预防。重点工程专项预防，是指检察机关配合工程建设单位制定廉政规定和各项监管制度，在工程招投标、材料设备采购、施工管理、资金运作划拨等关键环节防范职务犯罪的发生。特殊预防，是指检察机关通过查办职务犯罪起到防范犯罪发生的作用。参见刘尚旺：《建立职务犯罪预防机制的有效途径》，载《中国行政管理》2003年第 11 期。也有学者认为，个案预防是指每办一案，提出一份检察建议，办一期预防职务犯罪学习班，进行一次回访。针对查办案件中暴露出来的问题，协助发案单位堵塞犯罪漏洞，实现打击犯罪与预防犯罪的有机结合。参见徐琪峰：《职务犯罪预防措施二题》，载《河南司法警官职业学院学报》2004 年第 4 期。

学者主张将法制宣传教育作为职务犯罪预防的一种方式。[①]
有的学者认为，检察机关应组织审查各机关、企业事业单
位一段时期内在用人、理财等方面的具体工作情况，找出
问题，分析研究可能发生的严重后果，帮助有关单位就重
要工作程序建立完善制度。[②] 有的学者认为，检察机关开展
职务犯罪预防工作，要"结合办案主动开展"，"根据检察
职能针对可能存在导致职务犯罪的漏洞隐患，结合整体的
改革发展，深入进行专题调研，采取切实可行的预防措施，
对当前普遍存在的权力失控的腐败重点提出整改方案。"
"检察机关要依靠检察职能而不是脱离检察职能搞预防，要
准确定位，充分运用检察职能……开展好职务犯罪预防"，
围绕检察机关法定职能，要与检察机关的办案结合起来，
把职务犯罪预防落实到检察工作的各个环节，贯彻于检察
机关依法查办职务犯罪的整个诉讼过程。[③]

职务犯罪预防包括预测与防范两个方面，有预测才有
防范。[④] 犯罪预测是指预测主体以经验型数据为基础，根据
对已知犯罪现象及其发展变化规律的分析研究，对犯罪现
象在未来发生、变化作出的估计、测算和设想。犯罪的防
范是在科学预测的基础上采取的防止和避免犯罪行为发生

---

① 刘尚旺：《建立职务犯罪预防机制的有效途径》，载《中国行政管理》
2003 年第 11 期。

② 侯利敏：《论我国职务犯罪的预防和惩治对策》，载《中州大学学报》
2005 年第 4 期。

③ 左德起：《论职务犯罪预防工作中的十大关系》，载中国检察理论研究
所编：《检察理论研究精粹》（第二届全国检察理论研究年会论文集），中国检
察出版社 2001 年版。

④ 殷立红：《论职务犯罪预防》，黑龙江大学 2006 年硕士学位论文。

的对策。

其一，职务犯罪预测。职务犯罪预防的方式，在很大程度上取决于对职务犯罪发生的原因分析。职务犯罪的发生，除了犯罪人的主观原因之外，还有体制和制度不完善、缺乏有效的权力监督制约机制等客观原因。目前，检察机关由于实行侦查、预防机构分设，有关职务犯罪侦查的信息不能及时、有效地共享，预防机构分析和预测职务犯罪规律的能力在一些地方受到一定限制。应当通过检察机关内部工作机制改革，保障职务犯罪预防机构全面、准确地获取有关信息，以提高预防机构统计、分析、预测的能力。

其二，职务犯罪防范。职务犯罪的复杂性决定了职务犯罪预防不可能采取某种单一方式。① 职务犯罪预防如何"立足于检察职能"？检察机关对职务犯罪发案规律的预测分析成果，首先应当用于提高检察机关侦查职务犯罪的能力。一方面，对于呈现职务犯罪高发趋势的行政执法环节，

---

① 有的学者认为，预防职务犯罪应当从教育、体制、法律、制度多层面、多角度地进行。教育，即道德防范或道德控制，通过对公职人员的思想道德教育，提高其抵御外界各种犯罪因素的免疫力，以达到所谓的使人"不想犯"的境界。体制防范，就是要通过改革，割除现行体制中权力过于集中的弊病，理顺政府与企业、政府与经济的关系，彻底实现政府职能转变。法律防范，就是以法律手段加强对权力设定、行使、监督等环节的控制。制度防范，主要是规范权力管理和权力运作程序，建立政治透明制度、现代公务员制度、集中采购制度、招标投标制度、独立审计制度、述职述廉制度、民主评议制度、民主选举制度等，规范对权力的管理和制约，减少权力滥用；建立官员财产公开制度、居民收入申报制度、金融实名制度、组织监督制度、新闻监督制度、司法监督制度、立法监督制度、内部监督制度、公众监督制度、弹劾制度，最大限度地控制和减少职务犯罪的发生。殷立红：《论职务犯罪预防》，黑龙江大学 2006 年硕士学位论文。

职务犯罪预防部门应当建议侦查部门作为下一阶段侦查工作的重点领域；另一方面，预防机构通过分析职务犯罪作案手段，可以为检察机关完善侦查策略提供参考。

当然，检察机关作为法律监督机关的性质决定了它可以采取的职务犯罪预防措施是有限的。对行政机关及其公职人员的一般违法行为的监督，属于行政监察等机关的职能。铲除职务犯罪滋生的土壤，主要依靠党委、人大和政府承担，在这种情况下，检察机关开展职务犯罪预防，在很大程度上依赖于检察职能与行政职能、立法职能的对接。现行的预防职务犯罪方式，主要关注制度的执行过程，较少关注引起职务犯罪发生的源头。如果职务犯罪预防仅仅把重点放在具体的执法活动与公共管理活动上，不仅会导致侦查与预防功能局部冲突，而且会在一定程度上弱化职务犯罪预防维护法律秩序的整体效果。以局部的、有代表性的职务犯罪规律，归纳出完善制度、推进立法的建议，在全国范围或者至少在本地区范围内推进某个执法领域或者执法环节的制度完善，应当作为检察机关职务犯罪预防的重要任务。

在俄罗斯，联邦检察机关没有立法提案权，但是，各级检察长在履行职责过程中，认为有必要完善现行法律文件，有权向同级或下级立法机关以及拥有立法提案权的其他机关提出修改、补充、废止或通过法律和其他规范的建议。① 我国检察机关，仅最高人民检察院有提出立法议案的

① 刘向文、宋雅芳：《俄罗斯联邦宪政制度》，法律出版社 1999 年版，第 276 页。

权力，地方检察机关没有这项权能。这并不影响检察机关在完善法制方面发挥重要作用。我国各级人大和政府，无论是否有立法权，都拥有规范性文件制定权。对于具有地区特点的职务犯罪防范的问题，任何一级检察院都可以直接向同级人大或者政府提出制定或完善规范的建议；对于影响范围超出本地区的问题，可以通过上级检察院向有关机关提出制定或完善规范的建议。

第二节　检察机关直接监督行政
行为的可能性分析

检察机关能否对所有的行政行为进行监督，或者应当在多大范围内对行政行为进行监督，几乎是研究行政检察制度不可回避的话题。但是，行政权需要监督本身并不能当然推出将监督权赋予检察机关的结论。由于检察机关直接监督行政行为缺乏法律规范的支撑，目前尚不具备全面、具体、准确地研究检察机关监督行政行为的范围的条件。因此，我们在这一节基于对地方实践探索的概括，梳理行政行为可否接受检察监督的考量因素，分析有可能作为检察监督对象的行政行为的范围。

一、检察机关监督行政行为的地方探索

过去的实践中，一些地方检察院结合办案，通过向行政机关发检察建议等方式审慎地对行政行为与行政不作为进行探索性的监督。个别地方检察院成立了旨在监督行政

行为与行政诉讼的行政检察部门。有的地方人大制定了检察机关可以对行政活动进行监督的法规，有的由检察机关和政府部门签署了文件。总体来看，这些规定大多以现行法律规定为基础，并没有脱离检察机关的法定职权范围。也有个别地方性法规明确授予检察机关监督行政执法行为的职权。例如，1997年安徽省人大常委会根据行政处罚法制定的《安徽省行政执法监督条例》第6条规定："行政执法活动依法受人民法院的审判监督、人民检察院的检察监督。"

一个别具特色的立法例是2011年宁夏回族自治区人民政府、宁夏回族自治区人民检察院《行政执法工作与检察监督工作相衔接的若干规定》。从效力层级上讲，检察机关和同级政府会签的文件的效力低于同级人大常委会制定的法规。但从实际效果来看，也有积极的一面，它宣示了政府对检察机关监督行政的一种积极态度。相比检察机关与数个乃至数十个政府部门一个个地会签文件，检察机关与同级政府共同签署文件更有效率。

不仅如此，宁夏回族自治区《行政执法工作与检察监督工作相衔接的若干规定》在检察机关直接监督行政行为方面也有所突破。其中第25条规定："人民检察院在检察监督工作中发现行政执法机关有下列情形之一的，可以发出《检察建议书》：……（三）对行政管理相对人的行为应当给予处分、行政处罚的……行政执法机关应当自收到《检察建议书》之日起十五日内，书面答复人民检察院。"第26条规定："人民检察院在检察监督工作中发现行政执法机关作出的行政处罚、行政强制措施、行政审批决定具有下列情形之一的，可以向作出具体行政行为的行政执法机关发出《纠正违法通知书》予以监督：（一）主要证据不足的；（二）适用法律、法规、规章错误的；（三）违反法定程序的；（四）超越职权的；（五）滥用职权的；（六）行政执法机关侵犯公民、法人和其他组织人身权、财产权的。行政执法机关应当自收到《纠正违法通知书》之日起十五日内，书面答复人民检察院。"

我们应该如何评价宁夏回族自治区的做法？由监督者与被监督者签署文件推动监督，严格说来也许不符合法治精神，它给人一种政府同意就监督，不同意就不监督的印象，甚至有人会说它弱化了检察监督维护法制统一的功能。但它也给我们以新的启示。在当前检察机关直接监督行政行为缺乏法律依据，而法治政府建设又迫切需要行政权接受全方位有效监督的情况下，它不失为一种务实的选择。同时，这样的做法也给我们留下了一些思考。比如，检察院对违法的行政处罚、行政强制措施、行政审批决定进行监督与行政复议、行政诉讼之间的关系究竟应该如何界定？是否需要确定先后顺序？都有待我们在今后的研究中去回答。

除宁夏回族自治区之外，吉林省检察机关也开展了行政检察的实践探索。2011 年 7 月，吉林省检察院设置行政检察处，从事行政诉讼监督、行政执法活动监督、督促或支持起诉等职能。还有一些检察院开展了同步监督行政执法活动探索。

二、行政行为是否接受检察监督的考量因素

在公权力运行的保障机制中，检察监督只是整个监督

体系中的一环。检察制度的完善应当服从于整个公权力监督体系的高效运行，服务于国家和社会。公权力监督体系的完善，又要服从、服务于国家和社会的需要。这也决定了监督资源的配置总体上是结构调整，而不可能无休止地增加资源配置，而检察监督并不是成本最低的监督。确定检察监督可以介入的领域，既要符合国家制度的选择，又会受到检察机关的整体能力、职业操守、执法状况的影响。

（一）检察机关监督行政行为与行政监察监督的关系

1997 年行政监察法规定，"监察机关是人民政府行使监察职能的机关，依照本法对国家行政机关及其公务员和国家行政机关任命的其他人员实施监察。"该法第 18 条第 1 款第（1）项规定，监察机关履行"检查国家行政机关在遵守和执行法律、法规和人民政府的决定、命令中的问题"的职责；第 23 条第（2）项规定，"本级人民政府所属部门和下级人民政府作出的决定、命令、指示违反法律、法规或者国家政策，应当予以纠正或者撤销的"，行政监察机关根据检查、调查结果，可以提出监察建议。据此，我们可以得出两个结论：一是行政监察机关有权对行政行为的合法性进行监督；二是行政监察机关无权直接纠正违法的行政行为，只是拥有建议权。行政监察机关的这种建议权不能当然排斥检察机关作同类监督。如果同时赋予检察机关建议纠正或者撤销违法行政行为的职能，理论上并不侵蚀行政监察机关的职权。但是，在设计检察制度时，应当避免检察机关与行政监察机关发生职能冲突。除非有法律的特别授权，检察机关不宜专门、主动地调查、了解行政机关的一般违法行为，而是应当遵循法律授权履行职责。检察机关在履行法定监督职责中发现行政行为违法应当予以撤销或者纠正的，或者发现需要启动相应的行政程序的，应当及时移送有关机关。

行政监察权在性质上属于行政权。行政监察行为是行政监察机关适用法律、运用政策处理具体案件的活动，是否应当接受检察监督？这个问题鲜有提及。从技术上讲，行政监察职能是所有行政职能中与检察机关职能最为类似的一部分。从内容上讲，行政监察决定往往关涉公职人员的公民权保障，同样需要监督。但在如今纪检与监察合署办公的情况下，检察机关监督行政监察活动几无可能。落实中央关于纪检监察机关及时移送涉嫌犯罪案件的规定，落实宪法关于检察机关依法独立公正行使职权的规定，是优化检察权与行政监察权之间关系的较为可行的选择。

（二）检察机关监督行政行为与行政诉讼的关系

由检察监督资源的有限性所决定，检察机关不可能完全同步地了解各个行政领域的执法情况。因此，检察机关即使可以监督行政行为，其案件来源也需要依靠公民、组织的举报、控告、申诉。如果行政行为的确侵犯了某个公民、组织的合法权益，即使它符合行政目标，也不损害公益，有关公民、组织可以依法提起行政诉讼。但是，对于检察机关而言，并不是行政行为违法了就必须由它监督。只要行政相对人提起了行政诉讼，或者接受了这样的现实，又不损害公益，检察机关通常没有必要对行政行为进行直接监督。不然，就会影响公众对国家权力体系的信任。从这个角度讲，检察机关对行政行为进行监督应当以尊重公民、组织处分权为前提。

当然，行政机关如果对公民、组织的无理要求做无原则地让步，损害国家和社会公益，或者导致行政相对人从国家和政府那里得到了他（它）依法本不应该得到的利益，检察机关应当予以监督，即使这种监督可能让政府和相对人双方都不满意。

（三）检察机关监督行政行为与行政复议的关系

行政复议是公民、组织认为具体行政行为侵犯其合法权益，向行政机关提出行政复议申请，行政机关受理行政复议申请、作出行政复议决定的制度。行政复议制度的基本功能在于防止和纠正违法或者不当的具体行政行为，保护公民、组织的合法权益，保障和监督行政机关依法行使职权。行政复议程序根据公民、组织的申请启动。它既是一种行政系统内部的监督制度，又是一种权利救济制度。有人主张，法律应当授权检察机关对行政复议实行法律监督，像它监督行政诉讼一样。事实上，行政复议与行政诉讼虽然具有极为类似的功能，但是二者又有明显的区别。

行政复议属于行政系统内部监督制度，既解决行政行为的合法性问题，也解决行政行为的合理性问题；而行政诉讼属于行政系统外部的监督制度，只能解决行政行为的合法性问题，不能解决行政行为的合理性问题；检察机关即使可以监督行政复议，也只能监督其中的合法性问题。

行政复议往往不是最终的法律救济程序。公民、组织不服行政复议决定，还可以向法院提起行政诉讼。既然还有行政诉讼这条法定渠道，公民、组织就没有必要寻求检察机关的救济。因此，即使法律规定检察机关可以对行政复议进行监督，也不应该定位于救济个体权利，而是应当定位于保护公共利益。如果按照这个思路进行制度设计，修改行政复议法时可以考虑规定，检察机关对生效的行政复议决定实行事后的法律监督。

三、行政行为成为检察监督对象的可能性分析

由行政权的广泛性所决定，即使法律授权检察机关对行政行为进行监督，也不可能是对所有行政行为进行监督。哪些行政行为可以纳入检察监督范围，哪些不适合纳入检察监督范围？应当借助一定的分类方法进行分析。

（一）基于传统分类的行政行为可监督性分析

关于行政行为，行政法学中有多种基于不同标准的分类，① 其中有些分类方法对我们研究的问题具有借鉴意义。为了增强本书内容的针对性，此处不再过多重复行政法学理论的内容。

其一，对裁量行为与羁束行为进行监督的可能性分析。裁量性的行政行为，或者行政行为当中具有裁量性质的内容，不宜作为检察监督的对象。羁束性的行政行为，或者行政行为中具有羁束性内容的部分，作为检察监督的对象在理论上具有可能性。

---

① 应松年主编：《当代中国行政法》，中国方正出版社 2005 年版，第 518－533 页。

其二，对抽象行政行为与具体行政行为进行监督的可能性分析。抽象行政行为不是为特定的公民、组织直接设定权利义务，而是一种可反复适用的规范，其内容一般具有较强的政策性、裁量性，其行为主体是层级较高的行政机关，检察机关开展监督的难度较大。具体行政行为特别是行政执法行为，行为主体为各级行政机关，行为内容清晰明确，主要是为公民、组织创设、变更、取消法律上的权利义务关系，其合法性判断标准相对清晰，相对容易监督，但这类行为属于行政诉讼的对象，如果将这类行为同时作为检察监督对象，会在一定程度上出现检察监督与行政诉讼功能的重叠。

其三，对内部行政行为与外部行政行为进行监督的可能性分析。内部行政行为只能适用于内部行政关系，只对行政行为内部产生法律效力。内部行政行为确定的行政关系，在行政法上往往属于特别权力关系或者准特别权力关系，相对于外部行政关系而言，它的法治化程度较低。但是，行政系统的内部关系往往成为发生职务犯罪的诱因。因此，检察监督尽管是行政系统之外的主体实行的法律监督，但在实践中检察机关经常结合办案对行政机关的内控制度提出建议。外部行政行为事关公共利益，事关公民、组织权益，属于行政法规制的重点，但是，行政法已经通过行政程序、行政复议与诉讼等制度设计建立起一套约束外部行政行为的规范和制度体系，检察机关即使可以对外部行政行为进行监督，也应该是一种补充性的制度。

（二）重建检察"一般监督"制度的可能性分析

从历史上看，新中国检察机关创建之初就将检察机关定位于法律监督机关。在规范层面，曾经出现过关于检察机关对行政机关及其工作人员实行"一般监督"的规定。1954年人民检察院组织法关于行政检察职能的规定有：最高人民检察院对于国务院所属部门、地方各级国家机关、国家机关工作人员和公民是否遵守法律，行使检察权；地方各级人民检察院对于地方国家机关的决议、命令和措施是否合法，国家机关工作人员和公民是否遵守法律，实行监督；发现国家机关工作人员违法，人民检察院应当通知其所在机关纠正，若已构成犯罪，由检察院追究刑事责任。但是，在当时公职人员法律观念普遍淡漠的情况下，检察机关不仅未能真正履行对行政权的"一般监督"职能，反而招致了检察机关被取消的命运。

与当时的情况不同，上个世纪末以来，国务院出台了一系列文件推动依法行政和法治政府建设。例如，《关于全面推进依法行政的决定》、《全面推进依法行政实施纲要》、《关于加强法治政府建设的意见》等。在国务院的积极推动下，我国各级政府官员的法律观念、接受监督的意识空前提高。如果说当年的"一般监督"没有存续下去主要是由于当时缺乏检察权监督行政权的社会思想基础的话，现在，这种社会思想基础已经具备了。但这并不足以得出检察机关可以行使"一般监督"职能的结论。因为，新中国成立之初，法律规范体系相当简单，而今天，随着社会主义法律体系的建成，行政法律已经成为一个庞大的规范体系，检察机关没有能力承担起对所有违法行政实施监督的责任。

（三）行政行为的裁量性与检察监督的可能性

行政行为具有一定的层次性。从行为主体来看，从国务院到乡镇人民政府都可以作出行政行为。从行为内容来看，既有适用于全国的行政法规和行政规章，又有只适用于某一特定相对人的行政决定。借鉴行政法学中将行政行为分为行政立法行为、行政执法行为与行政司法行为的做法，我们将行政行为分为行政立法与行政决定，将行政决定分为裁量性行政决定与羁束性行政决定。

其一，检察机关对行政立法实行法律监督的可能性分析。有学者认为，检察机关作为法律监督机关应当对宪法的实施进行监督。事实上，现行宪法明确的宪法实施监督机关是全国人大及其常委会。将来即使修改宪法，检察机关能否承担起监督宪法的重任，令人怀疑。在整个法律体系中，行政立法占比较大，效力低于全国人大及其常委会制定的法律。因此，所有行政立法均不得与法律相抵触。过去的实践中，行政立法突破上位法的情况经常出现，于是有人认为检察机关应当对行政立法进行监督。事实上，对行政立法行为进行监督是必要的，但是并不一定必须由检察机关来进行监督。随着行政立法的公开化程度越来越高，现在，公众对行政立法合法性、正当性的关注，国家立法活动的公开程度，超过以往任何一个时期，而信息技术的普及应用已经为公众监督行政立法提供了可能性。不仅如此，全国人大常委会法工委和国务院法制办已经分别设置了法规审查备案室、法规规章备案审查司。前者的职责是：对于国务院、最高人民法院、最高人民检察院、地方人大、中央军委提出的审查要求，以及公民、组织提出的审查建议，进行先期研究，确认是否进入启动程序，然后交由各专门委员会进行审查。后者的一项重要职责是：承办地方性法规、地方政府规章和国务院部门规章的备案审查工作，根据审查情况提出处理意见，即审查前述文件是否与宪法、法律或行政法规抵触。这表明，检察机关只需要在发现行政立法存在违反上位法的情形时提请审查，无需将对行政立法的监督作为一种专门的检察职能。

其二，检察机关对裁量性行政决定进行监督的可能性分析。裁量性行政决定，通常是指行政决策，是行政机关为实现行政目标，采用一定的科学方法和手段，通过分析、比较，在若干个方案中选择一个较优方案的分析判断过程。行政决策是行政管理的主要方式。从依据来看，行政决策常常没有也不需要法律作为支撑。从内容来看，行政决策往往不直接为特定公民、组织创设义务，而是表现为配置公共资源、提供公共服务，或者决定配置公共资源、提供公共服务的规则。行政决策具有很强的裁量性、政策性。正因为如此，行政决策环节受法律规制的程度很低，已有的规则也主要是从程序上进行规制。事实证明，仅仅凭借程序规制无法保障行政决策的公正性。实践中一些引起公众强烈不满乃至引起群体性事件的行政决策，往往是通过规定的程序作出的。如何通过法律规制保障行政决策在实体内容上符合社会公平正义的要求，是行政法学尚未攻克的疑难问题。由于评价行政决策的标准比较复杂，检察机关对它进行监督存在很大困难，除非某一行政决策明显违背常理、常规，或者损害了国家与社会公益。

其三，检察机关对羁束性行政决定进行监督的可能性分析。羁束性行政决定必须遵循法律授权，创设、变更、消灭权利义务关系必须有明确依据。因此，对羁束性行政决定进行评价、监督的标准比较清晰。检察机关对羁束性行政决定进行监督在理论上具有可能性。但是，法律已经创设了行政复议、行政诉讼等兼具监督与救济功能的制度，由检察机关对行政行为进行直接监督以保障个体利益的现实意义不大。但是，现行的行政复议、行政诉讼制度旨在保障个体权益，并没有为公共利益保护提供足够的空间。而行政决定常常关涉国家和社会公益，可以考虑由检察机关对损害国家和社会公益的羁束性行政决定进行监督。

四、检察机关监督行政行为的方式

检察机关监督行政行为的方式，不仅可以表明检察监督的强度，而且可以反映出监督的实际范围。没有一定的监督方式作为载体，检察监督职能将无法履行。有关检察机关直接监督行政行为的方式，本书在相应的各章节会作详细分析，此处仅作简要说明。

（一）检察建议

在我国检察制度史上，检察机关曾经拥有的"一般监督"职权，其基本监督方式是检察建议。在俄罗斯，检察机关监督行政行为的主要方式也是向行政机关提出建议。检察建议不直接对被建议对象产生约束力，符合检察机与行政机关之间的职能分工，具有程序简便等特点。同时，检察建议也存在规范化程度不高等缺点。对于涉及公益与私益存在冲突的行政行为，一旦出现了争议，最好通过诉讼程序解决。因此，尽管检察建议在效率上远远优于行政复议、行政诉讼程序，但仍然不能动摇行政复议、行政诉讼作为监督行政行为主要制度的地位。

对于未进入复议程序、内容损害国家和社会公益的行政决定，未进入诉讼程序、内容损害国家和社会公益的行政复议决定，可以考虑由检察机关根据公民、组织的举报进行调查，在查证属实的基础上建议行政机关予以纠正。对于未进入诉讼程序、损害个体合法权益的行政执法决定、行政复议决定，相对人向检察机关申请监督的，检察机关应当建议该权利人依法申请复议或者提起行政诉讼。行政相对人因错过申请行政复议、提起行政诉讼的期限而申请检察机关监督的，检察机关可以提出检察建议，是否变更或者撤销，由行政机关决定。

（二）启动旨在维护公益的诉讼

与个体权益争议需要通过诉讼解决一样，行政执法中公益与个体权益发生冲突又无法通过协商方式合理合法地解决，较为恰当的方式是通过诉讼解决。

其一，检察机关直接提起行政公诉。虽然目前没有法律规定，也没有检察机关的实践探索，但是，自行政诉讼法施行后不久，就有学者研究这一问题，寄望于检察机关承担起通过提起行政诉讼维护公益的使命。持这种观点的学者大多认为，虽然行政公诉不应该作为实现和保障公益的主要方式，但是，检察机关提起公益诉讼作为维护公益的一种补充的法律手段，可以考虑。检察机关提起行政公益诉讼，直接针对侵犯公益的行政行为，是对行政行为的直接监督。

其二，检察机关督促行政机关依法提起旨在维护公益的民事诉讼。近年来，一些地方检察机关开展了督促起诉的试点。主要是督促行政机关及其他公共部门通过提起民事诉讼维护国家和社会公益。从诉讼的角度看，这类案件是民事诉讼案件，但从公法的角度看，检察机关督促的对象都是负有公法上义务的公共部门，主要是负有国有资产监督管理、资源监管等职能的行政机关。因此，督促行政机关提起民事诉讼实质上是一种监督行政的制度安排。

有关检察机关督促行政机关提起诉讼、检察机关提起行政公诉的问题，本书第八章将专门予以分析，此处不再赘述。

第六章　行政诉讼检察监督

　　检察机关对行政诉讼实行法律监督是我国行政诉讼法规定的一项基本原则。它曾经和民事诉讼检察监督一起受到质疑。而且，由于法律规定不具体等原因，检察机关在过去的实践中并没有全面履行行政诉讼监督职责，而是基本上将行政诉讼检察监督等同于行政抗诉。表面上看，行政诉讼检察监督体现的是检察机关与审判机关之间监督与被监督的关系。事实上，其中蕴含了对检察机关监督行政机关依法参加、参与行政诉讼的授权。从这个角度讲，行政诉讼检察监督规则不仅限于检法关系，而是涉及行政诉讼中审判、检察、行政三种公权力之间的相互关系。将来，检察机关应当如何全面履行行政诉讼监督职责，有待修改行政诉讼法时予以明确。为此，本章分别探讨行政诉讼检察监督的根据、对象和方式。

第一节　行政诉讼检察监督制度存在的根据

　　在西方国家的司法与诉讼制度中，没有关于检察机关监督行政诉讼的内容。有学者因此对我国行政诉讼检察监督的制度合理性与必要性提出质疑，认为行政诉讼检察监督不仅会影响司法审判的权威性，影响法院判决的执行力，而且与1989年行政诉讼法第7条规定的"当事人在行政诉讼中的法律地位平等"原则存在冲突，主张取消行政诉讼中的检察监督制度。因此，我们有必要分析行政诉讼检察监督制度存在的根据。

一、创设行政诉讼监督制度的目的

在我国，行政诉讼制度的产生最早可以追溯到旧中国南京临时政府时期。新中国成立后，1949年《中国人民政治协商会议共同纲领》第19条、1954年宪法第97条规定了公民（人民）控告任何违法失职的国家机关工作人员的权利。1982年宪法第41条将这种权利扩大为，"对于任何国家机关和国家工作人员，有提出批评和建议的权利；对于任何国家机关和国家工作人员的违法失职行为，有向有关国家机关提出申诉、控告或者检举的权利"。同时，宪法和法律还将保护公民控告权的职责赋予检察机关，主要是追究职务犯罪。但是，由于缺乏具体制度支撑，宪法的有些相关规定长期停留在文本上。1982年《民事诉讼法（试行）》第3条第2款规定："法律规定由人民法院审理的行政案件，适用本法规定。"据此，公民、组织取得了依法向法院控告行政机关违法的权利。行政法学理论认为，"《民事诉讼法（试行）》的规定，具有重大意义，它是我国行政诉讼制度正式建立的标志。它使我国有关宪法的原则性规定得以落实，撤销或者纠正违法的行政行为成为现实。"①
1986 年民法通则第 121 条规定："国家机关或者国家机关工
作人员在执行职务中，侵犯公民、法人的合法权益造成损
害的，应当承担民事责任。"这一规定"使得公民、法人及
其他组织提起行政诉讼具有了真实的意义"②。

　　法律规定，法院所作的行政裁判对行政机关具有约束
力，行政机关必须执行。为什么还要创设行政诉讼监督制
度？透过应松年教授 1988 年发表的论文，可以大致看出当
时创设行政诉讼检察监督制度的立法意图。"对于行政审判
活动中产生的问题，例如，应该受理的行政案件不予受理，
不应受理的案件却予受理，屈服于外界压力或诱惑，作出
不公正的判决或裁定，以及违反诉讼程序的规定进行审判
等等，人民检察院都应当进行监督。"③

　　二十多年前，行政诉讼作为以司法审判权制约行政权
的制度在中国得以确立，是国家民主政治向前迈出的一大
步。该制度得以生存延续需要相应的社会环境。行政诉讼
制度创设之初，并不完全具备保障法院依法独立公正行使
审判权的社会思想基础。具体地说，立法者创设行政诉讼
监督制度出于以下考虑：

　　其一，补强司法审判的公信力。在我国两千多年的封
建社会里，审判权附属于行政权，没有以审判权监督制约

---

　　①　应松年主编：《行政诉讼法学》，中国政法大学出版社 1994 年版，第
41 页。

　　②　应松年主编：《行政诉讼法学》，中国政法大学出版社 1994 年版，第
41 页。

　　③　应松年：《行政诉讼的基本原则》，载《政法论坛》1988 年第 5 期。

行政权的文化积淀。研究制定 1989 年行政诉讼法时，对于建立行政诉讼制度，一些行政官员难以接受。

行政诉讼制度得以存在并发挥监督行政的功能的前提是，国家拥有能够与行政机关相抗衡的法院系统。然而，我国法院在 1982 年《民事诉讼法（试行）》颁行前从不审理行政争议。1989 年行政诉讼法颁行前依据 1982 年《民事诉讼法（试行）》审理的行政争议案件数量也不多。当时法院从事行政审判既没有经验，也没有相应的制度保障。人们对于法院能否承担起监督行政的重任心存疑虑，立法者寄望于通过创设行政诉讼检察监督制度，以审判权、检察权的双重作用实现监督行政权的目的。

其二，增强公民、组织行使行政诉权的制度保障。行政诉讼虽然是以审判权监督行政权的制度，但它又不纯粹属于审判权监督行政权的制度设计。行政诉讼由公民、组织启动，它归根结底是社会力量通过司法途经约束行政权的制度。因此，行政诉讼"只有在一定的民主土壤才能生长"。可是，"我国几千年的封建社会，从来官与民都处于极不平等的地位，总是官管民。老百姓受了再大的委屈，也不敢去告官"，① 是一种比较普遍的社会心理。

目前，国家市场经济体制已经确立，但是行政机关仍然掌控着大量的公共资源、拥有很少受到限制的裁量权，公民、组织面对行政机关会担心赢了官司、输了关系。一些法院和审判人员担心秉公审理行政诉讼案件可能招致行

---

① 应松年：《民能告官吗？——谈尽快制定我国的行政诉讼法》，载《民主与法制》1987 年第 11 期。

政机关"公事公办"。立法者希望通过行政诉讼检察监督来保障公民、组织有效行使诉讼权利，约束行政机关依法接受审判权的监督。实践中，确有一些行政诉讼被告明知自己的行为违法，为了避免败诉，给原告施加压力迫使其撤诉，或者以无原则让步换取原告撤诉。有些法院迫于行政机关的压力，对于公民、组织提起的行政诉讼不接收材料，或者接收材料后不出具收据、不作受理裁定。保障原告能够将行政争议顺利地提交到法院，是检察机关应当承担的一项重要职责。

二、行政诉讼监督制度继续存在的现实根据

如前所述，行政诉讼检察监督制度随着1989年行政诉讼法制定而确立，当初是为了有效排除对行政审判的非法干预。二十多年来，政府依法行政水平有了很大程度的提高，法院的行政审判能力、行政裁判的公信力都有空前提升。同时，公民、组织通过诉讼维护自身合法权益的能力显著提高。例如，有的公民、组织为敦促法院依法受理行政诉讼案件，在向法院提交起诉状时进行同步录音录像作为将来申请上一级法院监督下级法院受理、立案的证据。可以说，行政诉讼检察监督补强行政审判公信力的必要性已经不如1989年制定行政诉讼法时那么迫切。但这并不意味着行政诉讼检察监督可以退出历史舞台。

其一，弥补行政审判体制之不足。中国社会正处于转型期，虽然社会主义市场经济体制已经形成，但市场经济初期特征仍然十分明显，社会利益格局急剧变化，利益冲

突增多。一方面，随着依法行政的推进，行政活动的法治化、规范化程度逐步提高。另一方面，政府促进社会发展、防范经济风险的压力空前增加，一些新的行政政策、行政措施相继出现。有些行政行为，公共利益、个体利益与政府利益相互交织、盘根错节，容易引起争议，一旦无法通过法定程序解决，往往容易引发群体性事件或者诱发刑事犯罪。有些行政争议，法院依法审理存在诸多困难。行政审判面对的不只是政府的某个部门，而是为法院提供经费保障的各级政府及其所属部门。客观地看，二十多年前影响法院依法独立公正行使行政审判权的体制性障碍仍未消除，① 行政诉讼被告不应诉、不履行诉讼义务、利用掌控公共资源等优势给法院判决施加压力的情况仍然时常出现。法院和公民、组织都还没有获得与政府完全平等抗衡的武装。在这种情况下，仍然需要一系列制度为行政审判排除干扰。

---

① 主要表现为"各级法院行政审判庭的地位太低，不利于行政审判工作的开展"；"时至今日，法院沿用的仍然是计划经济时期的以行政等级为标志的体系。有的被告行政机关由于具体行政行为被撤销，便对主管工作撒手不管，归咎于法院；有的被告以集体辞职的方式来给法院施加压力"；"行政级别的极其悬殊很难保证行政审判工作的公平与效率"。行政诉讼案件立案难、审理难、执行难的问题普遍存在。一些地方制定土政策，明令法院不得受理，致使公民、组织告状无门；有的地方要求法院降低审级就地消化；有的地方领导动辄将法院受理行政案件上升到"政治立场、大局意识"的高度禁止立案；有的地方为了规避行政诉讼，以党委名义作出收费、摊派决定；有的地方领导规定行政案件必须经过党政一把手签字才能受理。对于法院受理的行政案件，有的地方领导以"服务大局"的名义对法院裁判提出处理意见，有的行政机关利用职权对原告进行威胁报复。参见江必新：《中国行政诉讼制度的完善——行政诉讼法修改问题实务研究》，法律出版社 2005 年版，第 7 – 10 页。

　　其二，维持行政诉讼基本秩序。由行政诉讼的特点所决定，检察机关在行政诉讼中应当承担起维护诉讼基本秩序的使命。维护诉讼基本秩序，不是说行政诉讼秩序基本上依靠检察机关来维护，而是说检察机关的监督应当着眼于行政诉讼中事关司法公正的关键环节。行政诉讼检察监督是对行政审判活动、行政诉讼被告履行义务、行政裁判合法性的全面监督，而不是单纯针对行政审判活动进行监督。行政审判的公正性需要一定的监督制度作为保障。随着民主政治的发展和社会观念的进步，法院独立审判的理念日渐深入人心，行政审判的地位正在逐渐提高，行政机关对于行政审判也开始逐步从对抗走向沟通，防止行政审判不公也就越来越显现出其重要性。新的形势下，法官受到的压力小了，诱惑多了。[①] 公众和舆论对公共机构监督的能力虽较以前有显著提高，但仍然有限。社会经济的发展培育了一批强势群体，他们已经具有影响行政权乃至审判权的力量。可以说，在行政诉讼中，尤其是涉及国家利益或者公众利益的行政诉讼中，公民、组织并不总是弱势群体。行政机关具有随时干预行政审判权的诸多条件。检察机关监督行政诉讼有利于规制各方正当行使国家赋予的权力，善意行使诉讼权利。

　　其三，保障法律在行政诉讼中统一正确实施。从世界范围来看，"法制统一"是取得普遍共识的重要法治理念之

　　[①]　全国人大代表、浙江省高级人民法院院长齐奇接受采访时说，"有的法官，私人电话特别多，8 小时以外，赶饭局特别忙。"参见《浙江高院院长：法官饭局太多该敲打》，载《钱江晚报》2010 年 3 月 12 日。

一。1989 年行政诉讼法规定，法院审理行政案件，以法律、行政法规、地方性法规为依据；审理民族自治地方的行政案件，并以该民族自治地方的自治条例和单行条例为依据；参照国务院部、委根据法律和国务院的行政法规、决定、命令制定、发布的规章以及省、自治区、直辖市和省、自治区的人民政府所在地的市和经国务院批准的较大的市的人民政府根据法律和国务院的行政法规制定、发布的规章。① 行政审判法律依据的多层次性决定了保障法制统一的复杂性。地方法规、行政规章虽然都是立法主体在法定范围内制定的，但是，地方性法规在符合法律的前提下往往体现地方特点和地方利益。检察监督基于全国人大及其常委会制定的法律、国务院制定的行政法规，可以在一定程度上纠正行政审判中选择适用法律规范的偏差。

同时，我们也有必要理性地看待行政诉讼检察监督的作用。检察官与法官、行政官员一样，都属于国家公职人员，都身处"官场"，属于同一个社会阶层。近年来一直有学者在探寻以私权利约束公权力的路径。从西方法治经验来看，社会公众对公权力的监督是有效制约公权力不可忽视的重要因素。行政诉讼检察监督应当寻求与公众监督相互契合，而不是相互排斥。

---

① 1989 年行政诉讼法第 52 条、第 53 条。

第二节　行政诉讼检察监督的对象

三大诉讼监督之间的差异首先表现为监督对象、监督范围不同。三大诉讼法均规定，人民检察院对诉讼实行法律监督。众所周知，现代检察制度是推行刑事司法公正的产物，检察机关在刑事诉讼各个环节都扮演着重要角色。就此而言，行政诉讼与民事诉讼更为类似，一审、二审程序在原被告双方参加、法院主导之下进行，以解决行政行为或者行政不作为引起的争议，检察机关在一审、二审程序中通常不具有诉讼法律地位。如果说，检察机关作为公共利益代表参加到行政诉讼中去，行政机关实际上也是公益的代表，只不过它代表的公益引起了争议。检察机关在行政诉讼中究竟应当监督什么？1989 年行政诉讼法颁行以来，司法实务部门对此一直没有作出全面系统的解释。过去，检察机关的行政诉讼监督实践，在监督范围和方式上，与民事审判检察监督几乎没有区别。表现在：一是民事检察机构同时承担行政检察职能；二是对行政诉讼的监督局限于抗诉，基本没有开展针对行政诉讼被告的监督；三是在研究诉讼监督时，把民事与行政混在一起进行分析，忽视了二者的内在差异。

关于行政诉讼检察监督范围，主要有以下观点：第一种，认为检察机关作为国家法律监督机关，对行政诉讼监督的范围不应受任何限制。① 第二种，认为应当以三个标准界定检察监督范围：从客体看，检察机关对被诉具体行政行为的合法性以及行政诉讼活动的合法性都有权进行法律监督；从主体看，检察机关对法院和行政诉讼参与人都有权进行法律监督；从时间看，检察机关有权对行政诉讼的整个过程实行法律监督。② 第三种，认为对检察机关参与行政诉讼的范围给予适当的限制是必要的。③ 行政检察如果没有范围的限制，就等于没有范围。如果检察监督范围可以不受限制，对检察机关从哪些方面、如何进行监督不作规定，将导致检察机关无所适从，不能发挥监督作用。④ 第四种，认为检察机关应当主要对法院的审判活动是否合法实行法律监督。如果检察机关认为有必要，可以对判决结果提出抗诉；发现审判中有枉法行为并已构成犯罪，检察机关在提出抗诉的同时，还应当另行立案侦查，作为刑事案件办理。⑤

行政诉讼需要在法院主导、当事人参加下进行。法院依法所作的审判行为具有诉讼法上的效力，法院作出审判

① 张尚鷟主编：《走出低谷的中国行政法学》，中国政法大学出版社 1991 年版，第 518 页。

② 马怀德主编：《中国行政诉讼法》，中国政法大学出版社 2007 年版，第 28－30 页。

③ 罗豪才、应松年主编：《行政诉讼法学》，中国政法大学出版社 1990 年版，第 301 页。

④ 郑全新：《对行政检察的思考》，载《中国行政法学新理念》，中国方正出版社 2001 年版，第 406 页。

⑤ 转引自马原主编：《中国行政诉讼法教程》，人民法院出版社 1992 年版，第 57 页。

行为需要以当事人的诉讼行为为基础。法院的审判行为与诉讼当事人的诉讼行为之间存在一定的互动关系。其中，法院和行政诉讼被告是行使公权力、负有公法义务的主体。因此，行政诉讼检察监督的对象包括法院的行政审判行为、行政判决和裁定的合法性，行政诉讼被告履行诉讼义务的情况。

一、对行政诉讼被告是否履行诉讼义务进行监督

按照我国法律，行政诉讼被告是行使行政职权、履行行政职责的国家行政机关或者法律、法规授权组织。检察机关监督行政诉讼的一个主要目的就是防止行政诉讼被告不遵守诉讼秩序、不履行诉讼义务。因此，检察机关对行政诉讼被告的诉讼活动进行监督的职能既是对诉讼秩序的监督，也是对行政权的约束。

按照现行法律，作为行政诉讼原告的一方当事人是公民、组织，即行政关系中的被管理者，在法院主导下参加行政诉讼。公民、组织违反行政法规范或者违反诉讼义务，分别由行政机关、法院予以相应制裁，无需检察机关监督。相比之下，行政诉讼被告更具有影响法院公正审理行政诉讼案件的能量。过去二十多年的实践已经验证了立法者的远见。1989 年行政诉讼法第 10 条的意图非常明显：通过检察监督，排除行政审判过程中的行政干预和其他非法干预。行政诉讼检察监督，实际承担着监督和保障法院依法独立行使行政审判权的双重责任。按照法律规定，行政诉讼被告不履行诉讼义务，法院应当依法判决其败诉。行政机关

败诉，受损的是国家和社会公益。因此，检察机关在行政诉讼监督中应当把行政诉讼被告是否依法履行诉讼义务作为一项监督内容。同时，检察机关还要对法院依法追究当事人违反诉讼义务的法律责任的情况进行监督；在法院依法行使制裁权不足以排除非法干扰的情况下，检察机关应当依法采取措施为行政审判排除干扰。

实际上，检察机关监督行政诉讼被告履行诉讼义务困难重重。一方面，检察机关的政治地位决定了它难以担当如此重任，面对法院无力排除的干扰，检察机关也会望而却步；检察机关在人、财、物方面同样受制于地方行政机关。另一方面，行政诉讼被告违反诉讼义务与行政监察、职务犯罪侦查程序脱节。法院的审理与判决主要是为了解决被诉具体行政行为是否合法、有效，以及是否撤销、赔偿等问题。实践表明，因国家公职人员职务过错造成国家和社会公益重大损失的情况屡见不鲜，却鲜有玩忽职守案件通过行政诉讼程序进入刑事诉讼程序。检察机关和法院对于行政诉讼中发现的行政违法和职务犯罪，未能做到及时移送、立案侦查。将来修改行政诉讼法，有必要明确审判机关将行政诉讼被告败诉案件、被告违反诉讼义务案件移送行政监察机关，认为有关行政公职人员涉嫌犯罪的，移送检察机关。

根据现行法律，在行政诉讼进行中，检察机关对行政诉讼被告进行监督的对象仅限于行政主体的诉讼行为与诉讼中的不作为，不直接指向被诉行政行为。对于法院正在审理的行政诉讼案件，检察机关的监督措施不能指向被诉具体行政行为的效力问题，而是重点监督行政诉讼被告是否履行诉讼义务。因为被告是否履行诉讼义务，将会直接影响行政诉讼案件的结果。从这个角度讲，履行行政诉讼义务是行政主体履行法定职责的一部分，关系到法律统一正确实施。行政诉讼被告怠于履行诉讼义务的，检察机关可以督促其履行诉讼义务。

二、对行政审判活动合法性进行监督

在西方法治国家，无论是大陆法系还是英美法系，没有关于检察机关对行政审判活动进行监督的制度和做法。法院受理的行政案件如果可能涉及刑事犯罪，法院通常会通知检察机关参加诉讼，由检察官来判断是否存在犯罪行为。当然，基于追诉犯罪的目的参加诉讼并不是对审判权进行监督，而是行政审判与检察追诉权相衔接的制度安排，与我国检察机关依法对行政审判活动进行监督具有本质区别。如果检察机关仅仅对于是否发生了犯罪进行"监督"，实际上等于没有行政诉讼检察监督。

按照我国国家机关职能分工，法院依法行使审判权。在诉讼中，审判活动对于诉讼顺利进行，对于解决争议以及确定权利归属、义务承担、责任追究具有决定性的作用。因此，行政审判活动是行政诉讼检察监督的重点。检察机关对行政审判活动的监督，包括对行政审判过程的监督和对行政审判结果的监督两个方面。对行政审判活动实行法律监督，也是法院依法行使行政审判权原则的要求。1989年行政诉讼法第3条规定："人民法院依法对行政案件独立行使审判权，不受行政机关、社会团体和个人的干涉。"行政诉讼法强调独立审判的重要性，意在明确行政审判权相对于行政权的独立性，以排除行政的不当干预。

对行政审判行为实行法律监督，主要是监督法院是否依据行政诉讼法及其派生规范主导诉讼过程。从这种意义上讲，检察机关对行政审判行为的监督，首先是对审判程序是否合法的监督。公正、合法的裁判，不仅要内容合法，而且应当按照法定程序作出。我国民事诉讼法历来将法院违反特定法定程序作为检察机关针对判决、裁定提出民事抗诉的事由。最高人民检察院的司法解释认为，行政抗诉事由在这方面应当参照民事诉讼法的规定。① 从这种角度讲，对行政审判行为进行监督，也是检察机关依法行使抗诉权的需要。对于申请抗诉案件，检察机关的审查不应局限于生效裁判的内容是否合法，还要审查行政裁判的作出过程是否合法。

当然，并不是所有违反法定审判程序都会影响裁判实体内容的公正性。检察机关无需对所有违反程序作出的判决、裁定提出抗诉。但这并不意味着检察机关可以无视部分不具有抗诉意义的程序违法。遵守诉讼规则是每个法官和每个法院的法定义务，任何违反诉讼程序的行为都应承担相应的法律责任。行政诉讼法规定的检察监督原则的内涵非常丰富，纠正违法的行政审判行为应当作为检察监督的一项基本内容。但是，一方面，追究违法审判法律责任

---

① 最高人民检察院《人民检察院民事行政抗诉案件办案规则》第 37 条第（9）项。

的权力不属于也不应当属于检察机关；另一方面，法律只明确规定了抗诉这一种方式作为当事人和其他利害关系人寻求救济的途径，而没有规定针对行政审判行为的其他监督方式。为全面落实行政诉讼法规定的检察监督原则，保障和监督人民法院依法行使行政审判权，需要建立检察监督与违法审判责任追究相衔接的制度。

三、对行政裁判合法性进行监督

除检察监督原则之外，1989 年行政诉讼法关于行政诉讼检察监督还有一条具体规定："人民检察院对人民法院已经发生法律效力的判决、裁定，发现违反法律、法规规定的，有权按照审判监督程序提出抗诉。"长期以来，抗诉是检察机关对行政诉讼行使监督权的主要方式，行政裁判是检察机关监督的主要对象。根据法律规定，检察机关仅对生效行政裁判行使抗诉权，未生效行政裁判不属于抗诉对象。当初制定行政诉讼法时，这一问题曾经为行政法学者所关注。"在行政诉讼中……是否也可以与刑事诉讼一样，地方各级人民检察院对第一审案件的判决或裁定，认为有错误时，按照上诉程序提出抗诉？"[①] 十几年来，我们也注意到有人提出这样的疑问：为什么法律不授权检察机关对未生效裁判进行抗诉？法律之所以作这样的限制，主要是因为对未生效行政裁判提起抗诉的现实必要性和理论根据不足。

---

① 应松年：《行政诉讼的基本原则》，载《政法论坛》1988 年第 5 期。

从理论上讲，检察机关履行监督职责的前提是审查生效行政裁判的全部，而不能有所遗漏。这是检察机关监督行政裁判的应然范围。但是，对法律统一正确实施的追求，就像追求其他真理一样，只能接近而永远不可能到达。法治的内在要求是将法律普遍适用于所有符合条件的人或者行为、事件。然而，再庞大的国家机器也难以将所有公民、组织的全部行为置于其视野之内。同样，法治行政也要求所有的行政机关及其工作人员依法履行职责，行政机关及其公职人员的所有行为均受法律约束，但是，国家同样没有能力将所有行政机关及其公职人员的活动置于监督机关乃至公众的监督之下。正因为如此，行政诉讼、行政复议都只能是"不告不理"的监督机制。同样，检察机关对行政裁判合法性进行监督的实际范围，应受制于诉讼经济原则。检察监督只是保障司法公正的手段，而不是目的。既然检察机关审查全部生效行政裁判是不可能实现的，那么，检察机关应以哪些生效行政裁判作为审查对象，也就成为一个非常现实的问题。一种最理想但永远不可能实现的选择是，只受理、审查违法裁判，无需受理、审查合法裁判。接近这一理想的方法就是合理地确定受理案件的条件，将尽可能多的不合法裁判纳入检察机关视线的同时，让尽可能多的公正、合法裁判远离检察机关的视野。

与法院审查具体行政行为的合法性以法律法规为依据、参照规章不同的是，检察机关审查行政裁判的合法性，应当主要以法律为依据，对行政裁判适用法规、参照规章的合法性，以及裁判所适用的法规、规章本身的合法性作出判断。在行政审判中，行政诉讼法主要是一种操作流程和程序依据；在行政诉讼检察监督中，行政诉讼法是检察机关判断行政审判行为、行政裁判是否合法的实质性依据。

第三节　行政诉讼检察监督的方式

1989 年行政诉讼法只规定了抗诉这一种监督方式。因为我国行政诉讼制度建立不久，行政诉讼检察监督尚无经验，各种监督形式只能逐步出台。[①] 有学者认为，行政诉讼检察监督方式主要包括：对构成犯罪的审判人员立案侦查、提起公诉；对有违法但未构成犯罪的审判人员向有关机关提出处理建议；对违法的生效行政裁判按审判监督程序提出抗诉；发现行政机关在行政诉讼中有违法行为，建议法院对其采取强制措施；公民、组织合法权益受到具体行政行为侵犯的，可以支持公民、组织提起行政诉讼。[②] 有学者认为，行政诉讼检察监督的方式有参加行政诉讼和提起行政诉讼。前者是指行政诉讼开始后，检察机关认为有必要对诉讼活动实行法律监督，以防止诉讼当事人对国家、社会和个人权益造成侵害，保证法院审理和裁决的合法性。

[①]　马怀德主编：《中国行政诉讼法》，中国政法大学出版社 2011 年版，第 28-31 页。刘天君、周勋：《检察机关对行政诉讼监督方式的完善》，载《人民检察》2006 年第 5 期（上），也认为提起诉讼是检察机关进行行政诉讼监督的一种方式。

[②]　黄杰主编：《行政诉讼法释论》，中国人民公安大学出版社 1989 年版，第 19-20 页。

后者是指对于那些涉及国家、社会重大利益及公民重要权益的违法行政，由检察机关代表国家对违法的行政机关提起诉讼，要求法院追究其法律责任。① 实践中，行政诉讼检察监督主要采用以下方式：对于违法且影响实体公正的行政裁判提出抗诉；对审理行政案件过程中发生的不影响权利归属、义务承担、责任追究的一般违法，提出检察建议或者发纠正违法通知书；极个别情况下，对贪赃枉法、徇私舞弊的法官进行调查或者侦查。

理论界和实务部门围绕行政诉讼检察监督方式多样化进行的探讨和探索，归纳起来不外乎行政抗诉和参加诉讼、提起诉讼、支持起诉、督促履行诉讼义务等。在逐步推动监督方式多样化的同时，更有必要实现检察监督与其他监督相衔接。本书第七章、第八章将专门分析行政抗诉、行政公诉和督促起诉，这里简要探讨检察机关参加诉讼、支持起诉、督促被告履行行政诉讼义务、监督有关法律责任的追究、监督涉嫌犯罪案件从行政诉讼向刑事诉讼移转。

一、参加行政诉讼以保障诉讼依法进行

参加诉讼是根据 1989 年行政诉讼法第 10 条派生出来的监督方式。检察机关参加诉讼，不是以诉讼参加人身份享有诉讼权利、承担诉讼义务，而是参加行政诉讼过程，以了解行政诉讼案件审理的有关情况。与西方法治国家检察官参加行政诉讼意图发现相关行为是否构成刑事犯罪不同，

---

① 孙谦主编：《检察理论研究综述》，中国检察出版社 2000 年版，第 339 –340 页。

我国检察机关参加行政诉讼旨在监督和保障行政诉讼顺利进行，督促行政机关履行诉讼义务。

关于检察机关参加行政诉讼的范围，没有法律规定。这并不意味着检察机关可以参加任何一个行政诉讼案件。检察机关参加所有行政诉讼案件既不可能，也无必要。那么，检察机关应当参加哪些行政诉讼呢？有人认为，应当仅参加涉及重大公共利益的行政诉讼案件。实际上，"重大公共利益"标准等于没有设置标准。由行政行为的特点所决定，几乎所有行政诉讼案件都或多或少地涉及国家和社会公益。

确定检察机关参加行政诉讼的范围，应当考虑检察机关法定职责、保障行政审判顺利进行、督促行政诉讼当事人尤其是被告履行诉讼义务、法院依法独立审判等多重因素。基于此，检察机关可以在两种情况下参加行政诉讼：一是行政诉讼的结果可能影响追究职务犯罪和其他刑事犯罪，法院判决行政机关败诉是否导致行政公职人员构成职务犯罪，判决行政诉讼原告败诉的重大行政处罚案件中原告的行为是否构成犯罪，检察机关有必要在行政诉讼中了解情况，因而参加诉讼。二是行政诉讼当事人或者案外人对于法院能否公正审判案件提出合理怀疑。例如，被告提出管辖权异议没有被接受，可以申请检察机关参加诉讼。

检察机关参加他人提起的行政诉讼，不具有行政诉讼参加人或者参与人身份，在正常进行的行政诉讼中不行使监督权。检察机关认为引起行政诉讼的事实可能涉嫌犯罪时，建议法院中止诉讼程序，依法启动职务犯罪侦查程序或者建议法院将涉嫌犯罪的相关证据材料移送公安机关。

检察机关参加行政诉讼，发现法院违法审判或者行政诉讼被告不履行诉讼义务的，可以提出建议进行劝告或者敦促。

二、支持起诉以保障公民、组织行使诉权

根据 1989 年行政诉讼法确定的基本框架，原告只能是公民、组织，而不能是行政主体。为方便公民、组织行使行政诉权，行政诉讼法规定了受案范围、管辖规则、起诉条件等，要求法院接到起诉状，经审查在 7 日内立案或者作出裁定不予受理。原告对法院不予受理裁定不服，可以提起上诉。2000 年最高人民法院《关于执行〈行政诉讼法〉若干问题的解释》对起诉权的保障作出了更详细的要求，其中第 32 条规定，"人民法院应当组成合议庭对原告的起诉进行审查。符合起诉条件的，应当在 7 日内立案；不符合起诉条件的，应当在 7 日内裁定不予受理。7 日内不能决定是否受理的，应当先予受理；受理后经审查不符合起诉条件的，裁定驳回起诉。受诉人民法院在 7 日内既不立案，又不作出裁定的，起诉人可以向上一级人民法院申诉或者起诉。上一级人民法院认为符合受理条件的，应予受理；受理后可以移交或者指定下级人民法院审理，也可以自行审理。"尽管如此，行政诉讼中"告状难"的问题依然十分突出。

关于检察机关支持起诉的必要性，1989 年制定行政诉讼法时就有学者提出来。"由于行政诉讼中双方当事人中有一方是有权的国家行政机关，被管理者由于各种考虑，常有可能对损害其合法权益的行为不敢提起行政诉讼，还有

一些行政行为，并不损害个别公民的权益，但却使集体甚至国家利益受到损害。人民检察院作为专职的法律监督机构，在行政机关的行为严重损害国家、集体或公民的权益却无人提起诉讼的时候，就应积极干预，主动支持起诉，甚至以自己的名义向法院提起行政诉讼。"① 过去二十多年的实践中，由于法律没有明确规定，检察机关没有将支持公民、组织提起行政诉讼作为一种重要的监督方式。

根据 1989 年行政诉讼法第 10 条的原则授权，在修改行政诉讼法之前，检察机关对法院拒绝符合受理条件的起诉、不按照法定期限受理起诉等可以进行监督。对于违法的不予受理、驳回起诉裁定提出抗诉，实际上也是支持公民、组织提起诉讼。此外，支持起诉还有两种情况：

其一，法院拒绝接收起诉人提交的起诉状和起诉材料，或者接收起诉状和起诉材料后不出具收据，既不受理又不做不予受理裁定。对此，起诉人过去通常无法证明自己提出过起诉。近年来，有些起诉人向法院递交起诉材料时进行同步录音录像，以便将来提交给上级法院或者检察机关。当然，法律不可能对所有起诉人提出这样的要求，我们也不能奢望所有起诉人都这么做。对于法院不接收起诉材料或者接收材料但不出具收据的情况，仍然应当允许起诉人向上级法院提出申诉或者起诉，如果得不到上级法院的支持，可以寻求检察机关支持起诉。

法院拒绝受理起诉的原因是多方面的，如起诉明显不

---

① 应松年：《行政诉讼的基本原则》，载《政法论坛》1988 年第 5 期。

符合法定条件、法院受到行政干预、法律规定不明确，这些都可能导致法院不予受理。因起诉明显不符合法定条件法院没有受理，起诉人寻求检察监督的，检察机关建议起诉人完备起诉条件后再提起诉讼。法院因受非法干预不受理行政起诉的，检察机关宜支持起诉人直接向上级法院提起诉讼。因起诉人提起诉讼的事项是否属于行政诉讼受案范围不明确法院拒绝接收起诉材料的，检察机关可以督促法院先行受理；法院受理后经审查确实不属于行政诉讼受案范围的，依法裁定驳回起诉。

其二，法院受理行政诉讼案件后行政机关或者其他利害关系人威胁、利诱原告撤诉。对此，检察机关支持起诉，主要是向原告阐明行政诉讼各方的诉讼权利义务，撤诉的法律后果；建议法庭不准许原告撤诉；于行政诉讼结束后根据公民、组织申请调查行政机关是否存在打击报复原告的违法行为。

三、督促被告履行诉讼义务以保障公益

合法行政决定是行政主体准确适用法律的产物，或多或少地体现了国家和社会公益。行政主体不仅有义务依法作出行政决定，还有义务依法参加行政诉讼，承担举证责任，证明被诉行政决定合法有效。行政诉讼被告怠于履行诉讼义务的，检察机关应当督促其履行诉讼义务。检察机关"对行政机关在行政诉讼中是否严格遵循行政诉讼法规定的程序，例如，行政机关是否按时应诉，并将答辩书和有关证据、卷宗移交法院，是否按时出庭并遵守法庭秩序，

在人民法院作出不利于行政机关的判决或裁定时，是否依法执行等等，也都可以进行法律监督。"①

　　检察机关长期以来未开展这方面的监督，有着主客观方面的原因。主观上，面对强大的行政系统，各级检察机关均有畏难情绪。客观上，国家法律制度不完善，尤其是关于监督被告履行诉讼义务的方式、责任不明确，制约了检察监督职能的发挥。

　　在法律授权不明确的情况下，检察机关应当运用现有法律手段包括柔性监督手段，开展对行政诉讼被告履行诉讼义务的监督。对于不履行诉讼义务的被告，检察机关应当"把违法者的情况告诉监察部门或者行政机关的上级机关，并建议给予一定的行政处分"②。将来修改行政诉讼法，有必要明确检察机关监督被告履行诉讼义务的方式。

四、监督违法行政与违法审判责任的落实

　　检察机关开展诉讼监督，不具有直接为被监督者设定义务、确定责任的权力。但是，通过检察监督程序与有关责任追究程序相互衔接，检察机关可以推动法院公正审判、行政机关依法应诉。

　　（一）行政诉讼检察监督与违法审判责任追究程序相衔接

　　违法审判行为之所以屡禁不止，一个重要原因在于违法审判的责任没有全面落实，因一般违法审判而受到纪律

---

① 应松年：《行政诉讼的基本原则》，载《政法论坛》1988 年第 5 期。
② 应松年：《行政诉讼的基本原则》，载《政法论坛》1988 年第 5 期。

追究者很少。检察机关负有监督审判行为的职责，但它没有也不可能拥有自行追究违法审判责任人的权力；人大及其常委会拥有监督、惩戒法官的职责，但它缺乏发现法官违法的有效渠道；法院系统内部的纪检监察部门负责受理公民、组织对法官的举报，查处违法违纪的审判人员，但它不参与对行政审判活动的监督。为此，检察机关发现违法审判，应当与法院纪检监察监督结合起来，与人大及其常委会惩戒法官的程序衔接起来。

2010 年 7 月，最高人民检察院会同最高人民法院、公安部、国家安全部、司法部联合下发《关于对司法工作人员在诉讼活动中的渎职行为加强法律监督的若干规定（试行）》（高检会〔2010〕4 号）明确规定：检察机关在对诉讼活动进行法律监督中，为准确认定和依法纠正司法工作人员的渎职行为，对该司法工作人员违反法律、违背职责的事实是否存在以及性质、情节、后果等进行核实、查证。这种监督方式，在刑事诉讼、民事诉讼和行政诉讼监督中，适用相同的规则。对此，我曾经在《新民事诉讼法讲义——申诉、抗诉与再审》① 一书第三讲中做过详细介绍，此处不再赘述。

（二）行政诉讼检察监督与违法行政的法律责任追究相衔接

行政责任既包括行政机关的责任，也包括行政公务员的责任。二者既有区别，又有密切联系。国家行政权是由

———————

① 张步洪：《新民事诉讼法讲义——申诉、抗诉与再审》，法律出版社2012 年版。

公职人员行使的。国家机关的违法与过错往往是由公职人员违法与过错引起的。我国行政责任制度建立之初，一些官员担心建立行政责任制度会给自己套上"紧箍咒"。因此，行政机关违法的责任并没有与行政公职人员法律责任紧密联系起来，完善行政责任制度的道路也因此而显得曲折而漫长。

时至今日，违法行政之所以屡禁不止，很大程度上是因为行政机关责任与行政公务员责任相脱节。公民、组织不服行政决定，只能起诉作出决定的行政主体，而不能起诉官员个人，真正代表行政主体作决定的官员被"保护"起来。即使行政机关败诉，也只是撤销行政决定，由国家承担赔偿责任。至于是否追究相关责任人，相对人的意见通常并不显得那么重要。

行政诉讼制度在促进依法行政方面发挥作用的大小，不能仅仅用审理行政诉讼案件数量和行政机关败诉率来衡量。更重要的是，在对违法行政作否定性评价的同时，能够全面启动行政责任追究程序。可以考虑规定，法院判决被告败诉的重大行政诉讼案件，审理终结后视案情移送行政监察机关或者检察机关审查确定有关责任人的纪律责任和刑事责任。胜诉的行政诉讼原告可以行政公职人员涉嫌违法犯罪为由申请法院向行政监察机关、检察机关移送案件材料。当然，如果行政公职人员的行为构成职务犯罪，即使没有当事人申请，检察机关也应当主动进行调查，无须公民、组织申请。

五、监督涉嫌犯罪案件从行政诉讼环节向刑事司法程序移转

在我国，刑事诉讼旨在追究犯罪，确定被告人的刑事责任；行政诉讼旨在解决因行政行为引起的争议。在法院内部，两种诉讼由不同审判庭根据不同程序来审理。行政诉讼不能解决刑事责任问题，刑事诉讼也不可以裁决行政行为引起的争议。行政诉讼程序启动以后，发现案件性质应属于刑事案件，需要区分所涉犯罪属于刑事自诉案件还是刑事公诉案件。发现已经受理或者正在审理的行政诉讼案件，涉及属于公诉案件的犯罪的，必须中止行政诉讼程序，启动刑事诉讼程序；涉及属于自诉案件的犯罪的，是否提起刑事自诉，权益受到侵害的一方享有自主判断权和自由处分权，因而不属于检察监督的事项。

行政诉讼中，发现被诉具体行政行为确定的义务人或者相关第三人的行为已经构成犯罪，如果维持行政决定，就会放纵犯罪。同时，行政诉讼案件因为当事人涉嫌犯罪而流转为刑事诉讼案件，应当注意维护行政审判的严肃性，保障公民、组织依法提起行政诉讼的权利。在行政、司法两套法律制裁体系并存的情况下，介于一般违法和犯罪之间的违法行为引起的定性困难形成的诉讼冲突，仅仅凭借诉讼程序自身难以解决。因为罪与非罪的判断属于实体法上的问题。为保持审判的中立性，审判机关应当尽力避免在行政审判中作罪与非罪的判断。因此，审理行政案件的法庭不便作出判断。关于罪与非罪的问题，不同机关经常

出现认识分歧。但是，法律不能听任分歧认识形成执法与司法冲突，而是应当以一种判断服从另一种判断。理论上，基于刑事程序优先原则，刑事司法机关的判断应当优先于法院在行政审判中所作的判断。实践中，有两种常用做法对法律秩序造成了不同程度的破坏：

其一，法院主动将行政诉讼原告涉嫌犯罪的材料移送刑事司法机关按照刑事诉讼程序追究刑事责任。[①] 这种做法其实存在法院的角色冲突问题。法院在诉讼中是中立的裁判者，由法院将行政诉讼原告涉嫌犯罪案件移送刑事司法机关，与法院作为裁判者的角色存在冲突，会损害法院的形象。极个别情况下，法院将案件移送刑事司法机关启动刑事程序后，经过侦查、起诉，不能证明存在犯罪事实，相当于公安机关、检察机关的判断否定了法院的判断，有损审判的权威。如果经过侦查、起诉，案件最终又回到法院，法院容易受到先前移交案件时的判断的约束，难以本着无罪推定原则的要求公正地审理刑事案件。

其二，作为行政诉讼被告的公安机关认为行政诉讼原告的行为构成犯罪，在行政诉讼期间对原告采取刑事强制措施。[②] 行政诉讼制度实行之初，作为被告的公安机关常常在

---

① 例如，在"王纪安不服郑州市劳动教养管理委员会劳动教养决定案"中，审理此案的郑州市中级人民法院认为，被告认定王纪安的行为已构成强奸罪，而被告又对王纪安作出劳动教养决定，遂判决撤销被诉劳动教养决定，建议公安、检察机关追究王纪安的刑事责任。参见《人民法院案例选》（1998年第三辑），人民法院出版社1999年版，第287－289页。

② 参见《张晓华不服磐安县公安局限制人身自由、扣押财产行政处理决定案》，载《人民法院案例选》（1992－1996年合订本），人民法院出版社1997年版，第96－97页。

开庭之前或者开庭之后拘捕行政诉讼原告，有的甚至当庭将原告拘捕，有的在二审法院审理期间将行政诉讼原告刑事拘留或者逮捕，① 不仅破坏了审判秩序，损害了审判的权威性，而且影响了公民依法行使诉讼权利。

基于刑事法优先适用的原则，根据各司法机关的职能定位，行政审判组织的判断在程序上应当服从于检察机关的判断。公安机关如果作为行政诉讼被告，应当在行政诉讼中回避对行政诉讼原告行为是否构成犯罪作初次判断。在我国，法院是审判主体，它作为中立的裁判者，不宜未经审理直接作出对原告不利的处理。由法院行政审判组织直接将涉嫌犯罪的行政诉讼原告移送刑事侦查机关，不仅会破坏法院的中立性，而且会扼杀公民、组织提起行政诉讼的积极性。在可能涉及刑事犯罪的行政案件中，检察机关作出程序上的判断，正是行使诉讼监督权的表现，也可以避免法院行政审判组织未经审判而作出有罪判断可能带来的尴尬。

目前，检察机关不参加一般的行政诉讼过程，因而无从知悉正在审理的行政案件是否可能涉及刑事犯罪问题。为此，可以建立法院向检察机关通报重大行政诉讼案件受理情况和审理结果的制度。同时规定，（至少）被告为公安机关的案件，行政诉讼原告的行为是否涉嫌犯罪，初步判断权由检察机关行使，公安机关不得自行对被告采取侦查措施。

在行政诉讼中，由检察机关就相关行为是否涉嫌犯罪作

---

① 参阅《郑梅玉诉启东市公安局收容审查、侵犯财产权，莆田市公安局侵犯财产权案》，载《人民法院案例选》（1992－1996 年合订本），第 52－56 页。

出判断，不仅是保障诉讼顺利合法进行的需要，也是保障公民合法权益的需要。这方面，国外有类似的做法。在与中国检察制度最相近的欧洲大陆法系国家，检察官的主要职能集中于刑事诉讼领域。2008 年，我随全国人大常委会法工委考察团赴德国考察期间，德国柏林 - 勃兰登堡高等行政法院院长介绍，德国检察官通常不参加到诉讼中来，只有法院正在审理的行政案件可能涉及刑事犯罪问题时，法官才邀请检察官参加到行政诉讼中来。在我国，检察机关参与可能涉及犯罪的行政诉讼案件，有利于树立法院的公正形象。

如上所述，由法院、公安机关主动推动涉嫌犯罪案件从行政诉讼程序流转到刑事诉讼程序都不合适，而法律授权的刑事司法机关主要是公安机关、检察机关和法院。因此，在行政诉讼案件可能涉及刑事犯罪问题，需要发生程序流转时，应当发挥检察机关的作用。在制度设计上，法院发现已经受理的行政诉讼案件的原告或者被告的行为涉嫌刑事犯罪，应当邀请检察机关介入诉讼作出初步判断。公安机关认为法院已经受理的行政诉讼原告的行为涉嫌刑事犯罪，也有必要向检察机关提出申请，由检察机关进行初步调查后独立作出判断。检察机关认为行政诉讼原告的行为涉嫌犯罪的，应当建议法院中止审理，将相关材料移送公安机关；发现法院正在审理的行政诉讼案件涉及职务犯罪问题，应当建议法院中止审理，将相关材料移送检察机关。

第七章　行政抗诉的启动与事由

　　行政抗诉是法律明确规定的行政诉讼监督方式。1989年行政诉讼法第 64 条规定："人民检察院对人民法院已经发生法律效力的判决、裁定，发现违反法律、法规规定的，有权按照审判监督程序提出抗诉。"抗诉也是检察实践中最常用的行政诉讼监督措施。行政抗诉是一种旨在重新启动行政诉讼程序的制度，内容庞杂，包括申请抗诉、受理和审查、抗诉事由确定、决定抗诉、法院再审等一系列程序规则，如果在这里详细分析，可能会冲淡本书的主题。本章重点探讨行政抗诉程序启动与抗诉事由。前者直接关涉公民、组织权利保障，后者可以用来衡量检察权监督审判权、行政权的强度。

第一节　行政抗诉程序启动

　　行政抗诉程序启动，是抗诉的首要环节。它不仅关系检察监督权能有效实现，而且关涉公民、组织能否公平利用抗诉制度维护自身合法权益。1989 年行政诉讼法授予检察机关行政抗诉权，没有具体规定行政抗诉程序如何启动，只是规定检察机关"发现"行政裁判违法，即可提出抗诉。检察机关应当如何"发现"违法裁判？这种"发现"与当事人处分原则之间应该如何协调？这是检察机关履行行政诉讼监督职责不可回避的问题。2012 年民事诉讼法明确规定当事人可以向检察院申请抗诉，该规定对行政抗诉制度将会产生什么影响？事实上，1989 年行政诉讼法、1991 年民事诉讼法关于检察监督的规定都非常笼统。2001 年《人民检察院民事行政抗诉案件办案规则》对民事抗诉、行政抗诉采用了相同的启动规则。将来修改行政诉讼法，关于行政诉讼检察监督的规定，可能有两种思路：一是明确行政诉讼检察监督参照 2012 年民事诉讼法的有关规定，不再全面规定行政诉讼检察监督规则；二是参照 2012 年民事诉讼法的规定，结合行政诉讼特点，直接在行政诉讼法中作出全面规定。修改行政诉讼法之前，2012 年民事诉讼法的有关规定可以作为检察机关启动行政抗诉程序的参照依据。

一、当事人申请行政抗诉的权利

再审是两审终审制的例外补救程序。过去，获得再审不被认为是当事人的诉讼权利。无论申请再审还是申请抗诉，法律都没有为当事人提供平等的机会，这显然不符合法律平等保护原则。为此，2012 年民事诉讼法进一步明确了当事人可以申请民事抗诉的条件和事由。我们可以理解为，当事人申请抗诉正在逐步成为与上诉权、申请再审权一样受法律保护的诉讼权利。实践证明，检察机关抗诉案件绝大多数是当事人申请抗诉的案件，自行发现的案件非常少。为此，检察机关有义务保护当事人依法平等获得抗诉的权利。将来修改行政诉讼法，也有必要参照 2012 年民事诉讼法，明确规定符合条件的公民、组织可以向检察机关申请抗诉。

（一）公民、组织平等运用抗诉程序的权利

2001 年《人民检察院民事行政抗诉案件办案规则》第 4 条规定，检察机关受理行政案件，主要有以下来源：当事人或者其他利害关系人申诉的；国家权力机关或者其他机关转办的；上级人民检察院交办的；人民检察院自行发现的。在这一规定当中，国家机关可以为社会利益、国家利益、个体利益等各种利益主体代言。问题是，当不同利益发生冲突时，它代表谁？国家权力是由人行使的，不同公职人员，虽然其智力、品行和责任感不尽相同，甚至各不相同，但他们所处的社会地位大致相同，他们对利益的判断标准具有相对单一性，他们与其他阶层的人群对社会现象的感受常常完全不同。根据宪法规定，无论处于任何阶层的社会成员，其利益因违法行政裁判受到损害时，都应当有表达意见、寻求救济的机会。其实，其他国家机关转来的案件绝大多数是当事人向其他机关申诉的案件。过去，检察机关面对各种不同来源的案件，申诉人直接申请抗诉案件曾经一度最不受重视。

作为行政诉讼被告的行政机关及其上级机关转来的案件，应当作为申诉案件对待。行政机关之外的其他国家机关只能向检察机关移送损害国家和社会公益的案件。有些公民、组织不直接向检察机关申请抗诉，而是向有关机关反映诉求，检察机关不能将他们向其他机关表达的诉求视为抗诉申请。当事人只是向其他国家机关反映情况，未按规定向检察机关提出抗诉申请的，检察机关不启动抗诉程序。

当事人申请抗诉与检察机关依职权抗诉有着不同的事由和启动条件。2012 年民事诉讼法第 209 条规定的当事人申请抗诉制度，既是对当事人寻求抗诉救济的一种保障，也对当事人寻求抗诉救济提出了要求，应当作为行政抗诉制度的重要内容。一方面，检察机关应当尊重每个符合条件的抗诉申请，及时审查、依法作出处理。另一方面，当事人申请抗诉有别于检察机关依职权抗诉。当事人意图推动抗诉程序，必须按照规定向检察机关申请抗诉。

实践中，当事人申请抗诉应当遵循穷尽审判救济原则，在诉讼中充分行使诉讼权利，只有在穷尽审判救济后，才能申请抗诉。当事人无正当理由不行使上诉权，或者在裁判生效后未向法院申请再审而直接向检察院申请抗诉，没有权利得到检察机关支持。同时，司法裁判应具有稳定性。法律还有必要规定，当事人应当在规定期限内申请抗诉，期限届满不申请抗诉的，视为放弃权利，检察机关不再受理，以维护裁判的既判力。2012 年民事诉讼法没有规定当事人向检察机关申请抗诉的期限，主要是为了给那些"案结事不了"的案件当事人提供寻求诉讼内解决纠纷的制度可能性，并不意味着检察院有义务无期限地接受抗诉申请。将来修改行政诉讼法，宜明确申请抗诉期限。

（二）申请抗诉权与上诉权

我国法律规定，行政诉讼实行两审终审制。一审法院作出裁判后，当事人可以依法提起上诉。实践中，有些当事人在法院作出一审判决、裁定后，不行使上诉权，直接向检察机关申请抗诉。为此，有的同志建议，为体现审判救济优先原则，法律应明确规定，不行使上诉权的当事人，不服一审判决、裁定直接向检察机关申请抗诉的，检察机关不予受理。也有同志认为，既然法律规定了抗诉制度，就应当允许当事人选择上诉还是直接申请抗诉，不经上诉而直接申请抗诉不属于恶意利用抗诉权。如果把当事人未提出上诉的案件排除在检察机关受案范围之外，等于取消了分州市检察院的抗诉权。

最高人民法院、最高人民检察院《关于对民事审判活动与行政诉讼实行法律监督的若干意见（试行）》第4条规定："当事人在一审判决、裁定生效前向人民检察院申请抗诉的，人民检察院应当告知其依照法律规定提出上诉。当事人对可以上诉的一审判决、裁定在发生法律效力后提出申诉的，应当说明未提出上诉的理由；没有正当理由的，不予受理。"这一规定表明，获得抗诉并不像上诉一样，它不属于当事人依法享有的诉讼权利。当事人放弃上诉权而寻求抗诉救济，有可能得不到检察机关支持。当然，当事人也可以不服一审裁判直接向法院申请再审，能否得到法院支持，也存在不确定性。

如果法院、检察院普遍对不服一审裁判的当事人申请再审或者申请抗诉采取严格的标准，可能导致一部分应诉能力较差的当事人错过上诉后告状无门，走上信访之路。因此，对于当事人不行使上诉权理由的审查，宜采取较为宽容的态度。当然，检察机关即使无案可办，也不应当动员当事人放弃上诉权而直接向检察机关申请抗诉。

（三）申请抗诉权与申请再审权

根据法律规定，法院可以依申请启动再审，检察院可以通过抗诉启动再审。2012 年以前，败诉的当事人如果寻求再审，总要面对向法院申请再审还是向检察院申请抗诉的选择。与向法院申请再审相比，向检察院申请抗诉有一个优势、两个劣势。

一个优势是，检察监督属于法院系统外的监督。法院系统内部存在下级法院就正在审理的案件的法律适用问题向上级法院请示的做法，对当事人通过上诉、申请再审寻求救济会产生一些不利影响。

申请抗诉的两个劣势：一是效率低。与法院审理案件主要由合议庭决定不同，检察机关审查抗诉，通常要经过办案人审查、部门领导审批、分管领导签署意见、检察委员会讨论等环节。而且，绝大多数申请抗诉案件先由作出裁判的法院的同级检察院审查决定是否提请抗诉。同级检察院审查决定是否提请抗诉时同样需要经历多个环节。不仅如此，多数申请抗诉案件的抗诉权在最高人民检察院和省级检察院手中，办案周期长、环节多。有些当事人耽误不起，会优先考虑向法院申请再审。二是改判难。法院自行决定再审的案件，改判的可能性相对较大。行政抗诉再审基于法院系统外的监督启动，一些法院再审检察机关提出抗诉的案件，能不改则不改。

2012 年民事诉讼法为当事人申请再审和申请抗诉这两个本来并行的救济渠道确定了先后顺序。除不服明显错误的再审裁判可以直接向检察院申请抗诉外，当事人不服生效裁判应当先向法院申请再审。对法院驳回再审申请或者不予答复不服的，才可以申请抗诉。据此，向法院申请再审原则上成为向检察院申请抗诉的前置程序。2012 年民事诉讼法第 209 条第 1 款规定："有下列情形之一的，当事人可以向人民检察院申请检察建议或者抗诉：（一）人民法院驳回再审申请的；（二）人民法院逾期未对再审申请作出裁定的；（三）再审判决、裁定有明显错误的。"这一规定表达了以下几层意思：当事人不服一、二审裁判向检察院申请抗诉之前应当先向法院申请再审，法院驳回再审申请，或者逾期未对再审申请作出裁定的，当事人才可以向检察院申请抗诉；对于法院所作的再审裁判，当事人认为侵犯其合法权益的，仍然可以申请抗诉，不以先向法院申请再审为前提，但是当事人只能对有明显错误的再审裁判申请抗诉。

将来修改行政诉讼法是否有必要借鉴上述规定，明确申请再审与申请抗诉的先后顺序，是一个不可回避的问题。2012 年民事诉讼法为当事人申请再审、申请抗诉确定先后顺序，旨在解决当事人分别向法院、检察院同时申请再审和抗诉导致法院、检察院重复审查的问题。其优点在于，为当事人寻求再审救济提供了更加明确的指引。其不足在于，它弱化了法院驳回再审裁定的权威性，可能助长当事人无休止地寻求再审与抗诉的欲望。

二、抗诉申请的受理、初步审查与立案

对于当事人提出的抗诉申请，检察机关应当审查抗诉申请是否符合受理条件。符合受理条件的，于受理后及时进行初步审查。初步审查期间，可以要求抗诉申请人进一步提供证据材料和证据线索。检察机关经过初步审查，作出立案决定或者不抗诉决定。决定立案以后，可以调阅案卷、调查核实案情，对当事人申请抗诉的行政裁判的合法性进行全面的实体审查。

（一）抗诉申请行为

当事人向检察院申请抗诉，应当提交抗诉申请书、生效行政裁判文书，以及证明其主张的证据材料。其中，抗诉申请书应当载明：一是抗诉申请人的姓名、性别、年龄、民族、职业、工作单位、住所、身份证号、联系方式；法人或者其他组织的名称、住所和法定代表人或者主要负责人的姓名、职务、联系方式。二是被申诉人基本信息，包括公民的姓名、性别、工作单位、住所，或者被申诉人的名称、住所、主要负责人等能够确定其身份的信息。共同诉讼案件的被申诉人可以是对方当事人，也可以是其他共同诉讼人。三是申请抗诉请求与相应的事实、理由。四是有关证据材料或者证据线索目录。同时，根据法律规定和检察实践，抗诉申请产生预期效果，至少应当符合以下条件：

1. 抗诉申请人适格

申请人与申请抗诉的行政裁判应当具有法律上的利害关系。2001年《人民检察院民事行政抗诉案件办案规则》第4条第（1）项规定，"当事人或者其他利害关系人申诉的"，属于检察院受理案件范围。其他利害关系人是指当事人之外的，认为自己的合法权益受到生效裁判影响的公民、组织。法律上的利害关系，是指该相关人受到的影响明显高于其他不特定主体受到的影响。实践中，当事人之外的利害关系人申请抗诉的情况并不多见。理论上，受到行政裁判影响的人不限于当事人。抗诉申请人资格的设定应当符合宪法和法律规定的平等保护原则。任何利益受到影响的公民、组织都应当有权对法院的裁判提出异议，向检察机关申请抗诉。考虑到案外人没有参加原审诉讼，需要更加有效的司法保护，2012年民事诉讼法明确规定当事人作为再审申请人和抗诉申请人，当事人之外的公民、组织可以提起撤销原裁判之诉。将来行政诉讼法如果借鉴这一规定，可以为案外人提供更有力的司法救济。

2. 明确向检察机关申请抗诉

在不关涉国家和社会公益的案件中，检察机关履行行政诉讼监督职责受私法上处分原则的约束。虽然，违法或者侵权的行政裁判在法律上都属于抗诉对象，但事实上，受到错误裁判不利影响的公民、组织对行政裁判的效力予以认可的，检察机关不依职权启动抗诉。因此，对于关涉公民、组织权益的案件，当事人向检察机关提出抗诉申请，是检察机关启动抗诉程序的基本前提。就此而言，检察机关行使抗诉权有些"不告不理"的意味。过去的实践中，检察机关对于当事人申请抗诉的形式要求不是特别高。只要当事人实质性地向有关机关表示不服生效行政裁判，有关申诉转达至检察机关，检察机关也予以受理。今后，以任何形式向检察机关之外的其他机关表达诉求，都不应当被视为申请抗诉。

3. 向有抗诉权的检察院申请抗诉

过去，检察机关并不要求抗诉申请人按照严格的职能管辖、地域管辖和级别管辖提出抗诉申请。2012 年民事诉讼法第 208 条第 1 款规定："最高人民检察院对各级人民法院已经发生法律效力的判决、裁定，上级人民检察院对下级人民法院已经发生法律效力的判决、裁定，发现有本法第二百条规定情形之一的，或者发现调解书损害国家利益、社会公共利益的，应当提出抗诉。"第 2 款规定："地方各级人民检察院对同级人民法院已经发生法律效力的判决、裁定，发现有本法第二百条规定情形之一的，或者发现调解书损害国家利益、社会公共利益的，可以向同级人民法院提出检察建议，并报上级人民检察院备案；也可以提请上级人民检察院向同级人民法院提出抗诉。"实践中，最高人民检察院和省级检察院只对下一级法院的生效行政裁判提出抗诉，很少有省级检察院抗诉基层法院生效判决或者最高人民检察院抗诉中级法院和基层法院裁判的案例。可以说，按照法律规定和司法惯例，行政抗诉权的级别管辖规则是：最高人民检察院抗诉最高人民法院和高级人民法院所作的生效行政判决、裁定与赔偿调解书，上级检察院抗诉下一级法院发生法律效力的判决、裁定和赔偿调解书。

从地域管辖的角度看，对行政判决、裁定有抗诉权的检察院，是与作出生效行政裁判的法院辖区相对应的同级检察院的上级检察院。或者说，检察机关监督法院生效的行政裁判与赔偿调解书，由作出裁判的法院所在地的同级检察院的上一级检察院管辖。法院裁定驳回再审申请的，由作出生效裁判的法院所在地的同级检察院的上一级检察院审查抗诉。

4. 向有管辖权的检察院提交相关材料

向有管辖权的检察院提交行政抗诉申请书、生效行政裁判文书，以及证明其申诉主张的证据材料、身份证明或者其他相关证明。行政抗诉申请，由作出生效裁判的法院对应的同级检察院的上一级检察院审查受理，也可以由作出生效裁判的法院对应的同级检察院代为接收材料。

（二）行政抗诉申请的受理

当事人向检察机关申请抗诉，只有符合一定的条件，检察机关才会受理。通常情况下，当事人申请抗诉，应当符合下列条件：申请人是本案的当事人；有明确的被申诉人、具体请求和事实、理由；向依法拥有抗诉权或者提请抗诉权的检察院提交抗诉申请书及有关材料。

检察院控告检察部门接收行政抗诉申请材料并进行形式审查，在最高人民检察院规定的期限内分情况作出处理：属于本院管辖的抗诉申请案件，依法予以受理，送交行政检察部门进行初步审查；下级检察院有抗诉权的，告知当事人向下级检察院申请抗诉，但是上级检察院认为案情复杂或者在本辖区有重大影响的，可以直接受理；本院无管辖权的案件，告知申诉人向有管辖权的检察院申请抗诉；

当事人控告审判人员在行政诉讼中违法渎职涉嫌犯罪的，由举报中心进行线索登记，符合最高人民检察院《人民检察院举报规定》规定的初核、初查条件的，分别由举报中心、职务犯罪侦查部门进行初核、初查；依法属于其他机关主管范围的，告知申诉人直接向有关主管机关申诉。

抗诉申请有下列情形之一的，检察院不予受理：判决、裁定尚未发生法律效力的；当事人无正当理由不行使上诉权的；行政判决判令行政诉讼被告重作具体行政行为，被告可以重作具体行政行为而申请抗诉的；法院已经裁定再审的；当事人不服检察院所作的终止审查决定或者不抗诉决定再次申请抗诉的；不属于检察院主管的其他情形。检察机关决定不受理抗诉申请，应当告知抗诉申请人。

与前述各种不予受理情形相对应的理由分别是：尚未发生法律效力的判决、裁定不属于行政抗诉的法定对象；基于审判救济优先原则，最高人民法院、最高人民检察院《关于对民事审判活动与行政诉讼实行法律监督的若干意见（试行）》规定，当事人无正当理由不行使上诉权，于一审判决、裁定生效后申请抗诉的，检察机关不予受理；判令被告重新作出具体行政行为的行政裁判，对被诉行政机关来说，重作具体行政行为比申请抗诉与再审更有效率；法院裁定再审的案件，实际上已经进入再审程序，提出抗诉已没有实际意义，如果案件涉及国家和社会公益，检察机关应当参与再审诉讼，而不是提出抗诉；行政抗诉能够为当事人提供的救济是有限的。虽然法律对申请抗诉的权利未作限制，但是，再审程序本身就是两审终审制之下的例外救济程序。为防止个别当事人无节制地向检察机关申请抗诉，对于检察机关已经作出不抗诉决定的裁判，当事人再次申请抗诉的，检察机关不予受理。

（三）行政抗诉的初步审查与立案

法律规定，有权对生效行政裁判提出抗诉的检察机关是作出生效行政裁判的法院对应的检察院的上级检察院。作出生效行政裁判的法院的同级检察院有权向上一级检察院提请抗诉。有人认为，行政案件的立案权和抗诉权密不可分，立案的目的是审查决定是否抗诉。若如此，只有拥有抗诉权的检察院才有立案审查权，作出生效行政裁判的法院的同级检察院无抗诉权，无权立案审查。我基本同意上述观点。对于提请抗诉制度的存废，本章后面将要进行分析，此处不再赘述。

检察机关控告检察部门受理抗诉申请后，将案件移交行政检察部门。行政检察部门应当指定专人，对申请人提交的书面申请和有关证据材料进行初步的实体审查。初步审查，主要是审查抗诉申请人提交的诉讼文书和证据材料，可以要求抗诉申请人补充证据材料，可以查阅诉讼卷宗。与立案后的审查相比，初步审查期间，检察机关不调阅审判卷宗，不进行调查核实，主要是审查申请人提供的相关材料，也可以要求抗诉申请人在指定期限内补充证据材料。申请人拒不补充的，不影响检察机关依法审查并作出判断。抗诉申请人之外的其他当事人知悉检察机关已经受理与自己有关的抗诉申请，向检察机关提出事实主张、提供证据材料的，检察机关应当接收。经过初步审查，检察机关应当分情况作出不抗诉决定或者立案决定。

1. 决定不抗诉

检察院经过初步审查，认为行政裁判明显不符合法定抗诉事由的，应当及时作出不抗诉决定，制作《不抗诉通知书》，通知抗诉申请人。2001 年《人民检察院民事行政抗诉案件办案规则》规定，检察机关受理抗诉申请后，经过初步审查，认为明显不符合法定抗诉条件的，应当作出不立案决定，通知抗诉申请人。2012 年民事诉讼法 209 条第 2款规定，检察机关作出抗诉或者不抗诉决定的，当事人不得再次就同一裁判申请抗诉。此即检察机关受理抗诉申请的"一事不再理"原则。这一规定必然对行政抗诉实践，以及未来修改行政诉讼法产生重大影响。此前，检察机关作出的不立案决定事实上具有终结抗诉审查程序的效力。法律修改之后，检察机关不立案决定终结抗诉审查程序的依据显得不足。为避免当事人在检察机关作出不立案决定后仍然要求检察机关再次审查，我倾向于将以前的"不立案"改为"不抗诉"，同时为维护抗诉申请人的合法权益，适当强化检察机关在初步审查环节的全面审查责任。

2. 决定立案

检察院发现生效行政裁判或者赔偿调解书可能损害国家和社会公益的，应当依职权立案。当事人申请抗诉的案件，检察院经过初步审查，认为行政裁判可能符合法定抗诉条件的，应当在规定的时限内立案。有些行政申诉案件，检察机关在初步审查期间无法判断裁判是否存在违法，认为有继续审查必要的，也可以先立案。

检察机关立案以后，应当对抗诉申请人不服的行政裁判的合法性进行全面审查；及时将《立案通知书》发送所有当事人，告知权利义务，并将抗诉申请书副本发送被申诉人及其他当事人。被申诉人和其他当事人可以于收到《立案通知书》后在规定时限内提出书面意见。当事人之外的利害关系人知悉检察机关立案启动抗诉程序的，也可以主动向检察机关反映情况、表达意见。被申诉人及其他当事人不提意见，不影响检察机关审查抗诉工作正常进行。检察院应当在立案以后调阅审判卷宗，在规定的期限内审查终结，作出相应的决定。

三、检察机关依职权启动行政抗诉

1989 年行政诉讼法和 1991 年民事诉讼法均未规定当事人可以向检察院申请抗诉。2012 年民事诉讼法增加了当事人申请抗诉的内容。其中第 208 条规定，检察机关"发现"生效裁判符合法定抗诉情形，或者"发现"调解书损害国家和社会公益的，应当提出抗诉或提请抗诉；第 209 条规定了当事人可以申请抗诉的条件和情形。这两条规定实际上形成了检察机关依职权抗诉与依申请抗诉并存的格局。它不仅是行政抗诉的重要参照依据，而且会对行政抗诉制度的走向产生重要影响。如何理解依职权抗诉与依申请抗诉的关系，是明确行政抗诉范围的一个关键因素。从条文排列顺序来看，很容易让人理解为以依职权抗诉为原则，以接受申请启动抗诉为例外。从 2012 年民事诉讼法缩短当事人向法院申请再审期限这一变化，我们可以看到，国家在保护当事人申请再审权利的同时，对于无休止地启动再审也作了必要的限制。在这种情况下，错过申请再审期限的当事人，将来可能会寻求法院依职权决定再审或者检察院依职权决定抗诉。检察机关依职权启动抗诉的制度将因此面临更大的压力。为此，我们有必要弄清楚检察机关依职权启动行政抗诉的范围，以避免依职权抗诉偏离法律监督的方向。

（一）检察机关依职权抗诉的范围

从对象来看，依职权抗诉不同于依申请抗诉。2011 年之前，行政抗诉对象限于判决、裁定，行政赔偿调解书和审判机关在行政诉讼中所作的其他决定都不属于抗诉对象。2011 年最高人民法院、最高人民检察院以联合下发规范性文件的形式突破了这一界限，《关于对民事审判活动与行政诉讼实行法律监督的若干意见（试行）》将行政赔偿调解书列为抗诉对象，其中第 6 条规定："人民检察院发现人民法院已经发生法律效力的民事调解、行政赔偿调解损害国家利益、社会公共利益的，应当提出抗诉。"此后，2012 年民事诉讼法明确规定检察机关可以对损害国家和社会公益的民事调解书提出抗诉。基于这样的抗诉事由限制，当事人无权申请检察机关对调解书提出抗诉，因此，调解书属于检察机关依职权抗诉的对象。

确定依职权抗诉的范围，需要明确依职权抗诉与依申请抗诉的关系。曾经一度，行政抗诉在观念上被认为完全由检察机关依职权作出。但在实践中，一直有检察机关受理当事人抗诉申请的做法。2012 年民事诉讼法关于当事人有权依法申请抗诉的规定，已经将依申请抗诉作为一种主渠道，这也是尊重当事人依法处分其民事权利和诉讼权利的体现。相比之下，行政裁判与赔偿调解书关涉国家和社会公益的因素更多。例如，如果相对人一方依据行政赔偿调解书得到了依法不应得到的利益，实际上他（它）侵占的就是国家和社会的利益，如果数额较小，检察机关可以不进行监督，但如果数额巨大，检察机关不可以坐视不理。

抗诉事由是确定依职权抗诉范围的一个重要因素。基于审判救济优先原则、当事人处分原则，检察机关依职权抗诉的事由不可能像当事人申请抗诉的事由那样宽泛。主要包括：

其一，行政判决、裁定或者赔偿调解书损害国家和社会公益的，检察机关应当依职权提出抗诉。包括两方面要求：一是从实体法角度，行政裁判或赔偿调解书损害国家和社会公益，应当作为检察机关依职权抗诉的最主要事由。只要行政裁判或者赔偿调解书不存在严重损害国家或社会公益的情形，检察机关原则上不依职权提出抗诉，以更好地体现当事人自由处分原则，更好地维护司法裁判的既判力。二是检察机关对于损害国家和社会公益的行政判决、裁定和赔偿调解书，应当提出抗诉，没有裁量权。但是，在理论上和实践中，由于公共利益的范围难以界定，检察机关应当通过抗诉保护那些被违法裁判或者赔偿调解书侵犯的、可以确定的公共利益。三是出于保护国有资产权益的特殊需要，行政裁判或者赔偿调解书损害国有企事业单位财产权益的，检察机关应当依职权抗诉，或者督促有关当事人依法申请再审。因为国有财产权益虽然在法律上存在管理人，但事实上，国有财产权益的取得或丧失，与管理人的个人利益得失通常没有直接利益关系。有些国有资产管理者，容易被对方当事人收买，参与损害国家财产权益。从这个角度讲，对国家财产权益增加一重保护，并未破坏法律平等保护原则。

行政诉讼法和民事诉讼法均未将生效裁判损害国家和社会公益作为单独的抗诉事由。同时，行政诉讼法对检察机关抗诉事由采用概括式表述，赋予检察机关太大的解释空间。其实，在实践操作中不难把握，确实损害国家和社会公益的行政裁判和赔偿调解书，必然存在确定权利归属、义务承担或者责任追究等错误，可同时以"适用法律确有错误"作为具体事由予以抗诉。

其二，审判人员在审理该行政案件中有徇私舞弊、贪污受贿、枉法裁判等渎职行为，检察机关可以依职权提出抗诉。包括两方面要求：一是检察机关以审判人员有违法渎职行为为由提出抗诉，应当以确实充分的证据为基础，而不能仅仅依靠当事人或者其他公民提供举报线索或证据线索。检察机关以此为抗诉理由提出抗诉，通常在查办有关审判人员职务犯罪，或者调查有关审判人员违法渎职得出确定性结论以后进行。二是审判人员即使违法渎职，也不一定必须提出抗诉。检察机关应当审查审判人员的渎职行为是否影响了行政裁判或者赔偿调解书确定权利义务关系的合法性，认为审判人员违法渎职影响行政判决、裁定或者赔偿调解书的实体公正，损害有关公民、组织合法权益的，应当听取有关当事人的意见，在综合考量的基础上决定是否抗诉。如果审判人员的违法渎职行为导致行政裁判违法损害了国家和社会公益，检察机关应当依职权抗诉。

除上述两种情形之外，确定检察机关依职权抗诉还应当适用于哪些情形，这是一个难题。如果赋予检察机关过大的裁量权，可能导致选择性抗诉，与法治精神不符。如果把检察机关依职权抗诉的范围定得过宽，可能导致当事人申请再审与申请抗诉的制度形同虚设，不利于维护司法裁判的既判力。如果把检察机关依职权抗诉的范围定得过窄，有些当事人因为失去通过诉讼寻求救济的一切渠道，可能走上信访之路。从根本上讲，诉讼权利与实体权利的平等保护，应当主要寄望于提高一审、二审裁判的公正性。唯有如此，司法才能走出终审不终、案结事不了的尴尬。

（二）检察机关依职权抗诉中的外部参与

行政诉讼由法院主导，检察机关通常不参与行政诉讼一审、二审程序。当事人申请抗诉是检察机关发现行政裁判违法的最主要来源，但不是依职权抗诉案件的主要来源。有些行政裁判或者赔偿调解书损害国家和社会公益，受益者往往是当事人，他们不可能申请抗诉。检察机关如何发现那些应当依职权抗诉的行政裁判或赔偿调解书呢？

基于前面提到的检察机关依职权抗诉的范围，现实中符合这两种情况的案件所占比例较小。因此，检察机关没有必要，也不应该对所有的生效行政判决、裁定和赔偿调解书进行排查，其他任何高成本的设计也是诉讼经济原则所不允许的。基于此，维系这个制度的关键在于适度引入各种社会力量的参与和推动。例如：

其一，检察机关审查申请抗诉案件，发现行政判决、裁定或者赔偿调解书损害国家和社会公益，或者审判人员有违法渎职嫌疑的，依法开展调查，符合抗诉条件的，即使当事人申请抗诉主张不能成立，也应当依职权提出抗诉。

其二，公民、组织向检察机关控告或者检举，是检察机关发现依职权抗诉对象的另一个重要渠道。我国宪法第41条第1款规定："中华人民共和国公民对于任何国家机关和国家工作人员，有提出批评和建议的权利；对于任何国家机关和国家工作人员的违法失职行为，有向有关国家机关提出申诉、控告或者检举的权利，但是不得捏造或者歪曲事实进行诬告陷害。"第2款规定："对于公民的申诉、控告或者检举，有关国家机关必须查清事实，负责处理。任何人不得压制和打击报复。"据此，与案件没有利害关系的公民、组织对于损害国家和社会公益的行政裁判或者赔偿调解书依法享有检举或者控告的权利。实践中，提出检举或者控告的公民、组织，有些与该行政裁判或者赔偿调解书有间接的利害关系，这并不影响其行使宪法赋予的权利。检察机关应当切实尊重和保护宪法赋予公民、组织的权利。如果生效行政裁判或者赔偿调解书确实损害了不特定多数人的利益，检察机关应当依职权提出抗诉。

四、对再审检察建议和提请抗诉制度的思考与建议

长期以来，行政抗诉制度在很大程度上需要依赖和参照民事抗诉的有关规则。同时，基于行政抗诉的特殊性，

它不可能完全照搬民事抗诉规则。民事诉讼法规定的再审检察建议与提请抗诉是否可以适用于行政抗诉？

其一，关于行政再审检察建议存在价值的思考。2012年民事诉讼法增加规定了民事再审检察建议。作出生效裁判的法院对应的同级检察院认为生效民事裁判确有错误应当再审的，可以向作出生效裁判的法院提出再审检察建议。将来修改行政诉讼法，没有必要引入再审检察建议。民事诉讼法同时规定了抗诉与再审检察建议两种旨在启动再审程序的检察方式，二者效力明显不同。抗诉当然引起再审，再审检察建议能否引起再审由法院决定。为防止检察机关刻意在某些案件中回避矛盾，应当允许当事人选择申请抗诉还是申请再审检察建议。如果允许选择，就不会有多少当事人选择申请再审检察建议，因为它和直接申请法院再审几乎没什么两样。不仅如此，2012年民事诉讼法第209条关于申请抗诉与申请检察建议条件的规定，使得再审检察建议失去了存在价值。在向上一级法院申请再审被置于申请抗诉和再审检察建议之前的情况下，当事人已经向上一级法院申请再审被驳回，原审法院如果根据检察机关建议启动再审，就会和上级法院驳回再审申请的裁定发生冲突。法院尊重上级法院裁定的程度远远超过对同级检察院检察建议的尊重。

检察机关为启动再审对同级法院所作的行政裁判或者赔偿调解书提出检察建议，表面上看是对法院进行监督，实质上它涉及被诉行政行为的效力。如果检察机关的立场与行政立场一致，它完全没有必要提再审建议。因为，在正常情况下，同级政府对法院的影响力远远超过同级检察院对法院的影响力，如果检察机关的立场与公民、组织一方一致，检察机关履行诉讼监督职责可能受到行政干预的程度，与法院履行审判职责可能受到干预的程度是一样的，由同级检察院提再审检察建议显然不如上级检察院的抗诉决定更有推动力。对于符合抗诉条件的行政裁判，作出生效裁判的法院对应的同级检察院以再审检察建议代替上级检察院抗诉是一种不负责任的做法。

其二，提请抗诉制度存在的必要性不大。赋予作出生效裁判的法院对应的同级检察院提请抗诉职能，方便当事人提出申请，却给检察机关带来不必要的重复劳动。不仅如此，检察院对行政诉讼进行监督，与法院审理行政诉讼案件一样，容易受到同级政府或者政府部门的不当干预。在行政诉讼监督中，提请抗诉制度影响监督效率、浪费人力资源，弊大于利。如果行政抗诉仍然沿用提请抗诉制度，建议重新进行定位，可以考虑两个方案：一是把它作为案件受理程序。当事人向作出生效裁判的法院对应的同级检察院申请提请抗诉的，接受申请的检察院只对当事人的申请材料进行形式审查，不进行实体审查。提请抗诉的数量，不纳入下级检察院工作考评范围。二是将提请抗诉定位于初步审查程序。同级检察院经过初步审查认为符合抗诉条件的，提请上一级检察院抗诉，上一级检察院应当立案审查；认为不符合抗诉条件的，作出不提请抗诉决定，当事人可以直接向上一级检察院申请抗诉。

第二节　行政抗诉事由

1989 年行政诉讼法第 64 条在授予检察机关行政抗诉权的同时，也提出了行政抗诉的基本标准：行政判决、裁定"违反法律、法规规定的"，检察机关应当提出抗诉。以违法作为提出抗诉的标准，与抗诉作为法律监督措施的性质是一致的。但是，行政裁判违法的原因不同，表现也不尽相同，对裁判内容公正性的影响也不同。从理论上讲，只要有一个因素导致行政裁判构成违法，就符合抗诉条件。可是，抗诉制度设计不是纯理论问题。行政抗诉事由与民事抗诉事由，既有诸多相同之处，又存在一些细微的区别。2001 年《人民检察院民事行政抗诉案件办案规则》曾经对行政抗诉事由作过规定。2007 年民事诉讼法将民事抗诉事由与当事人申请再审事由等同起来，2012 年民事诉讼法对当事人申请再审事由作了个别修改，延续了申请再审与申请抗诉事由相一致的思路，充分体现了抗诉制度的救济功能。概括起来，民事抗诉事由包括三方面：事实判断问题、法律适用问题、影响裁判公正的事实因素。这些规则是将来完善行政抗诉事由的重要参照。1989 年行政诉讼法第 64 条关于检察机关对违法的行政裁判提出抗诉的规定只是一个总体要求。事实上，检察机关不应当对所有违法行政裁判提出抗诉。而且，行政抗诉事由也不局限于裁判本身违法，而是将作出裁判前的审理程序、审理主体的廉洁性作为单独的考量因素。

一、事实判断错误

认定事实是法院适用法律作出裁判的基础。行政裁判能否准确地判断争讼的行政法律关系，首先取决于法庭对事实的判断是否正确。实践中，行政裁判在认定事实方面出现的问题可以归纳为两种情况：

1. 行政裁判违反证据规则认定事实

行政诉讼与民事诉讼的一个共同特点是，法院基于当事人双方提供的证据材料，经过当庭质证作出事实判断。在诉讼中，即使没有证据，法院也应当根据法定证据规则对争讼的事实作出判断。同时，行政诉讼与民事诉讼遵循不同的举证责任规则。民事诉讼遵循"谁主张，谁举证"的规则。行政诉讼法第 32 条规定："被告对作出的具体行政行为负有举证责任，应当提供作出该具体行政行为的证据和所依据的规范性文件。"据此，行政诉讼中被告不仅应当向法庭提供作出具体行政行为的事实依据和证据材料，而且要向法庭提交作出行政行为的法律依据。从这个角度讲，行政诉讼中不存在审理案件必不可少的证据。如果被告在诉讼中不能提供作出被诉具体行政行为的证据，法院应认定该具体行政行为缺乏事实根据或者证据支撑。如果行政判决没有这么做，那就是违反法定证据规则认定事实，因而构成违法。

被告对具体行政行为负举证责任只是一个总的要求。事实上，不同行为引起的行政诉讼，其举证规则不尽相同。

大致分为三种情况：一是不涉及公民、组织之间民事权利冲突的行政行为，如行政处罚、行政强制措施等，由作出行政决定的机关负举证责任。在这类行政行为引起的诉讼中，证明具体行政行为合法不能采用证据优势标准，而是应当遵循行政诉讼法规定的"证据确实、充分"标准。二是涉及公民、组织之间民事权利义务冲突的行政行为，按照"谁主张，谁举证"的证据规则，适用证据优势标准。法院针对行政裁决行为所作的行政判决，应当主要根据原告与第三人提供的证据来决定被诉行政裁决行为的命运。三是行政事实行为引起的诉讼，采用证据优势标准有利于原告的，可以适用证据优势标准作出事实判断。

从理论上讲，违反法定证据规则作出事实判断不一定必然导致认定事实与客观事实不符，而是具有认定事实背离客观事实的高度可能性。检察机关根据这一事由提出抗诉，目的不在于追求客观事实与法定事实高度一致，而是保障法定证据规则在诉讼中得以遵守。当然，在个别情况下，如果诉讼结束后有确凿证据表明，违背证据规则的行政裁判认定的事实与客观事实一致，检察机关不应当抗诉。

2. 行政裁判认定事实偏离客观事实

在刑事诉讼中，无论法庭是否严格遵守法定证据规则认定事实，只要后来出现足以推翻原裁判认定事实特别是有罪事实的证据，司法机关都有义务通过再审程序予以纠正，此即客观事实标准。在民事诉讼和行政诉讼中，出现足以推翻原裁判认定事实的证据，司法机关并不负有自行启动再审予以改判的义务，有新的证据，足以推翻原判决、裁定，当事人或者利害关系人申请再审的，法院应当受理。

　　检察机关能否依据"新证据"提出民事抗诉，过去实践中有不同做法，理论上存在认识分歧。有学者认为，检察机关依据"新证据"提出民事抗诉，不仅没有法律依据，而且违背两审终审制原则，妨碍诉讼效益目标在证据制度上的实现，违背诉讼当事人地位平等原则，助长证据突袭的风气，导致司法程序混乱，妨碍实体公正。[①] 有学者认为，无论哪一种证据，只要足以推翻原审判决、裁定，就必然意味着原审认定事实的主要证据不足[②]。2007 年民事诉讼法明确将"有新的证据，足以推翻原审判决、裁定"作为民事抗诉事由。[③] 这种虽经严格适用事实判断规则仍然难以预见的事实判断偏差，不可归因于"违法"。虽不违法，却也需要通过抗诉和再审予以纠正。只是，在仅仅涉及个体权利义务的案件中，抗诉程序的启动通常以当事人提出申请为前提。

　　从表面看，参照 2007 年以后民事诉讼法的规定，检察机关可以"新证据"主张原审裁判认定事实存在错误而提出行政抗诉。行政裁判生效后，发现足以推翻原裁判的新证据，是否必须提出抗诉？它与民事裁判有所不同。民事审判几乎是解决民事法律争议、确认民事法律关系的唯一法律途径。当事人获取新证据以后，可以向法院申请再审，也可以向检

[①]　王锦熙：《检察机关依"新证据"提起民事抗诉质疑》，载《宁德师专学报》2002 年第 3 期。

[②]　赵守才、于政文：《发现新证据也可作为民事抗诉理由》，载《人民检察》2001 年第 8 期。

[③]　2007 年民事诉讼法第 187 条、第 179 条。

察机关申请抗诉，最终必须通过法院再审来解决。在行政领域，行政机关有权作出行政行为以设定、变更、终止行政法律关系。行政裁判生效后，行政机关有权依据新的证据重作具体行政行为或依法作出不同的具体行政行为。

行政抗诉环节对"新证据"的运用，应当区分有利于被告一方的证据和有利于原告一方的证据。一是作为行政诉讼被告的行政机关，在行政程序中遵循"先取证，后裁决"的原则，行政机关在行政裁判生效以后即使发现"足以"支持被行政裁判撤销的行政行为认定事实的"新证据"，也不能以此为由申请再审或者申请抗诉。二是行政裁判生效后，作为原审行政诉讼当事人的公民、组织发现了足以推翻原审裁判认定事实的"新证据"，可以要求行政机关重作行政行为，也可以向法院申请再审，还可以向检察机关申请抗诉。但是，当事人在诉讼期间已经掌握，却故意不向法庭提供的证据材料，即使足以推翻原审裁判认定的事实，也不得作为检察机关提出抗诉的事实依据。

二、法律适用错误

诉讼法不仅要求行政裁判根据诉讼双方提供的证据材料、遵循证据规则认定引起争讼的事实，而且要求法院根据有足够证据支持的事实，或者根据举证责任规则推导出的事实适用法律，准确地判断引起争议的法律关系性质，进而确定权利归属、义务承担和责任追究。违背上述规则的行政裁判，即构成适用法律错误。

1. 行政判决适用法律错误

从法律关系的角度看，行政判决违法主要包括：将民事法律关系或者刑事法律关系错误地认定为行政法律关系，或者混淆不同种类行政法律关系的性质，导致法律关系认定错误；认定行政法律关系主体错误，导致非本案行政法律关系主体直接承受行政裁判所确定的法律后果。

从判决方式看，行政判决违法主要是指：颠倒具体行政行为的合法、违法或者部分合法、部分违法，适用行政判决种类错误，撤销合法（包括部分合法）的行政行为，维持不合法（包括部分不合法）的行政行为，维持了显失公正的行政处罚，等等。

从判决内容看，行政判决违法主要是指：确定权利归属与义务承担、责任追究发生错误。例如，被告应履行法定职责的未判令其履行职责，被告不应履行职责却判其履行职责；确认合法的行政事实行为违法，或者确认违法的行政事实行为合法；没有法律特别规定确认违法的具体行政行为有效，没有法律特别规定确认合法的具体行政行为无效；依法应给予行政赔偿的，判决不予赔偿；依法不应给予行政赔偿的，判决给予行政赔偿，或者判决承担责任的范围、金额发生错误，等等。

2. 行政裁定适用法律错误

诉讼法在授权法院作出裁定的同时，均明确规定了不同裁定的适用情形。违反法律规定作出裁定，所作的裁定构成违法。

行政裁定违法主要是指法庭在不符合作出某种裁定的法定条件的情况下作出该种裁定。根据法律规定，检察机关对于违法的行政裁定可以提出抗诉。但不是所有行政裁定都可以通过再审予以纠正，因而不是所有的行政裁定违法都可以提出抗诉。2001年《人民检察院民事行政抗诉案件办案规则》第37条第（1）、（2）项仅列举了三种行政裁定：不予受理裁定、驳回起诉裁定、准许撤诉裁定。这显然不是穷尽列举。诸如终结诉讼裁定、终结执行裁定，都是具有结案意义的行政裁定，都可以通过抗诉、再审予以纠正。

三、可能影响裁判公正的其他事由

前面分析的事实认定、法律适用错误，都属于行政裁判内容违法。参照民事诉讼法关于抗诉事由的规定，有些情况下，无论行政裁判内容是否存在事实认定或法律适用错误，只要司法裁判公正性的基础被破坏了，就应当通过再审予以纠正。具有影响行政裁判公正性的事由，也是检察机关提出抗诉的理由。

法院审理行政案件，不仅应当依据事实和法律作出裁判，而且应当保证裁判是遵循公正法则和法定程序作出的。法律规定，诉讼中发生的事实行为足以影响裁判的公正性，检察机关应当抗诉；个别审判人员违背职责，无需整个审判组织违法；违反法定程序虽然与实体公正密切相关但又不直接涉及实体权利归属和义务承担、责任追究。

1. 审理过程中发生的程序违法

程序是指一定的行为主体作出某一行为的方式、步骤、顺序、时限。诉讼法对法院作出审判行为的方式和时限、审判活动必须经历的步骤与顺序，都有明确具体的要求。只要审判过程违反了这些规定，就构成程序违法。但是，根据法律规定，只有违反法律明确规定的程序，检察机关才提出抗诉，违反诉讼程序的其他规则不能作为抗诉事由。

　　法院的审理过程"违反法定程序"是否属于"适用法律错误"，不无争议。① 一种观点认为，法院在审理过程中适用诉讼法规范属于适用法律的范畴。因此，违反诉讼法所作的判决、裁定也属于适用法律错误的裁判。基于这种认识，有的检察院对于审理过程中违反法定程序的案件，无论判决的实体内容是否存在错误，抗诉时均同时援引"适用法律错误"与"违反法定程序"两个抗诉事由。另一种观点认为，判决本身并不涉及程序问题。诉讼法规定的"适用法律错误"不包括适用程序法错误。正是考虑到审判程序违法可能影响到判决实体内容的正确性，诉讼法才将违反特定法定程序单独作为抗诉事由。

　　上述两种观点均有其合理性与局限性。违反法定程序不宜视为判决"适用法律错误"，将审判程序违法视为判决"适用法律错误"没有根据。裁定本身解决的就是程序问题，适用的就是程序法，因而，裁定错误本身就属于"违反法定程序"。本书将违反法定程序作为裁判之外的抗诉事由，主要是考虑到针对裁定的抗诉在所有抗诉案件中所占比例很小。

　　哪些违反法定程序的行为可能影响裁判的合法性呢？

―――――――――

① 张步洪、王万华：《行政诉讼法律解释与判例述评》，中国法制出版社2000年版，第504－505页。

理论上和实践中没有统一的认识和做法。在具体案件中，判决发生实体违法或错误的可能性与程序违法的程度并不总是表现为一定的比例关系。有人主张赋予程序法以完整的法律效力，对于审判中的程序违法，应当返还当事人以正当的法律程序。行政处罚法甚至规定，"不遵守法定程序的，行政处罚无效"①。这是为了以强力手段推行程序法规范，而不是说行政机关违反法定程序构成违法，公民、组织就无需对自己的违法行为承担责任了。

我国诉讼法关于司法程序对裁判结果的影响，历来有所保留。1982 年《民事诉讼法（试行）》没有将违反法定程序作为再审事由。根据 1992 年最高人民法院《关于适用〈民事诉讼法〉若干问题的意见》第 210 条第（2）项的规定，再审法院发现有下列违反法定程序的情形之一，可能影响案件正确判决、裁定的，裁定撤销一、二审判决，发回原审法院重审：（1）审理本案的审判人员、书记员应当回避未回避的；（2）未经开庭审理而作出判决的；（3）适用普通程序审理的案件当事人未经传票传唤而缺席判决的；（4）其他严重违反法定程序的。这一司法解释所列举的严重违反法定程序的情形都触及到诉讼法确定的基本诉讼制度。实践证明，破坏基本诉讼制度造成错判的可能性并不比破坏其他程序规则造成错判的可能性大。最高人民法院的上述司法解释似乎阐释了这样的逻辑：只要严重违反法定程序，就可能影响案件的正确裁判；只有严重违反法定

---

① 行政处罚法第 3 条第 2 款。

程序的情形，才可能影响案件的正确裁判。这在逻辑上存在明显的缺陷。但就启动抗诉与再审而言，这样的解释也能说得通。没有违反基本诉讼制度的行政裁判，虽然不符合程序违法的抗诉或再审事由，但可以从事实判断与法律适用的角度审查其是否确有错误或者违法。对于违反基本诉讼制度的裁判，必须通过再审予以纠正。

2. 审判人员审理案件过程中违背职责

民事诉讼法规定，审判人员在审理该案件时有贪污受贿、徇私舞弊、枉法裁判行为的，检察机关应当提出抗诉。这一规定同样适用于行政抗诉。"贪污受贿"、"徇私舞弊"和"枉法裁判"是三种各不相同的违法犯罪行为，都可以单独作为抗诉事由。最高人民法院倾向于对适用这类再审事由作严格限制。[①]

（1）审判人员贪污受贿。法官、法庭、法院，代表国家行使审判权。但是，如果某个法官在审理案件时贪污了与案件有关的款物，或者收受了一方当事人贿赂，法官本人就因此与案件处理结果产生了利害关系，所作的判决也就失去了公正的基础。现实生活中"贪赃而不枉法"的情况并不少见，将审判人员贪污受贿作为一种抗诉事由，是维护司法廉洁性、公正性与权威性的需要。

以审判人员"贪污受贿"作为抗诉事由应当符合什么

---

① 2008年最高人民法院《关于适用〈中华人民共和国民事诉讼法〉审判监督程序若干问题的解释》第18条规定："民事诉讼法第一百七十九条第二款规定的'审判人员在审理该案件时有贪污受贿，徇私舞弊，枉法裁判行为'，是指该行为已经相关刑事法律文书或者纪律处分决定确认的情形。"

条件，也是一个存有争议的问题。有人认为应当达到刑事立案标准，有人认为应当达到判处刑罚标准，有人认为达到应受党纪政纪处分的程度。也有人主张以党纪政纪处分为标准，兼顾裁判认定事实、适用法律的情况，如果收受少量礼品，虽然不够党纪政纪处分，但却在审理案件时严重丧失公正性，检察机关应当抗诉。按照规定，只要审判人员在审理案件过程中收受了少量礼品，就应当受到党纪政纪处分。从理论上讲，只要审理案件过程中发生了审判人员"贪污受贿"的事实，检察机关就可以抗诉。假如某一法官在他参加审理的案件中经常收受当事人贿赂，是否需要对他审理的所有相关案件都要抗诉或者再审？似乎必要性不大，宜结合判决实体内容是否违法来决定是否提出抗诉。

（2）审判人员"徇私舞弊"与"枉法裁判"。徇私舞弊与枉法裁判是两个既相互独立，又密切联系的抗诉事由。徇私舞弊是指审判人员为了自己或他人的不正当利益，故意作不实的事实认定，从而达到偏袒一方的目的；枉法裁判是指审判人员故意作与法律相悖的判决、裁定，一般是通过歪曲法律，从而达到偏袒一方当事人的目的。舞弊的结果通常导致认定事实错误，枉法的结果导致适用法律错误。法律之所以将它们作为独立的抗诉事由，主要是考虑这两种违法均系审判人员的故意行为所致。实践中，只有为徇私情，故意制造、采信虚假证据、证明力不足的证据导致认定事实错误，才属于作为抗诉事由的"徇私舞弊"；只有故意作违背法律的判决的，才属于作为抗诉事由的

"枉法裁判"。因此，"徇私舞弊"与"认定事实错误"、"枉法裁判"与"适用法律错误"常常同时适用。

与"认定事实错误"和"适用法律错误"在具体案件中常常表现为前后相继的关系相类似，徇私舞弊通常也会导致枉法裁判。枉法裁判正是某些徇私舞弊行为的直接目的和结果。因此，两者通常在一个案件中同时作为抗诉事由。如果审判过程中虽有舞弊行为，但并未导致枉法裁判的后果，不宜提出抗诉。

基于2012年民事诉讼法关于民事抗诉事由的新变化，建议最高人民检察院在将来的司法解释中对行政抗诉事由作如下细化：行政诉讼原告提供了新的证据，足以推翻原判决、裁定的；原判决、裁定认定的基本事实缺乏证据证明的；认定事实的主要证据是伪造的；认定事实的主要证据是行政诉讼被告无正当理由于作出具体行政行为后收集的；认定事实的主要证据未经质证的；对审理案件需要的主要证据，原告由于客观原因不能自行收集，书面申请人民法院调查收集，人民法院未调查收集的；认定事实违反行政诉讼法规定的举证责任规则的；适用法律、法律解释、法规、规章违反立法法有关规定的；错误认定具体行政行为的存在、性质或者效力的；错误认定行政事实行为是否存在、是否合法的；确定权利归属、义务承担或者责任追究违反法律规定的；违反法定程序，可能影响案件正确判决、裁定的；有证据证明审判人员在审理案件时有贪污受贿、徇私舞弊、枉法裁判等行为的；违反法律、法规规定，影响判决、裁判公正的其他情形。

第八章 提起行政公诉与督促行政机关提起民事诉讼

公共利益是全社会成员的共同利益。承认公共利益，是各国法律的通例。我国现行宪法体现了维护公共利益的精神，一些行政法规范也是根据维护公共利益的要求设计的。在我国实行计划经济时期，公共利益优先是一个公认的原则。在社会主义市场经济条件下，在宪法层面，它是设定国家机构，确立国家机关权能，明确公民权利义务的最高判断基准；在行政法层面，"它是国家行政机关乃至其他行政权行使主体存在的基本根据，是其行使各种行政权的最终合理性标准，是行政权介入私人领域的最为根本的合理性理由"。"行政法的强制性就是以公共利益为其存在前提的"。① 然而，我国现行的解决行政争议的制度设计却没有保障公共利益的制度安排。

检察机关如何通过监督行政权来维护国家和社会公益？法律没有明确规定。理论界进行了广泛的探讨，各级检察机关进行了探索。基于围绕诉讼配置检察权的思路，本章

① 杨建顺：《行政法上的公共利益辨析——〈宪法修正案〉与行政法政策学的方法论》，中国法学会行政法学研究会 2004 年年会论文。

着重分析检察机关提起行政公诉与督促行政机关提起具有公法意义的民事诉讼两种方式。

第一节 检察机关提起行政公诉

与行政抗诉不同，行政公益诉讼在 1989 年行政诉讼法中没有规定，检察机关也没有进行这方面的实践探索。关于行政诉讼中的公益保护，早已为学者们所重视。有学者主张通过降低行政诉讼门槛、放开行政诉讼原告资格等方式强化行政诉讼中的公益保护。有的主张由检察机关代表国家和社会公益提起行政公诉。也有学者对于行政公益诉讼是否应当由检察机关来承担表示怀疑，认为将这种职能赋予检察机关的必要性不大。从逻辑上讲，不是所有公共利益引起的争议都需要通过诉讼程序解决。但在任何法治国家，都有涉及公益的诉讼。即使设置公益诉讼，也不一定由国家机关承担起诉职能。事实上，在西方法治发达国家，检察机关不承担与政府对抗的行政公诉职能。但是，我国维护公益的条件和环境不同于西方。西方发达国家社会组织发育比较完善，这些社会组织在社会生活中常常充当公共利益维护者的角色。我国由于多方面原因，社会组织发育尚不完善，现有的非营利性质的社会组织大多具有官方背景，难以充当独立于政府意志之外的公共利益代表。因此，自行政诉讼法颁行后不久，就有学者研究检察机关提起行政公益诉讼的可能性。检察机关究竟能否承担起这样的职责使命？国外的行政公益诉讼制度能否为我国的制度构建提供有效的借鉴？如果赋予检察机关行政公诉权，应当限定在多大的范围之内？这些问题，在修改行政诉讼法，研究行政诉讼中的公益保护时不可回避。

一、创设行政公诉制度的必要性分析

国家权力配置不是纯粹的理论设计问题，主要还是现实选择的结果。[①] 任何国家，无论是否属于法治国家，都有其实现秩序和公益的方式和渠道。从"以法行政"到"依法行政"，再到"法治行政"，[②] 体现的不仅仅是政治文明和进步，更重要的是国家与社会治理方式的发展变化。国家实行计划经济的几十年间，虽然法律制度不够完善，但不缺乏维护秩序和公益的制度安排，只是这种制度安排不完善、不透明，不规范。在法治行政的背景下，行政权与立法权、司法权应当合理配置，不断完善公权力相互制衡机制。[③] 在我国，行政诉讼制度的建立，为司法权监督行政

① 例如，德国检察职能的变化很大程度上可归因于客观形势的变化。20世纪60年代以来犯罪大幅度增长。70年代，检察机关几乎不再充当立法者赋予它的"侦查程序的主持人"这一角色，与立法者将检察机关设计为侦查主管机关的初衷相悖，检察机关的1993年《减轻司法负担法》非常明显地要实现大幅度降低追究刑事责任的费用和刑事司法机关开支的目的。工作重点已经演变成决定是否中止刑事诉讼程序或起诉，其中心是检察机关的行为准则由"起诉法定原则"变为"起诉权衡原则"，而且检察官中止刑事诉讼程序的权限已经扩大到中等严重的犯罪。刘立宪、谢鹏程主编：《海外司法改革的走向》，中国方正出版社2000年版，第62－63页。

② 江必新：《行政法制的基本类型》，北京大学出版社2005年版。

③ 江必新：《行政法制的基本类型》，北京大学出版社2005年版，第173页、第182页。

权奠定了重要的制度基础。但是，现行的行政诉讼制度在维护行政法秩序、平等保障个体权利与公益方面的作用还没有充分发挥出来。

（一）维护公益与维护个体权益的同等重要性

在政治和法律层面，与"公共利益"意思相近的概念不少，在我们的日常生活中使用最多的有"国家利益"、"社会利益"。关于"公共利益"与这些概念的关系，学者们有着不同的理解。例如，有的学者认为，"国家利益是抽象概念，更强调政治属性"，"国家利益的主体是国家"，"公共利益的主体是全体社会成员，是公民"。[1] 有的学者认为，"公共利益是上位概念，社会利益和国家利益同为并列的下位概念"。国家利益包括国际和国内两个方面。从国内来看，"国家利益主要包括国家经济利益和国家意识形态利益"，"国家利益从根本上说是统治阶级的利益。所以，在统治阶级占少数时，国家利益其实质是少部分人的利益"，而不是公共利益。至于社会利益和公共利益的关系，该学者认为，"社会利益是全体社会成员共同追求的某种社会价值的愿望和要求。它主要包括要求公共安全的社会利益、追求社会制度之安定的社会利益、追求公共道德的社会利益、追求社会资源保护的社会利益和追求社会进步的社会利益"[2]。可见，公共利益与国家利益、社会利益并不总是表现得完全一致。

---

[1] 田凯：《行政公诉论》，中国检察出版社 2009 年版，第 11 页。

[2] 刘莘、陶攀：《公共利益的意义初探》，中国法学会行政法学研究会 2004 年年会论文。

　　行政法必须兼顾公共利益与其他利益，"只有兼顾其他各种利益，才是真正的公共利益的内在要求"。行政法必须是多元价值和多重利益的体现，必须具有"一方面以实现国家公共利益为目的，另一方面为维护公民的利益，减少摩擦、冲突和抵抗，公正地调整行政主体和行政相对人之间的关系的特点"①。行政活动应当符合公共利益与个体利益的双重要求。行政机关作为国家和社会事务的管理者，在行政所涉足的各个领域，通常作为公共利益代表。但是，在非法行政损害公共利益的情况下，仅仅依靠行政机关自觉纠正错误是不够的。因此，在行政权的行使影响到公共利益时，应当在法律上设定一个代表公共利益、参与解决涉及公益的行政争议的主体。

　　20 世纪 80 年代末，我国研究制定行政诉讼法时，正值中国社会从计划经济向市场经济过渡的转型期，经济理论要求减少政府对经济的干预，法学理论强调公民、组织意思自治，由此导致公共利益代表在民事诉讼和行政诉讼中缺位。在这种背景下形成的中国行政诉讼制度，是指公民、组织认为行政机关及其工作人员行使职权的具体行政行为侵犯其合法权益，向法院提起诉讼，并由法院审理该行政争议的活动。诉讼程序的启动规则，注重保护个体权益，将行政诉讼原告资格限定于"认为行政机关的具体行政行为侵犯其合法权益的公民、法人或者其他组织"。实践表明，由于代表社会公益的诉讼主体缺位，现行的行政诉讼

---

　　① 杨建顺：《行政法上的公共利益辨析——〈宪法修正案〉与行政法政策学的方法论》，中国法学会行政法学研究会 2004 年年会论文。

制度难以体现法律平等保护原则要求。为此，理论界从上个世纪末开始关注和研究检察机关代表公共利益提起行政诉讼的制度，即行政公诉。

行政公诉，是指当行政机关的违法行为或不作为对公共利益造成侵害或有侵害危险时，法律规定由特定国家机关为维护公共利益而向法院提起行政诉讼的制度。

公益虽然在法律文本中至高无上，在现实中却最容易受到侵害。法律为公民、组织确定的权利义务主要通过行政执法活动来实现。行政机关在履行社会管理、市场监管、公共服务职责时，有的受地方利益或者部门利益驱动，不按法定目的履行职责，同时由于缺乏严格的监督制度，一些地方和部门履行职责不顾法律统一实施的要求，有选择地开展执法，对于损害国家和社会公益的违法视而不见，或者与他人恶意串通损害公益。例如，非法开采屡禁不止，很大程度上是因为在采矿问题上地方利益与中央利益存在冲突，地方政府不敢公然对抗中央，却私下纵容、支持非法开采，该查处的不查处。有的地方行政机关甚至行政首长出于地方利益或者部门利益，纵容违法、包庇犯罪，或者"以罚代刑"。另外，有的地方政府把自身利益与公众利益对立起来，对于公民、组织依法应该享有的权利，该兑现的不兑现。由于公共利益界限不够清晰，有的地方以"公共利益"为名，滥用权力，侵犯公民、组织个体权利或利益，甚至酿成群体性事件。①

有些损害公共利益的行政行为，既不违背行政相对人意愿，也没有侵害其他特定公民、组织合法权益，虽然侵害了公共利益，却很难通过诉讼外渠道得到纠正。按照宪法和法律，行政机关虽然要接受国家权力机关的监督，但是，国家权力机关主要是对重大问题以听取报告为主要形式进行工作监督，很少涉及具体事件和案件。损害公益的行政行为或不作为往往是各级政府作出的选择，行政系统内部监督难以发挥作用。行政诉讼被认为是监督和纠正违法行政较为有效的制度。但是，如果不在法律上确定可以代表公共利益提起和参加行政诉讼的主体，就难以充分发挥行政诉讼制度监督行政机关依法行政的作用。因此，在诉讼程序的设计上，应当保证在公共利益受到损害后能够顺利地将争议诉诸司法审判。

实践中，严重的行政违法行为或者行政不作为常常伴随着行政机关工作人员职务犯罪。但是，追究职务犯罪并不必然终止违法行政行为的效力，也不能当然推动行政机关依法履行职责。有些情况下，即使追究犯罪人的刑事责任，仍然需要通过一定的法律程序确定行政行为效力，或者明确行政不作为合法与否。行政诉讼是一种直接控制行政行为效力的事后监督手段。引入行政公诉制度，有利于及时确定涉及国家和社会公益的行政行为的法律效力，以

① 例如，国家机关建办公楼被视为"公共利益的需要"，在公众看来，国家机关既然具有人民性，就不应该与民争利，为何要建设在繁华地段？有的地方政府将土地出让给开发商开发商品房也视为"公共利益的需要"。

纠正损害公益的违法行政行为。

市场经济社会，利益关系复杂，平衡各种利益关系难度加大。诉讼外的公共利益保护机制，由于程序不公开、操作不规范、公众参与度不高等原因，常常以牺牲一部分人的利益为代价换取另一部分人满意，难以赢得公众信任。在行政诉讼中，法院通过对被诉行政行为进行合法性审查，判决维持合法的行政行为、撤销违法的行政行为或者确认其违法，从而阻断违法行政行为的效力，保障行政机关依法行政。1989 年行政诉讼法没有规定公益诉讼，根据这部法律，对于违背国家和社会公益的行政行为与不作为，任何人都没有资格起诉，通过其他渠道又难以及时解决，常常引发群体性事件。因此，将违背公共利益的行政行为纳入行政诉讼范围，由检察机关提起行政公诉，有利于更好地促进行政机关依法行政。

（二）检察职能与公益起诉人的匹配性

行政公诉的任务是将现实存在的侵害公益的行政争议提交法院进行审判。行政行为接受司法审查既符合法治原则，也是法治国家通行的做法，更是行政系统内部监督所不能替代的。按照现行行政诉讼法的规定，行政行为损害公民、组织利益时，公民、组织当然具有提起诉讼的权利。但是如果行政行为损害公益，通常不会有公民、组织为了公益而提起诉讼。为此，法律应当明确一个代表公益的诉讼主体，以便将损害公益的行为提交法院进行司法审查，予以纠正。即使在行政公职人员履行职务过程中的违法行为已经构成犯罪，应当通过刑事诉讼程序追究其刑事责任，以行政公益诉讼或者行政公诉程序宣告损害公益的行政行为违法或者无效，也是一种可供选择的正当程序。

关于提起公益行政诉讼的主体，有三种模式可供选择：一是纳税人诉讼，凡某一地区的纳税人，均有权基于公共支出实际负担者的身份对行政行为行使诉权；二是居民诉讼，凡政府辖区内的居民均有权基于公共开支的实际受益者身份提起行政诉讼；三是特定机关提起诉讼与民众诉讼相结合，由法定国家机关代表国家提起公诉，特定机关不履行职责的，纳税人或者本地居民可以提起公益诉讼。

纳税人诉讼和居民诉讼模式理论上成立，但其可行性却值得怀疑：其一，纳税人和居民缺乏起诉动机。公益的特点是涉及众多人利益，纳税人、居民都不是直接利害关系人或相对人，行政行为对他们当中的每个具体人的利益影响一般都不大。即使法律赋予他们诉权，实际行使诉权的人也不会很多。其二，负担的不公平性。让那些有正义感的人为公益而花费财力、精力打官司，不符合公平负担原则。其三，能否启动诉讼程序具有很大的随意性。纳税人或者居民起诉是一种权利而不是义务。法律只能赋予纳税人或者居民以权利，而不能强迫他们起诉。如果所有纳税人和居民都不起诉，公益就无法通过诉讼得到保护。

为保证能够将绝大多数严重损害公益的行政行为提交法院进行合法性、有效性审查，法律有必要将提起行政诉讼作为一种义务赋予特定的起诉主体，使主张公益的起诉变成一种职责。对于法定起诉主体而言，它提起诉讼既是权力，也是职责，不得随意放弃。根据公权力不得随意委托的理念，接受这种义务的起诉主体只能是国家机关，而不可能是公民、组织。在现有的所有国家机关中，人大的地位决定了它不可能作为起诉人，由法院主动追究不符合"不告不理"原则，行政系统内部的任何一个部门行使起诉权都可能会受到来自行政首长的干预。而检察机关作为独立于行政系统的法律监督机关，地位比较超脱。因此，对损害公益的行政行为和行政不作为，由检察机关作为公益代表提起行政公诉比较适宜。

其一，检察机关的性质和地位适合作为行政公诉程序启动者。列宁指出："检察长的惟一职权和必须做的事情只是一件：监视整个共和国对法制有真正一致的了解，不管任何地方的差别，不受任何地方的影响，检察长的惟一职权是将案件提交法院判决。"我国检察机关不仅承担着维护法制统一的职责，而且具有相对独立的宪法地位，它不从属于行政机关，直接对权力机关负责，依法独立行使职权不受行政机关干涉，是代表社会公共利益提起行政诉讼的合适主体。人民检察院提起行政公诉，将违法行政行为或者行政不作为提交法院进行合法性审查，正是履行法律监督职责的表现。人民检察院组织法规定，人民检察院依法保障公民对于违法的国家工作人员提出控告的权利，追究侵犯公民的人身权利、民主权利和其他权利的人的法律责任。由检察机关承担行政公诉职责，有利于将监督行政行为的法律程序与追究违法行政责任的程序有机衔接起来，避免不必要的法律适用冲突。

其二，行政公诉与行政抗诉具有功能、目标相似性。

1989 年行政诉讼法第 64 条规定："人民检察院对人民法院已经发生法律效力的判决、裁定，发现违反法律、法规规定的，有权按照审判监督程序提出抗诉。"十几年来，行政抗诉制度通过监督和保障法院依法行使审判权，促进了行政机关依法行政。行政公诉至少在两个方面与行政抗诉制度具有一致性：一是行政抗诉旨在提请法院对已经作出生效裁判的行政争议案件进行再次审理，这无异于发动新的诉讼程序；行政公诉旨在将尚未经过司法裁判的行政行为或者不作为提交法院审判。二是依职权行政抗诉旨在维护司法公正和社会公益，而不是维护任何个体的合法权益。行政公诉作为一种与公民、组织基于自身利益提起诉讼并存的制度，目的在于保障公益与私益在行政诉讼中受到同等保护。

二、创设行政公诉制度的障碍

法律是最重要的社会规范，它本身也是一个复杂的规范体系。创设一种具体的法律制度，不仅要在理论上说得通，而且要在实践中行得通。建立行政公诉，面临着理论、现实、制度三方面的障碍。在理论上，必须能够证明授权检察机关行使行政公诉权优于检察机关无权干预。在实践中，需要找到打破现有权力格局的突破口。在观念上，需要冲破西方法治发达国家现有模式的束缚。

（一）公益界限的模糊性与检察机关公信力不足

以维护公共利益的名义提起诉讼，要明确起诉范围，首先要界定什么是"公共利益"。在我国宪法和法律中，公

共利益历来是一个非常重要的概念。① 改革开放以来，这个
概念"成为体制改革和法制建设过程中的一个非常重要的
价值基准——调整各种利益，均衡各种需求，解决各种纠
纷，创设各种机制，制定各种规范，都离不开这一基本价
值基准"②。国家机关，尤其是国家行政机关可以基于公共
利益限制、剥夺公民、组织的权利。但是，对于这个重要
的法律术语，无论宪法还是一般法律都没有给出确切的范
围或者定义，理论界和实务部门有多种不同的解释，难以
形成共识。有的学者认为，宪法和法律需要调整广泛的社
会关系和社会生活，往往不得不使用许多具有弹性的不确
定用语。公共利益就是"不确定用语"。对于这一用语，多
数国家由执法者根据自己的法律理念及其对相应法律目的、
原则的理解，就具体个案的情形作出其认为最适当的解释，
滥用解释权的现象并不普遍。③ 该学者同时认为，"公共利
益"没有严格、确切标准和范围，不等于没有标准和范围。
"公共利益"的基本标准是"公共性"，即该利益是相应社
会共同体全体成员或大多数成员的利益，而不是个别成员

---

① 例如，1982年宪法第10条第3款规定："国家为了公共利益的需要，
可以依照法律规定对土地实行征收或者征用并给予补偿。"宪法第13条第3款
规定："国家为了公共利益的需要，可以依照法律规定对公民的私有财产实行
征收或者征用并给予补偿。"1954年宪法第13条规定："国家为了公共利益的
需要，可以依照法律规定的条件，对城乡土地和其他生产资料实行征购、征用
或者收归国有。"

② 杨建顺：《行政法上的公共利益辨析——〈宪法修正案〉与行政法政
策学的方法论》，中国法学会行政法学研究会2004年年会论文。

③ 姜明安：《关于法律界定"公共利益"含义和范围的必要性和可能性
的对话》，中国法学会行政法学研究会2004年年会论文。

或少数成员的利益。① 虽然我们可以举很多例子说明什么是公共利益，但是，明确地归纳出"公共利益"的界定标准仍然十分困难。

既然界定"公共利益"的范围存在困难，明确行政公诉的范围就更加困难。在"公共利益"界限不甚明晰的情况下建立行政公诉制度，可行的选择是，授权检察机关行使行政公诉权的同时，赋予法院在审理公益诉讼相关案件时阐释公共利益的权力，尽管这可能让人们对检察机关、审判机关是否会滥用"公共利益"解释权产生疑虑。

与行政机关依法行政经历了漫长的发展过程类似，检察机关提高法律监督能力也经历了复杂的过程。透过最高人民检察院每年向全国人大所作的工作报告，我们发现，检察工作中自始至终存在一些主客观原因导致的问题。本世纪初以来，特别是党的十六大以来，在司法体制改革中，最高人民检察院出台了一系列旨在规范和约束检察权行使的改革措施。但是，检察工作仍然存在一些问题：例如，"不敢监督、不善监督、监督不到位"；"一些检察机关和检察人员不能正确处理执法办案与服务大局、法律效果与社会效果等关系，执法办案观念陈旧、方式方法简单，不善于从深层次分析、把握和化解矛盾，不善于做新形势下的群众工作，不适应信息化条件下执法办案的新要求"；"少数检察人员包括个别领导干部法治意识、宗旨意识淡薄，极少数检察人员目无法纪，特权思想、霸道作风严重，以

---

① 姜明安：《公共利益与"公共利益优先"的限制》，载《中国发展观察》2006 年第 10 期。

案谋私、滥用职权、知法犯法甚至贪赃枉法"，等等。① 这些问题，从不同方面或多或少地影响检察机关的公信力。

反对授予检察机关行政公诉权的学者，主要不是认为其理论上不可行，而是从我国检察权自身运行状况出发，认为建立行政公诉不合时宜，检察权应当同时受行政权、审判权制约。片面强调检察权的监督功能，漠视检察权也应受监督和制约，建立行政公诉制度，势必会人为地强化检察机关对行政机关单方面监控，从而导致检察权再度膨胀。② 这种担心并不完全多余。事实证明，可以裁量的权力最容易被滥用。某种程度上，只具有裁量性而缺乏羁束性的权力是一种特权，因为它与保障公民、组织权利的法治精神很难对接。如果建立纯粹的以权力制约权力的行政公诉制度，将无法防止这种权力蜕变为检察机关向行政机关寻租的工具。

（二）公益的复杂性与司法机关职能的单一性

有学者认为，公共利益保护问题的确存在，但是，行政公诉制度有悖于现行行政诉讼制度的目的和原则，逾越了行政诉讼检察监督的应有边界，破坏了既存的国家权力配置格局。面对行政权不断扩张的现实，试图通过赋予检

---

① 2010 年 3 月 15 日曹建明在十届全国人大三次会议上的工作报告。近年来，随着互联网技术的普及，检察人员违法违纪问题经常见诸报端，影响了检察机关的整体形象。例如，2010 年 3 月 19 日《中国青年报》刊登题为《村主任举报检察长违法包矿获刑》的文章，报道辽宁省某市检察机关领导违法包矿、打击报复举报人等违法事实。

② 章志远：《我国不宜建立行政公诉制度》，载《河南省政法管理干部学院学报》2001 年第 3 期。

察机关行政公诉权来加强对行政权的监督，缺乏针对性且难以奏效。①

中国是否需要建立行政公诉制度，不应从现行行政诉讼的目的和原则出发，也不应当从检察监督的现有边界出发，更不应从既存的国家权力配置格局出发，而是应当根据行政法治的总体要求，结合现有公共利益保障机制的实际功效和行政诉讼的特点进行考量。的确，检察权运行状况有一些不如人意之处，但是，检察权是否应当受到更为严格的监督，与是否应当建立行政公诉制度是两个层次的问题。至于现有的权力格局能否被打破，倒是建立行政公诉制度必须要面对的问题。

在我国，不少国家机关存在职能与身份错位的问题。根据宪法规定，地方政府、地方法院、地方检察院属于"地方国家机关"。它们究竟是国家之下的地方机关，还是国家设在地方的机关？从体制上看，检察机关的"国家性"更为突出，审判机关次之，行政机关再次之。相对于行政机关，司法机关的"国家性"更为明显。然而，"公共利益"并不是一般意义上的"国家利益"。面对复杂的利益关系，究竟谁来代表国家？谁来代表社会？谁来代表公众？

在我国，凡是涉及重大公益的执法活动或者事件，各级党委政府无疑发挥重要作用。尽管党委政府惯常使用关起门来协调解决问题，这种方式与法治国家要求的公开、透明风格迥异，但是，不可否认，这种协调机制在处理涉

---

① 章志远：《我国不宜建立行政公诉制度》，载《河南省政法管理干部学院学报》2001 年第 3 期。

及公众利益的群体性事件上一直发挥着作用。在行政决定或者行政不作为既关涉重大利益又关系个体利益时，党委政府主导的诉讼外解决机制和法院主导的诉讼解决机制如果同时启动，由于角色不同、依据不同，得出的解决方案难免不同。

在以经济指标为导向的业绩考核机制作用下，地方政府机关的地方性更为明显，都希望自己能够"率先发展"，没有条件创造条件也要率先发展。尽管我们愿意相信，在人生理想和政治方向上，绝大多数公职人员目标和立场是一致的，但也不能否认，在市场经济条件下，局部利益难免与国家、社会整体利益发生冲突。司法机关虽然在体制上主要受地方领导，但在司法依据上，主要执行中央一级制定的法律，因此，司法职能的"国家性"更为明显。按照目前的做法，这种利益权衡，主要是由地方政府掌握。建立行政公诉制度，必然要求地方政府将公共利益最终判断权让渡出来。在经济与社会管理中平衡各种利益关系，是各级政府的责任。从地方政府的角度来看，行政公诉会使得它们统筹本地经济与社会发展的能力大打折扣。不仅如此，公共利益本来就受公众关注，纳入到诉讼中去，必然使得相关公共决策完全摆在公众面前，弄不好会损及地方党委和政府的威信。以公权力制约公权力的行政公诉制度，就其本质而言，属于"官告官"，只是赋予了法院、检察院一定程度的公益判断权。可以预见，在缺少强有力保障的情况下创设行政公诉制度，能否得到各级地方党委和政府的支持，无疑是这项制度能否落实的关健。

（三）各国检察制度差异与法律移植难题

我国学者和立法机关比较看重具有代表性的法治发达国家的制度和做法。立法机关对于没有先例的制度创建，历来持谨慎态度。主张建立行政公诉制度的学者，通常在论文中引用国外制度作为支持。在较早出版的有关著作或者刊载的文章中，英美法系国家和大陆法系国家关于检察机关代表公益提起诉讼的制度和做法，被详细地介绍给读者。[①]

1. 英美国家的行政公益诉讼

关于英美法系是否存在行政公诉制度，资料记载，行政公诉在英国也被称为"以公法名义保护私权之诉"，即检察总长为阻止某种违法在别人要求禁止令或宣告令或同时请求这两种救济时而提起的诉讼。英国检察长的职责是保护国家和公共利益，为保护国家和公共利益，检察长有责任代表公共利益监督行政机关的行为并提起诉讼。如果公共机构超越了议会法律授予它的权力范围，但没有对任何个人造成损害，也不会立刻发生危害或者造成不可挽回的后果，只有检察官才能代表国家向法院起诉。[②]

---

① 据有的学者归纳：有关论著中介绍的情况包括，美国、英国、法国、德国、日本、意大利、俄罗斯、罗马尼亚、保加利亚、波兰、南斯拉夫、阿尔巴尼亚、蒙古、越南、朝鲜、秘鲁、比利时、希腊、瑞典、瑞士、澳大利亚、巴西、阿根廷、芬兰、委内瑞拉、哥斯达黎加、斯里兰卡、布隆迪、乌干达、突尼斯等国，在法律或判例中有检察机关提起或参与民事、行政诉讼的内容。参阅田凯：《论国外行政公诉的产生与发展》，载《西南政法大学学报》2008 年第 3 期。

② 转引自田凯：《论外国行政公诉的产生与发展》，载《西南政法大学学报》2008 年第 3 期。

有学者以美国的"私人总检察长制度"作为美国存在行政公诉的依据。在 Associated Industries of New York State v. Ickes 一案中，巡回法院提出，由于国会有权授权总检察长对于任何政府行为均可以请求司法审查，以保护一般公众的利益，国会也可以通过制定法规定任何其他人"作为私人总检察长"维护公共利益。[①]

英美法系国家虽然有检察官提起诉讼的制度，但是，首先，美国的"私人总检察长"只是借用了"检察"这个术语，而不是把权力直接授予检察机关或检察官，实际上仍然是以私权利制约公权力的制度设计。其次，英美国家的检察官隶属于行政系统，不同于法官。可以说，"私人总检察长"制度是其行政系统基于公众诉求主动要求法院介入争议的制度安排。这在当今中国同样是很难做到的。再次，检察官在提起公益诉讼时代表的公益与行政主体的立场总体上是一致的。我国学者主张建立的行政公诉制度，通常是从监督行政权的意图出发，寄望于通过诉讼防范和追究行政主体损害公益。由于国情不同，政治体制和检察体制不同，因此，英美法系国家检察官代表公益提起诉讼的制度并不能为我国建立行政公诉制度提供直接的借鉴。

2. 大陆法系行政诉讼中的公益保护

据《法德检察制度》一书介绍，法国检察机关并不在普通行政法院（相对于专门行政法院而言）作为原告提起诉讼，只是在财政法院系统设有驻审计法院检察长，"由部

---

① 温辉：《行政公诉的理论基石》，载《国家检察官学院学报》2009 年第 3 期。

长理事会通过法令任命。该检察院的成员不享有法官的终身性职务的特权。"检察长的职权主要由三个方面构成：监督会计账目的定期审查；如果认为构成会计事实，检察长应依职权，或根据财政部长、有关部长、地区或省的政府代表、共和国检察官、各省金库主计官和其他会计主任的请求，或基于在审计稽查中确认的事实，向审计法院提起诉讼，在必要时，检察长应请求对公共会计处以罚金；发现犯罪行为，检察长应向驻普通法院的检察院通告案卷。①另一部专门介绍法国司法制度的著作也对专门法院的利害关系人作了大致相同的介绍，认为普通行政法院（即初审行政法院、上诉行政法院和最高行政法院）中，是由政府特派员来履行类似于检察院的职责。② 但是，从任命权限、身份保障等各方面来看，驻审计法院的检察长都不是作为司法官员的检察官。

德国曾经有驻联邦行政法院的高等联邦检察官，作为独立的司法机关，其任务是保障不同于诉讼双方当事人利益的公共利益。出于节约财政的考虑，2002 年 1 月 1 日，高等联邦检察官制度被撤销，由驻联邦行政法院联邦利益代表人继续行使其职权。③ 可见，检察官代表公益提起行政诉讼在大陆法系国家并不是保障法治的常规方式。

可以说，两大法系主要法治发达国家的检察机关均隶属于行政系统，检察机关提起行政公诉具有一定的体制性

---

① 魏武：《法德检察制度》，中国检察出版社 2008 年版，第 113 页。
② 金邦贵主编：《法国司法制度》，法律出版社 2008 年版，第 286 页。
③ 魏武：《法德检察制度》，中国检察出版社 2008 年版，第 244 页。

障碍。尽管我们难以从法治发达国家的纠纷解决机制中找到可以照搬的做法和制度，但是，透过这些国家的制度安排，我们可以作这样的判断：法治发达国家都设置了适合本国国情的制度在行政诉讼中保障公共利益；"私人总检察长"制度实际是公民借助检察机关名义，通过法律赋予的权利约束行政权的制度安排，而不是纯粹地以公权力制约公权力；法国仅仅在特定的行政领域设置具有监督行政活动、向专门法院起诉职能的公共利益代表；德国的制度变迁说明，谁代表公共利益并不重要，重要的是涉及公益时，必须有公共利益代表。

三、民事公益诉讼新规定对构建行政公诉制度的影响

我国 1989 年行政诉讼法和 1991 年民事诉讼法是旨在保障私权的诉讼规则，没有预留下通过诉讼维护公益的制度空间。在行政关系中，行政机关很大程度上就是公益维护者。在我国，对于公民、组织损害公益的行为，行政机关可以直接采取行政措施，通常无需通过诉讼。对于行政机关损害公益的行为或者不作为，国家规定了一系列监督制度。从理论上讲，行政公益诉讼并没有太大的发展空间。尽管如此，过去的实践中，一些公民、组织为维护公益起诉到法院，由于法律没有规定，有些法院对这类案件适用审理普通民事、行政案件的程序进行了审理；有些案件，由于存在重重阻力，法院只好拒绝受理。这就使得公益在诉讼中常常处于弱势地位。法律上的平等原则，不仅要求法律面前人人平等，而且要求平等保护公益与私益。当今

中国，不仅经常发生公权力侵蚀个体利益的情况，同时也有一些公民、组织乃至国家机关，为了一己私利通过权力寻租损害国家和社会公益。在法治国家，公益不应凌驾于私益之上，更不应当被抛弃。建立公益诉讼或公诉制度，是贯彻法律平等保护原则的需要。为此，2012年民事诉讼法规定了公益诉讼。这一规定必然对将来行政诉讼法增设行政公益诉讼制度产生深远影响。在行政诉讼中，公益与私益之间的冲突更加明显。可以说，行政争议多数情况下就是公益与私益之间的冲突。面对行政行为侵害国家和社会公益、损害众多不特定公民、组织合法权益的现象，在非诉讼监督手段失灵的情况下，将诉讼作为维护公益的一种制度安排是必要的。

检察机关应当作为行政公益诉讼（公诉）的主体之一而不是唯一主体。2012年民事诉讼法将提起民事公益诉讼的主体限定为法定机关和社会组织，排除了公民提起公益诉讼的资格。这体现出立法者对公民可能滥用公益诉讼诉权的担忧。由此可以预见，将来行政诉讼法允许公民提起公益诉讼的可能性很小。由法定行政机关提起民事公益诉讼，虽然拓展了实现行政目标的方式，但是，由于行政执法本来就是维护公益的手段，让行政机关作为原告起诉行政相对人，实际是降低了效率。这也决定了将来由行政机关提起民事公益诉讼不会有太大的发展空间。

在我国，行政机关主要以执法、监管等方式维护公益，推动行政目标实现。行政公益诉讼如果同样由行政机关提起，那就只能是基于实现行政目标的公益诉讼，而不是基于监督行政的公益诉讼。为保障实现行政目标，国家通常直接赋予行政机关相应的措施，这比诉讼更加高效。因此，我国学者讨论的旨在维护公益的诉讼，应该主要是基于监督行政的公益诉讼。这种职能不可能让行政机关来承担。我国的社会组织大部分脱胎于行政系统，不可能完全指望它去充当原告来启动行政公益诉讼。这样，检察机关作为行政公诉机关的可能性增加了。当然，检察机关提起公诉也不是没有弊病，主要体现在：公益诉讼与专门监督、上下监督相比，它的魅力本来在于原告具有不确定性，不容易被收买。如果公益诉讼原告是明确的、唯一的，它就很容易被收买；检察机关在检务保障的诸多方面还要依赖行政机关，检察机关与政府在政治地位上的不均衡也不可能改变。在这种情况下，如果赋予检察机关行政公诉权，就必须保障这种权力能够有效行使，以防止法律授权蜕变为寻租的工具。为此，行政诉讼法可以将检察机关行使公诉权与社会力量对公权力的监督有机结合起来。有必要在法律中规定，检察机关提起行政诉讼，以接受公民、组织的控告、检举，或者其他国家机关要求或请求行使公诉权为原则，以主动行使公诉权为例外。

四、我国构建行政公诉制度的出路与选择

为防止检察机关过度干预行政机关的正常活动，检察机关不应当直接参与行政机关作出行政行为的具体过程。同时，创设行政公诉制度，有必要对行政公诉的范围和条件作出限制。只有在公共利益受到严重损害或者面临严重

受损的危险，不提起公诉则难以补救时，检察机关才提起公诉。

（一）在以个体权利制约公权力的框架之下配置检察机关公诉权

起初，我们研究行政公诉制度时，着重点是必要性与可行性，很少论及检察机关起诉权与其他主体权利之间的关系。现有的研究成果绝大多数不认为检察机关应当拥有垄断的行政公诉权，而是认为检察机关应当与其他社会力量共享公益诉讼起诉权。[①] 有的学者从秩序权角度来分析行政公益诉讼权的广泛性，认为"秩序权是基于人权所产生的一项公民基本权利，公民基本权利可分为消极的防御权和积极的受益权，秩序权是积极的受益权，是公民可以积极主动地向国家提出请求、国家也应积极予以保障的权利。公益诉讼是在秩序受不法侵害时，国家机关、社会组织和公民向法院提起的旨在恢复原来秩序的请求"[②]。有的学者基于对国外行政公诉制度的考察，认为"两大法系代表性国家救济侵害公益的行政行为的基石是行政自诉，而以行政自诉的方式保护公共利益依赖于法官对申诉人原告资格的扩张解释及立法

[①] 有的学者提出，若由检察机关时时注意行政主体的行为是否损害公共利益必然使其不胜其烦，因此建议公益诉讼之最终"启动权"应交给普通公民，即采取由普通公民向检察机关举报、告发的形式，检察机关再据此决定是否有必要提起公益诉讼。参阅马怀德、张红：《试论行政诉讼的类型》，载《天津行政学院学报》2002 年第 1 期。

[②] 雷吉尔：《从秩序权的视角来看公益诉讼的原告资格》，载《法制与社会》2008 年第 12 期（上）。

机关对特定领域的公共利益的特别立法"①。

关于公民、组织在提起公益诉讼中的作用。有的学者认为，考虑到我国公民诉权意识薄弱，公民个人不具有与行政机关抗衡的实力，公益诉讼的启动主体应由检察院代表国家提起行政公诉，在检察院不作为的情形下，可由普通公民提起民众诉讼。② 因此，在我国，完善行政诉讼制度监督行政权依法行使、维护公益的功能，首要的是降低提起诉讼的门槛，拓宽行政诉讼的范围。在此基础上，检察机关支持公民、组织基于国家和社会公益提起的诉讼；在公民、组织对行政决定或者行政不作为持有异议但不愿陷入讼累的情况下，检察机关基于公民、组织的告诉针对损害国家和社会公益的行政行为或者不作为提起诉讼。

在我国，无论行政法学理论还是行政法制度，大多遵循以个体权利制约行政权的思路。脱离社会和公众对公共利益的合理诉求，建立纯粹以一种公权力制约另一种公权力的行政公诉制度，理论上没有必要，实践中也难以行得通。实现行政法治，基础是行政执法，关键在行政诉讼，检察机关的监督是一种保障制度，是针对特别情况而设置的。

（二）以单行法律分别授权确定检察机关提起诉讼的范围

综观现有的研究成果，在论及检察机关提起行政公诉

---

① 赵保庆：《国外行政公诉制度再考察》，载《人民检察》2009 年第 19 期。

② 薛刚凌、王霁霞：《论行政诉讼制度的完善与发展——〈行政诉讼法〉修订之构想》，载《政法论坛》2003 年第 1 期。

的范围时，大多采取列举方式。例如，有的学者认为，检察机关提起行政公诉的范围应当包括：国有资产流失案件；环境污染和资源破坏案件；行政垄断案件；政府信息公开案件；其他侵害公益的案件。[①] 有的学者认为，行政公诉权的范围应当主要包括：侵害公益且无人起诉的行政违法行为（具体包括国有资产流失、公害、扰乱社会主义市场经济秩序）；侵害公益且无人起诉的行政不作为；侵害公益且无人起诉的部分抽象行政行为；侵害公益且系行政相对人不知或者不敢起诉的行政违法行为。[②] 有的学者认为，我国行政公诉的范围应当包括：部分违法且侵害公共利益的抽象行政行为；具体行政行为违法且侵害公共利益，但行政相对人不愿起诉的；侵害公共利益且根本没有特定行政相对人的违法具体行政行为；行政主体实施的具体行政行为重大违法，但行政相对人无力或者不敢起诉的；行政主体侵害了公共利益的违法不作为；检察机关认为侵害公共利益，应该提起行政公诉的其他情形。[③] 有的学者认为，我国行政公诉制度主要适用于：规章及规章以下抽象行政行为；依职权行政行为中的违法不作为；相对人人数众多的内部行政行为（包括对公务员的奖惩、任免行为，行政主体对全部公务员或被管理者实施的增加负担、设定义务使其不

[①] 向凯雄：《检察机关提起行政公诉受案范围探析》，载《经济与法》2009 年第 10 期。

[②] 刘润发、刘拥：《行政公诉权客体范围的界定》，载《湖南社会科学》2009 年第 6 期。

[③] 陈晓巍：《关于行政公诉受案范围的几点思考》，载《湖南科技学院学报》2008 年第 7 期。

利的行为）；只有受益人没有特定受害人的具体行政行为；损害公共利益的其他违法行为。① 多数学者在论及行政公诉的范围时加上了兜底情形。

虽然我们从理论上可以将"公益"的内涵扩大到极致，但是，对于存在明确的相对人的案件，除非由相对人起诉具有诸多实实在在的障碍，检察机关没有必要代替特定公民、组织提起诉讼。另外，在确定行政公诉范围时，我们也不能单纯地以行政行为涉及人数多少来判断是否属于"公益"，因此，在论证行政公诉范围时，应当从"公益"所蕴含的秩序、权利保障要求出发，将特定的基本人权作为公益来保护。

从中国国家权力体系的现状出发，检察机关提起公诉的权力没有必要过于宽泛。我们在看到行政违法问题的同时，也能看到各级行政机关依法行政能力和水平正在不断提高。而这种积极变化很大程度上来自社会监督的推动。人们公民意识的觉醒，会给各个国家机关带来强有力的约束。② 透过近年来发生的一系列舆论监督的成功案例，我们能够更加真切地体会到马克思说的那句话：人民群众是人类历史的创造者！这些现象都是确定行政公诉范围应当考量的因素。在这种情况之下，检察机关没有必要通过行政公诉权变相实行"一般监督"。鉴于这样的制度创设关系到

---

① 阳继宁：《设立行政公诉制度之研究》，载《社会科学家》2005 年第 S2 期。

② "5·12"大地震不仅唤醒了公民的社会责任感，而且带动了公民意识的觉醒。北川县某部门采购百万豪华车的计划刚刚公示，就遭到来自多方面的强烈批评。

国家权力格局变化，可以在修改行政诉讼法时授权检察机关依据单行法规定提起行政诉讼，在重点行政领域实行行政公诉制度。

2012 年民事诉讼法增设民事公诉（公益诉讼）制度时，对民事公益诉讼范围实际上作了限制。任何机关、社会组织提起民事公益诉讼，应当经过单行法明确授权。如果参照这一规定，行政公诉范围也将不同于新中国检察制度史上的"一般监督"①。

确定行政公诉范围，通常需要在诉讼手段与非诉讼手段之间进行权衡。基于本书第五章对检察机关直接监督行政行为可能性的分析，检察机关提起行政公诉的对象应当受到严格限制。从行政权运行特点来看，行政立法（包括制定规范性文件）、行政决策、行政执法环节都需要有相应的监督制约。对行政立法的监督，全国人大常委会法工委、国务院法制办均设置了相应的备案审查机构，立法法已授权最高人民检察院对于同宪法、法律相抵触的行政法规向最高立法机关书面提出进行审查的要求。而且，立法涉及非常复杂的政策考量，往往不是法院可以决断的。因此，检察机关不宜以提起诉讼的方式监督行政立法。行政决策是行政权行使过程中法治化程度最低的一个环节。如何加强对重大行政决策的监督，是当前行政法学者研究的重点问题。目前，除了对行政决策实行程序约束之外，尚未提出更有价值的应对策略，检察机关以诉讼方式介入重大行

---

① 关于"一般监督"的历史背景与当今环境的差异，前面已经作过分析，此处不再赘述。

政决策，并不现实。行政执法行为，尤其是行政处罚、行政许可、行政强制等等，通常由一线执法人员执行、行政机关领导决定，它是行政权运行诸环节中与群众发生关系最直接、法治化程度最高的环节。总体来看，各级政府希望通过加强监督来防范一线执法人员滥用权力、违法失职；上级机关希望通过加强监督防范下级机关滥用权力、违法渎职。行政执法环节的违法与不作为，可以考虑作为行政公诉的重点。

通过诉讼解决争议是一种高成本的制度设计，我国过去的实践中更多地是运用诉讼外手段解决公益与私益之间的冲突，因此，行政公益诉讼起初不宜范围过宽，最初可以考虑在市场监管、公共服务等领域以单行法授权方式明确规定行政公诉。

（三）按照繁简结合、广泛参与的思路设计行政公益诉讼的程序规则

公益诉讼，旨在纠正严重侵犯公益的行政行为或者不作为。因此，设计行政公益诉讼程序，应当考虑以下因素：一是不同案件的繁简程度差距非常大，有些行政行为只有经过严格复杂的程序才能准确地判断其合法性或有效性，而另一些案件中行政行为或行政不作为的合法性、有效性是显而易见的。对于显而易见的问题，适用繁杂的程序审理没有必要。二是有些行政行为或者不作为，还没有提起诉讼，或者在起诉准备阶段，行政机关就承认错误，或者自行纠正。

在法治国家，诉讼是解决纠纷的最重要方式，但不是最

经济的方式。考虑到行政主体自行纠错相对简便，又有利于挽回政府的威信。因此，可以在起诉之前设置一个告知或者敦促程序，建议行政机关自行纠正。这也正是当初检察机关进行"一般监督"的方式。检察机关发现问题，先向有撤销权的机关提出审查建议。接收建议的机关未予以纠正的，检察机关可以依法提起诉讼。同时，有些涉及重大公益的行政决定或者行政不作为影响较大、社会关注度较高，为避免检察机关提起的公益诉讼完全变成国家机关之间的讼争，公益诉讼程序应当吸收各方面利益代表参加。

在俄罗斯，目前仍然沿用着苏联时期检察机关一般监督的制度和做法。俄罗斯联邦检察机关对联邦各部和主管部门、联邦主体的立法机关和执行机关、地方自治机关、军事管理机关、监察机关及其公职人员是否执行法律实施监督，并对它们颁布的法律文件是否符合法律实施监督。在实施上述监督时，正副检察长有权向颁布违法文件的机关或公职人员提出异议，也有权向法院提出控告。收到异议的机关必须在 10 日内审议异议。①

第二节 督促行政机关提起具有
公法意义的民事诉讼

按照现行的行政诉讼制度设计，行政机关在行政诉讼

---

① 刘向文、宋雅芳：《俄罗斯联邦宪政制度》，法律出版社 1999 年版，第 273 页。

中只能作为被告或者第三人，不能作为原告提起行政诉讼；行政机关只能以执法等手段，而不能以民事诉讼手段实现国家和社会公益。2012年民事诉讼法第55条规定："对污染环境、侵害众多消费者合法权益等损害社会公共利益的行为，法律规定的机关和有关组织可以向人民法院提起诉讼。"其中的"机关"主要是指行政机关。行政机关提起民事公益诉讼，不是普通的民事诉讼而是旨在捍卫国家和社会公益的诉讼。而行政机关依法承担的立法、决策、执法等职能在本质上也应该是为了维护国家和社会公益。从这个角度讲，提起民事公益诉讼是行政机关实现行政目的的一种方式。过去的实践中，检察机关开展了督促行政机关提起民事诉讼的实践探索，主要是敦促承担国有资产监管、国土资源管理、文物管理、民政管理等职能的政府部门通过提起民事诉讼维护国家和社会公益。这些职能，在诉讼之外，属于行政职能。从这个角度讲，检察机关督促行政机关提起民事诉讼属于检察权监督行政权的一种方式。

过去，检察机关督促行政机关提起民事公益诉讼没有法律依据，开展探索的前提是通过诉讼维护公益的需要，以及检察机关与行政机关、审判机关之间的共识。今后，如果有关单行法对行政机关提起公益诉讼的授权作出规定，检察机关督促行政机关提起诉讼需要更加规范。

一、检察机关督促民事起诉的对象

检察机关督促起诉的对象，首先取决于督促起诉的性质与功能定位。督促起诉是指检察机关发现损害或足以损害国家和社会公益的违法、违约，负有公产管理、社会管理、市场监管、公共服务等公法义务、依法具有民事诉讼原告资格的行政机关和法律、法规授权组织不履行或怠于履行职责，足以导致国家财产权益或者公共利益遭受损失的，检察机关督促其通过提起民事诉讼维护国家财产权益或者公共利益的做法和制度。

（一）确定督促起诉对象的根据

有的学者认为，检察机关督促民事起诉的对象是民事主体。事实上，在民事诉讼中有义务代表国家和社会公益的主体，不是一般意义上的民事主体，也不是一般的公益组织，而是承担社会管理、市场监管等职责的公法主体，以及承担公产管理义务的主体。检察机关督促起诉的对象，应当结合私法上的处分原则、公法上的禁止处分原则以及诉权理论来确定。

其一，私法上的意思自治与处分原则。关于意思自治，民法上的主要依据有：民法通则第 4 条关于"民事活动应当遵循自愿原则"的规定；合同法第 4 条关于"当事人依法享有自愿订立合同的权利，任何单位和个人不得非法干预"的规定。关于处分原则，主要依据是民事诉讼法第 13 条第 2 款关于"当事人有权在法律规定的范围内处分自己的民事权利和诉讼权利"的规定。

有学者质疑检察机关督促起诉的主要理由之一，是认为它违反私法上的意思自治和处分原则。的确，普通公民、私营企业只要不损害公益和他人利益，就可以自由处分其权利。正因为如此，诸如公民、私营企业等纯粹的私法主体不可作为检察机关督促起诉的对象。

其二，公法上的公权与公益不可随意处分原则。意思自治是民事活动的基本原则，但它只是私法上的原则。在公法领域，公权力和公益虽然在某种情况下可以作政策性或者策略性的让步，但不可随意处分，几乎不存在当事人意思自治的问题。与普通公民对自己所有的财产拥有完全的财产权不同，公共部门承担公产管理、维护职能，但不是公产所有者，其职责兼具权力和义务双重性，必须履行，不可放弃。放弃职责即构成失职。公共部门承担的职责某种程度上就是为了维护公益。当公益受到不法侵害时，相应的公共部门或准公共部门有义务采取措施捍卫公益。

处分权是财产权的核心内容，通常只能由财产所有权人行使。国有财产和集体财产由于其所有权主体的特殊性，只能由特定的组织代为行使处分权，因而应当受到更加严格的法律约束。公产管理人对国有、集体财产并不拥有所有权，只是代行部分所有权，它们即使有权处分国有财产权益，这也不是一般意义上的"权利"，应当同时符合公法和私法的要求，而不是纯粹按照私法的规则来衡量。公共部门职权和公产管理人权利的不可随意处分性，正是检察机关督促起诉制度存在的基础。鉴于国有财产所有者在经济活动、诉讼活动中时有缺位的现实，地方检察院在探索中对督促起诉维护的公益作广义的理解，将国有企业通过诉讼维护企业财产权纳入督促对象，是可行的。基于此，可以作为督促起诉对象的，只能是负有特定公法义务的组织。

其三，现代民事诉权理论与规范。督促起诉的对象，必须是依法具有诉权的组织。确定督促民事起诉的对象，应当与诉权理论、诉权规范相吻合。最初的诉权完全基于私权产生，只有享有实体权利的人才享有诉权。按照传统理论，"有利益才有诉权"。后来的诉权理论对"利益"和"利益相关者"作不断扩大的解释，是社会进步的必然结果。随着科技进步与经济发展，社会生活方式发生了很大变化，违法常常损及不特定多数人的利益，滥用权利危及公益的现象也时有发生。面对威胁公益的违法，有些国家几乎将适格原告扩展到每一个公民、组织。但是，对于大多数公民、组织而言，提起公益诉讼是一种权利，而不是法定义务。

综上，可以作为检察机关督促起诉对象的，必须是负有公法义务，同时享有基于某种公益的民事诉权的组织。它们享有的司法请求权，在公法上既是权力，又是职责，不可放弃。

（二）督促起诉对象的类型

如前所述，督促起诉是维护公益的监督措施。构建督促起诉制度，前提是具有相对完善的公益诉讼制度。2012年民事诉讼法只是原则性地规定了民事公益诉讼制度，它明确规定的公益诉讼原告有两类：法律授权的国家机关、有关组织。检察机关能否督促有关组织提起公益诉讼，不可一概而论，尚待进一步研究论证。目前公认的、实践中比较成熟的做法是检察机关督促有关行政机关和国有资产管理机构行使诉权。

1. 行政机关作为督促起诉对象

在多数情况下，行政机关作为管理者可以单方面作出行政行为，为公民、组织设定权利义务。只有在购买办公用品、建设办公用房等非公共行政活动中，它们才可能作为民事行为当事人参加普通的民事诉讼。按照现代诉权理论和规范，行政机关作为当事人出现在民事诉讼中，主要有两种情况：诉讼是实现公共管理目标的法定途径；行政机关作为公产管理人为维护公产权益进入诉讼。

最典型的立法例是，海洋行政主管部门依据 1999 年修订的《海洋环境保护法》第 90 条的规定，对造成海洋环境污染损害的责任者提起民事诉讼。这一变化是我国适应环境保护问题国际化的新形势，借鉴国外立法例，结合现代国家观念上尊重司法判决的现实情况所作的调整。但是，在其他环境保护、污染防治立法中，相应的法律措施仍然是由行政机关责令赔偿损失。实践证明，检察机关督促环境保护部门就违法排污、拖欠排污费提起民事诉讼，是可行的。

另外一个被解读为行政机关可以提起民事诉讼的规范是国务院《城市无着落的流浪乞讨人员救助管理办法》。基于其中"县级以上人民政府民政部门负责流浪乞讨人员的救助工作"的规定，江西省会昌县、吉林省辉南县、辽宁省营口市老边区、浙江省庆元县、四川省绵阳市涪城区检察院在办理被害人身份无法确定的交通肇事刑事案件时，督促民政局代被害人亲属提起刑事附带民事诉讼索取死亡赔偿金、丧葬费，均得到法院判决的支持。

在行政管理中，凡是法定责任方式与民法上的责任方式相同的违法或违约，法律没有明确规定实现行政目标的具体措施，通过诉讼程序解决不至于严重影响行政效率的，都可以根据社会管理与保障公益、实现法治的需要规定行政机关作为原告提起诉讼。在此基础上，负有起诉职责的行政机关，就是检察机关督促起诉的对象。

2. 公产管理组织作为督促起诉对象

在我国，公产管理组织有行政机关、国有企事业单位、群团组织、社会团体、集体组织和集体企业。在市场经济背景下，公产与私产常常在同一个平台上运作，公产管理权也因此容易被误解。一些民法学者坚信它是私法上的权利，认为公产进入私法领域就应当遵循法律平等保护原则，排除国家干预。然而，公产管理人，无论是代表国家行使所有权的国资委，还是行使国有资产管理权、使用权的企事业组织，它行使的财产权都不同于私人财产权，不可随意放弃。国有企业在诉讼中主张企业财产权，实质上就是维护国有资产权益。尽管人们习惯于将财产权理解为私法上的权利。但事实上，财产权源于宪法，私法和公法中都存在财产权利保护的问题。对于国有财产管理者而言，通过民事诉讼维护国家财产权益，也是其公法上的义务。这与民事诉讼中遵循平等保护原则保护公益与私益并不矛盾。

以公产管理为主要职责，需要通过诉讼维护公产权益的行政机关主要有：国资委，它代表国家行使出资人职责、监管国有企业；国土资源行政管理部门，它兼具行政管理与公产管理职责；政府财政部门，它管理政府公共财政支出；文物管理部门，它基于国家对文物的所有权，及其文物保护职责，可以代表国家主张文物所有权。这些机关，都可以以提起诉讼的方式主张公产权益，属于检察机关督促起诉的对象。其他任何国家机关、国有企业、国家控股企业、事业单位、群团组织，对于本单位管理使用的财产，均可以作为公产管理人提起诉讼，成为督促起诉的对象。

二、检察机关督促民事起诉的范围

督促起诉的范围，首先取决于公益诉讼的范围，而公益诉讼的范围在一定程度上取决于诉讼的范围。同时，确定督促起诉的范围，还必须明确它与检察机关提起公诉、支持起诉的界限。

（一）可以通过诉讼保护的公益

在西方国家，法律和观念均认为，非经正当法律程序，不得剥夺任何人的生命、自由或财产；司法因为其正当、透明的程序而被神圣化；行政机关只拥有调查权、司法请求权，不拥有制裁决定权，无论公法领域还是私法领域，行政机关决定权利归属和义务承担的余地都很有限，诉讼是保障包括公益在内的各种利益得以实现的最主要渠道。

在我国，公益主要不是通过诉讼而是通过行政管理与行政执法来实现的。在绝大多数行政领域，行政机关可以单方面作出具有强制性的行政决定。公益受到侵害或者威胁，通常可通过行政执法获得救济。就维护公益而言，行政执法较之于诉讼具有便捷、高效、及时等特点，同时也存在程序不严谨、公信力不足等问题。因此，民事诉讼应当承担一部分维护公益的使命。例如：

首先，犯罪行为导致公益受损的，由行政机关决定民事责任承担会使问题更加复杂。为此，法律规定通过刑事附带民事公诉来维护公益。

其次，有些侵害公益的行为披着合法的外衣，不宜简单地以行政方式解决，因而有必要通过诉讼分清是非、确定权利归属和义务承担。

最后，当今世界，国际交流合作日益频繁，涉外案件、具有涉外因素的案件逐渐增多。司法判决可以国际司法协助作为执行机制，而行政决定不具有域外效力。

1991 年民事诉讼法制定于改革开放初期，当时社会各界的注意力主要集中在私权保护方面，没有注意到公益保障问题，没有为公益诉讼留下余地。为了确保公益诉讼制度建设稳步推进，2012 年民事诉讼法第 55 条只明确规定了环境、消费两个领域的公益诉讼。实际上，中国社会过去已经发生的、法院成功审理的公益诉讼案件远不止这些。因此，我们将 2012 年民事诉讼法列举的公益诉讼类型视为不完全列举。检察机关督促起诉，也要以更宽广的视野推动国家和社会公益的诉讼保护。

（二）督促起诉与检察机关提起公诉的界限

针对侵害或危及公益的行政行为或行政不作为，提起诉讼还是督促其他主体起诉，检察机关只能择其一而行之。这不仅是执法选择问题，而且是一个制度选择问题。

关于检察机关提起民事公益诉讼，现行法律依据主要是 2012 年刑事诉讼法第 99 条第 2 款，"如果是国家财产、集体财产遭受损失的，人民检察院在提起公诉的时候，可以提起附带民事诉讼。"这是截至目前检察机关提起民事公诉的唯一法律依据。多数学者认为，检察机关提起民事公益诉讼确有必要。检察机关也曾经进行了为期多年的提起公益诉讼探索。有学者认为,督促起诉是民事公诉制度缺失的权宜之策,待将来确立了公益诉讼制度,督促起诉将无须存在。

现代法治国家对于不涉及刑事犯罪的民事侵权,由检察机关提起、督促提起公益诉讼的情况都不多见。在我国,社会公众维护公益的能力有限,构建多样性的以公权力监督公权力的制度,有利于实现公益与私益的平等保护。从保障公益的实际需要出发,有限地赋予检察机关民事公诉职能是必要的。但是,检察机关督促起诉与提起诉讼,目的相同,角色不同。督促起诉,检察机关充当的是法律监督者;而提起诉讼,检察机关充当的是公益代表人。相比之下,督促起诉更符合我国检察权的职能定位,更符合现代国家职能分工的要求,更能体现出维护公益与维护法治的统一。因此,2012 年修改民事诉讼法时,立法者优先考虑将起诉职责赋予行政机关和其他公益组织。

相应地,检察机关在刑事附带民事公诉中的作用或许也可以作适当调整。过去的实践中,一些地方检察机关将法律赋予检察机关起诉权的刑事附带民事案件纳入探索督促起诉的范围,在办理刑事案件时,督促有关监管部门或国有企业就公益损失提起民事诉讼,取得了同样的诉讼效果。为此,建议最高人民检察院和最高人民法院联合对刑事诉讼法进行解释,将刑事诉讼法关于刑事附带民事公诉的规定扩大解释为:如果是国家财产、集体财产遭受损失的,人民检察院在提起刑事公诉的时候,可以提起附带民事公诉，也可以告知、督促有关行政机关或者企事业单位、团体提起附带民事公益诉讼。无适格主体提起诉讼，或者适格主体经告知、督促仍然不提起诉讼的，检察院在提起刑事公诉时，应当提起附带民事公诉。

（三）与检察机关支持起诉的界限

支持起诉与督促起诉都具有促进诉讼程序启动的意图和效果。在检察理论上，支持起诉被有些学者认为是一种诉讼监督措施。但在立法上，它是一种社会权与其他公权力共同监督司法审判的制度设计，而不是严格意义上的检察监督。民事诉讼法第 15 条规定："机关、社会团体、企业事业单位对损害国家、集体或者个人民事权益的行为，可以支持受损害的单位或者个人向人民法院起诉。"这一规定被认为是检察机关支持民事起诉的最直接法律依据。其中的"机关"包括但不限于检察机关。实践中，检察机关始终是支持民事起诉的主力军。探索民事督促起诉之初，有的检察院甚至将民事诉讼法第 15 条作为督促起诉的法律依据之一，也有学者将支持起诉等同于督促起诉。

事实上，二者的理论基础不同。支持起诉的理论基础是民事诉权理论、私法上的意思自治和处分原则；督促起诉的基础是公法上的职权不得随意处分原则。支持的对象是欲为之而不能者；督促的对象是不应放弃而放弃者。从这个角度讲，支持起诉应当是针对公民、组织不知、不敢、不能起诉的情况，例如支持农民工讨回欠薪，旨在为公民、组织寻求司法救济排除妨害；督促起诉的范围应局限于涉及国家和社会公益的案件，提起诉讼是被督促者公法上的义务。受检察机关督促而提起的诉讼是具有公法意义的民事诉讼。因此，检察机关支持公民、组织提起民事诉讼不具有监督行政的意义。

但是，检察机关支持公民、组织提起行政诉讼具有监督行政的意义。1989 年行政诉讼法没有规定支持起诉制度。从实践情况来看，行政诉讼案件起诉难问题一直十分突出，完全有必要在将来修改行政诉讼法时借鉴民事诉讼法的规定，明确行政诉讼中的支持起诉制度。

（四）确定督促起诉范围的立法进路

尽管我们不同意将督促起诉作为检察机关可以垄断的职权，但是，法律仍然有必要明确检察机关督促起诉的职能。事实证明，只有检察机关才有可能成为督促负有公法义务的组织履行起诉义务的主力军。2012 年民事诉讼法没有规定检察机关督促起诉的制度。建议将来在修改《人民检察院组织法》时原则性规定，检察机关可以基于维护公益的需要督促起诉。这样规定虽然宽泛，但不至于导致督促起诉的泛滥。因为检察机关督促起诉的范围还取决于负有公法上义务的组织可以提起民事诉讼的范围。

按照有关单行法律和司法实践，国有资产权益纠纷，公共部门和国有、集体单位的债权追索，海洋环境污染索赔等，可以提起民事诉讼。诸如资源管理、国有文物保管与保护、环境保护与污染防治、垄断与不正当竞争、公共设施管理等行政领域的执法措施，与民法上的权利救济措施大致相同，可以在单行法中规定有关行政机关可以提起诉讼。基于公益的民事诉讼范围扩大了，检察机关可以督促起诉的范围也就会随之扩大。

三、检察机关督促民事起诉的规制

为了确保督促起诉成为保障公平正义的制度安排，必须对督促起诉进行严格的规制。在法律上明确督促起诉的对象、范围、程序、效力，能够在一定程度上起到规制检察权的作用。司法审判权对督促起诉也具有规制作用。但仅凭这些，不足以保障检察机关督促起诉的正当性与公正性。

（一）切断检察机关与督促起诉案件的利益关系

在督促起诉案件中，检察机关和督促对象的立场看起来是一致的。从督促对象的角度看，检察机关的介入，可以帮助他们实现债权，达成管理目标，比聘请律师经济、有效。探索中，有的检察机关将督促起诉理解成为政府、企业服务，有的参与案件和解，个别地方检察机关督促起诉的案件线索竟然来自督促对象的"反馈"。在监督者与被监督者立场高度一致的情况下，有必要从制度上防止检察机关与督促对象形成利益共同体。

在西方国家，法院审理案件虽然收取诉讼费，但是，诉讼费通常并不用于改善法院的办公条件，更不可用于提高法官的福利。在我国，助长司法机关为钱办案的体制性、机制性弊病仍然存在，中央明确要求的"收支两条线"，一些地方财政部门并没有真正的贯彻执行。

我国检察机关作为法律监督机关与行政机关平行设置，不同于西方法治国家将检察机关设置在行政系统内部。我国检察机关作为行政机关或者国有企业的法律顾问存在体制障碍。同时，在当今社会公民、组织权益同样缺乏足够保障的情况下，应防止检察机关成为公共部门侵犯公民、组织个体利益的帮凶，检察机关与督促对象之间过于密切的联系，会降低检察监督的公信力。为此，在建立民事督促起诉制度的同时，还应当明令禁止检察机关以任何名义收取费用、接受资助。

（二）以公民、组织的私权利监督检察权公正行使

督促起诉，虽然其对象不包括普通公民、组织，其效力也不直接作用于普通公民、组织，但是，检察机关督促起诉的决定，具有启动诉讼程序的高度可能性。引入社会公众尤其是当事人对检察机关予以监督是必要的。

其一，保障公民、组织对检察机关违法办案行使申诉、控告、检举权。我国宪法规定，公民有权对国家机关及其工作人员的行为行使申诉、控告、检举权。其中当然包括对检察机关与检察人员的违法失职提出申诉、控告和检举。今后，有必要将公众对督促起诉的监督纳入检察机关接受监督的整体框架中进行设计。

其二，明确公民、组织有权申请检察机关督促起诉。为防止检察机关利用督促起诉权寻租，或者进行选择性监督，有必要引入公众启动督促程序的制度。对于公民、组织的申请，检察机关应当进行初步调查，给予答复；不予督促起诉的，应当说明理由。

其三，以督促起诉职能的非排他性防止检察机关失职。督促起诉，本质上是督促公共部门或者准公共部门履行公法上的职责。公权力不仅应接受其他公权力的监督，而且

应接受公众和社会的监督。为此,督促起诉不应当成为检察机关垄断的权力。法律应当在明确检察机关督促起诉职能的同时,允许公民、组织建议负有公法义务的组织履行职责、提起诉讼。

(三)以上级检察院领导监督防止督促起诉职能地方化

有的检察院把督促起诉与其他监督结合起来,寻求党委、人大、政府及相关部门的支持。作为一种探索,这种做法具有积极意义。但是,作为一种制度设计,应当避免各种公权力叠加导致诉讼双方力量严重失衡,给法院公正审理增加不必要的压力。

检察机关督促起诉是检察权对行政权和公产管理权的监督。按照现行的检察制度,检察机关作为国家的法律监督机关,其主要职责是监督和保障中央一级立法的统一正确实施。因此,督促起诉,应当着力避免执法中的地方保护主义。

但是,按照现行体制,地方检察机关不仅在政治上受制于行政机关,检察经费也由地方同级财政保障。为防止检察权蜕变为地方保护的工具,督促起诉蜕变为检察、行政"联手执法",有必要在督促起诉方面加强上级检察院对下级检察院的领导和监督。为此,有些地方探索实行督促起诉决定报上级检察院备案审查。将来,有条件的地方也可以探索上级检察院督促下级行政机关提起民事公益诉讼的制度,以积累经验,与同级检察院督促起诉的做法进行比较,择优确定督促起诉中检察机关与行政机关的级别对应关系。

(四)为检察机关督促起诉设定明确具体的标准

为防止督促起诉权被滥用,应以规范的形式明确检察机关督促起诉的条件。过去的探索中，不少检察机关通过自行制定规范性文件设定督促起诉的条件，积累了不少成功经验。其中，以下三点可以作为督促起诉条件的基本内容：

其一，有损害或者危及公益的法律事实。公益已经受损或处于现实危险状态，事实清楚，侵害人或义务人明确具体，符合起诉条件。

其二，负有监管职责的公共部门或组织依法享有诉权且怠于行使。这是通过民事诉讼途径维护公益的前提。主要表现为，享有诉权的组织，在侵权损害发生以后经过一段时间仍然没有提起诉讼。

其三，不存在刑事犯罪或者追究犯罪的司法程序已经启动。如果危害公益的行为已经构成犯罪，检察机关不得以督促民事起诉替代刑事追诉，而是应当遵循刑事优先的原则启动刑事侦查程序，然后再择机启动督促起诉程序，或者直接提起附带民事公诉。

第九章　职务犯罪侦查与法治行政

　　根据人民检察院组织法和刑事诉讼法的规定，贪污贿赂犯罪、国家机关工作人员渎职犯罪，以及国家机关工作人员利用职权实施的非法拘禁、刑讯逼供、报复陷害、非法搜查等侵犯公民人身权利的犯罪和侵犯公民民主权利的犯罪，由检察院立案侦查。① 此即职务犯罪侦查权。行政机关是国家和社会生活的管理者，行政公务员占国家公职人员的大多数，相应地，行政公职人员职务犯罪实际占所有职务犯罪的大部分。为了叙述方便，本章不再专门界定行政公职人员职务犯罪，下面所称"职务犯罪"主要是指行政公职人员职务犯罪。关于职务犯罪侦查权应当归属于哪个机关，长期存在分歧。它归属于检察机关的重要理论基础是，检察机关处于行政系统之外，具有体制外的优势。然而，法学理论总是以一定的社会环境条件和现实执法状况为前提，法律的逻辑常常随着现实的变化而变化。"外部监督比内部监督更有效"的观念的确已经为人们所公认。

---

　　①　关于职务犯罪，1997 年刑法界定了四种类型：刑法分则第八章规定的贪污贿赂犯罪及其他章中明确规定依照第八章相关条文定罪处罚的犯罪案件、刑法分则第九章规定的渎职犯罪案件、国家机关工作人员利用职权实施的侵犯公民人身权利和民主权利的犯罪案件和国家机关工作人员利用职权实施的其他重大的犯罪案件。

可是，面对审计机关对行政系统内部监督力度越来越大，面对公安机关查处中国足协官员、足球裁判受贿案，检察机关作何感想？这样的个案如果积少成多，会不会给检察机关独拥职务犯罪侦查权带来威胁？本章不探讨这些问题，而是要探寻职务犯罪构成背后的行政法理，分析职务犯罪侦查所肩负的行政法责任，同时研究职务犯罪侦查与行政程序的衔接问题，提出完善职务犯罪责任追究制度的设想。

第一节　职务犯罪构成的行政法理

在我国社会主义法律体系中，犯罪与刑罚以及对犯罪的侦查程序属于刑事法范畴。关于职务犯罪侦查权的性质，历来存有争议。有人认为，侦查职务犯罪与侦查其他刑事犯罪一样，不具有特殊性。有人认为，侦查职务犯罪是对国家公职人员进行监督的一种方式。有人认为，侦查职务犯罪是检察机关实施法律监督的必要手段。事实上，职务犯罪侦查，不同于其他刑事犯罪，不仅犯罪人身份特殊，而且因为职务犯罪源于国家机关及其工作人员承担的职责，职务犯罪首先表现为公职人员严重违背法定职责的行为或者不作为。传统行政法学理论虽然认为职务犯罪侦查是监督行政的制度安排，但是，由于职务犯罪侦查不是专门监督行政机关及其工作人员的措施，而是监督所有公权力机构及其工作人员的措施，它不属于行政法学体系的主要内容。一个不可忽视的问题是，职务犯罪构成与行政法理具有很大程度的交叉重叠。行政法学是专门研究行政权运作规律的学科，它的许多原理可以用以约束其他公权力主体，行政法理论应当为职务犯罪立法完善和司法判断提供重要的理论支撑。

一、职务犯罪主体的广泛性与行政法主体的扩展趋势

根据刑法理论，职务犯罪主体是特殊主体，只能是在国家机关任职或者受国家机关委托的"国家工作人员"，个别情况下国家机关可以成为职务犯罪的主体。① 根据现行刑法第 93 条的规定，作为职务犯罪主体的"国家工作人员"是指"国家机关中从事公务的人员。国有公司、企业、事业单位、人民团体中从事公务的人员和国家机关、国有公司、企业、事业单位委派到非国有公司、企业、事业单位、社会团体从事公务的人员，以及其他依照法律从事公务的人员，以国家工作人员论。"我国现行刑法规定的职务犯罪分两类：贪污贿赂罪和渎职罪。两者主体略有不同。作为职务犯罪的贪污、受贿、挪用公款等犯罪的主体包括五类人员：国家机关工作人员；国有公司、企业、事业单位、人民团体中从事公务的人员；国家机关、国有公司、企业、事业单位委派到非国有公司、企业、事业单位、社会团体从事公务的人员；其他依法从事公务的人员；受国家机关、国有公司、企事业单位、人民团体委托管理、经营国有财

---

① 例如，刑法第 387 条规定的单位受贿罪；第 396 条规定的私分国有资产罪。

产的人员。[1]传统理论认为，渎职犯罪的主体只能是国家机关工作人员，包括国家各级权力机关、行政机关、司法机关、军队、政党中从事公务的人员。关于渎职罪主体是否仅仅包括上述人员，存在两种观点。一种观点认为，除上述人员外，其他主体不构成渎职罪主体;[2]另一种观点认为，我国刑法关于渎职罪主体的规定有一个例外，即刑法第 398 条规定的故意泄露国家秘密罪和过失泄露国家秘密罪，可以是特殊主体也可以是一般主体。[3]上述观点，一个从实质意义上界定渎职罪，一个从形式意义上（刑法典）界定渎职罪，因而产生认识分歧。

事实上，受国家机关委托或者雇用从事公务的人员，如城管部门的协管、交管部门的协管等，同样承担着公法上的职责。他们同样需要对自己的渎职行为承担责任。因此，最高人民检察院与有关部门会签的《关于在行政执法中及时移送涉嫌犯罪案件的意见》（高检会［2006］2 号）规定，国家机关工作人员以及在依照法律、法规规定行使国家行政管理职权的组织中从事公务的人员，或者受国家机关委托代表国家机关行使职权的组织中从事公务的人员，或者虽未列入国家机关人员编制但在国家机关中从事公务的人员，利用职权干预行政执法机关和公安机关执法，阻

---

[1]　肖扬主编:《中国新刑法学》，中国人民公安大学出版社 1997 年版，第 650 页。

[2]　肖扬主编:《中国新刑法学》，中国人民公安大学出版社 1997 年版，第 672 页。

[3]　韩耀元:《渎职罪的定罪与量刑》，人民法院出版社 2000 年版，第 4 页。

挠案件移送和刑事追诉，构成犯罪的，人民检察院应当依照刑法关于渎职罪的规定追究其刑事责任。

在刑法中，职务犯罪的主体主要是自然人。行政法学上的行政主体在我国是指行政机关和法律、法规授权组织，不包括个人。但这并不意味着二者不具有任何可比性。

其一，从范围来看，刑法上的职务犯罪主体涉及所有"从事公务"的人员。行政主体作为行政法学中的核心概念之一，最早出现在法国，其内涵经历了一个发展变化的过程。王名扬先生将行政主体界定为"实施行政职能的组织，即享有实施行政职务的权力，并负担由于实施行政职务而产生的权利、义务和责任的主体。"① 此后，我国学者对这一概念有多种表述，大多将行政主体与"国家行政权"、"实施行政活动的权力"、"行政职权"联系起来。② 随着服务行政的兴起，行政法研究已经逐渐拓展到非高权行政领域。有学者认为，公共行政的发展对行政主体理论产生了冲击，为此，应当发展行政主体理论，丰富其内涵，行政主体在范围上不仅应当包括作为国家行政主体的行政机关和法律法规授权组织，还应当包括作为社会行政主体的非政府公共组织。③ 由此看来，行政主体理论与刑法中职务犯罪规范的主体所涉及的领域重叠部分所占比例越来越大。

其二，从权力来源与法律后果看，行政法根据行政权

---

① 王名扬：《法国行政法》，中国政法大学出版社 1988 年版，第 39 页。
② 应松年主编：《中国行政法学 20 年研究报告》，中国政法大学出版社 2008 年版，第 151 页。
③ 石佑启：《论公共行政之发展与行政主体多元化》，载《法学评论》 2003 年第 4 期。

来源、行政主体设立目的不同，将行政主体分为行政机关和法律法规授权组织两大类。受委托从事行政公务的组织不被认为是行政主体。受委托组织从事公务的行为，由委托的组织承担后果，是否意味着受委托组织除了受刑法约束之外，无需承担任何其他法律后果？显然不应该如此。是否可以直接适用民法上的委托关系？好像也不妥。但是，行政法学对此缺乏深入研究。刑法上不区分法律授权还是接受委托，只要从事公务就按照"国家工作人员"对待，同罪同果。对于刑法学来说，基于不同权力来源"从事公务"的人员，对公务的熟悉程度一般会有所不同。对于临时受委托从事公务的人员，由于公务的专业技术性所导致的过失犯罪是否在定罪与量刑上应低于正式在编的国家工作人员，值得研究。

此外，在行政职能大致稳定而又经常发展变化，国家职能与社会职能经常转换的形势下，行政主体理论如何顺应行政改革的趋势，与公务员法如何对接，与刑法上的职务犯罪主体理论如何共生，是行政法学必须面对的重要课题。

二、职务犯罪客体与行政法上的权利义务关系

在刑法中，犯罪客体是指我国刑法所保护的、并且为犯罪行为所侵害的社会关系。① 不同罪名，其犯罪客体不同。同一类犯罪有共同客体。例如，贪污贿赂犯罪的客体

---

① 肖扬主编：《中国新刑法学》，中国人民公安大学出版社1997年版，第65页。

是职务职责的廉洁性和公私财产关系;① 渎职罪的客体是国家机关的正常活动，具体表现为侵害了国家机关工作人员职务勤政性、正当性、公正廉明性。② 在刑法中，犯罪之所以为犯罪，是出于保护特定社会关系的需要。刑法规定的"行政犯"即出于保护特定行政法关系的需要而设定。

行政法学区分行政客体与行政法律关系客体。前者是指行政权作用的对象，即行政管理活动指向的对象——行政相对人；后者是指行政法律关系中主体双方的权利和义务所指向的对象，包括物、物质利益、精神财富或智力成果、行为。③ 可见，与刑法上职务犯罪客体大致对应的行政法学概念不是行政法关系客体，而是行政法律关系的内容。

在行政法上，行政法律关系的内容是指"行政法律关系主体双方所享有（或行使）的权利和承担的义务的总和"④，它具有多样性的特点，不同的行政法律关系主体有不同的权利义务，同一主体在不同的行政法律关系中，其权利义务也不相同。行政法律关系的内容是受行政法调整的，行政主体与相对人之间的关系。同时，行政行为无不

---

① 肖扬主编：《中国新刑法学》，中国人民公安大学出版社 1997 年版，第648 页。

② 韩耀元：《渎职罪的定罪与量刑》，人民法院出版社 2000 年版，第 3页。也有学者认为，渎职犯罪的客体是国家机关的正常活动和信誉，同时，渎职犯罪还对公民的人身权利、民主权利、国家或者公民的财产权利造成危害，犯罪客体呈复杂性。参见肖扬主编：《中国新刑法学》，中国人民公安大学出版社 1997 年版，第 672 页。

③ 应松年主编：《行政法学新论》，中国方正出版社 1998 年版，第 69 页、第 71 页。

④ 应松年主编：《行政法学新论》，中国方正出版社 1998 年版，第 69 页。

涉及秩序与公益，它所确定的权利义务的享有者与承担者往往并不总是局限于明确的、特定的主体。

公共行政秩序不仅需要依靠行政法予以保护，而且需要刑法予以保护。为此，法律将严重侵犯行政秩序和公共利益的职务违法纳入刑法调整的范围。公民、组织侵害刑法保护的行政法上的权利义务关系，情节严重的，依法构成刑事犯罪；公职人员违背职责，侵害刑法保护的行政法上的权利义务关系，构成职务犯罪。随着行政法理论与制度的发展，涉及不同行政领域的行政法上的权利义务关系日益清晰，判断规则越来越科学明了。这些成果，为立法机关科学地确定刑法保护行政关系的范围，为司法机关准确地判断职务犯罪构成提供了重要的理论支撑。同时，行政法上的哪些权利义务关系需要刑法保护，公职人员的哪些违背行政职责的行为造成了什么危害后果可以入罪，是行政法学与犯罪学、公共管理学需要共同面对、经常研究的重要课题。

三、职务犯罪的"罪过"与行政法归责原则

刑法规定的犯罪，不仅在客观上是危害社会的行为，而且必须是基于一定的应受法律否定评价的心理活动实施的，这种心理活动即犯罪的主观方面，也就是学理上的"罪过"。罪过以发生一定危害行为与危害结果为前提，是承担刑事责任的主观基础。刑法学将罪过分为故意和过失两大类。其中，故意又分为直接故意和间接故意；过失又分为疏忽大意的过失与过于自信的过失。作为职务犯罪的

贪污贿赂犯罪，只能由故意构成。渎职罪的罪过既有故意，也有过失。例如，滥用职权罪是从玩忽职守罪当中分离出来的新罪名。滥用职权与玩忽职守侵犯的客体和客观方面非常相似，因而长期共用一个罪名。但是，二者的根本区别在于：滥用职权是故意犯罪，主要表现为积极的作为；玩忽职守是过失犯罪，表现为消极的不作为。

行政法学在分析研究归责原则时，对行政主体和行政公职人员采取了区别对待的做法。其中，有关公职人员过错的判断与刑法上关于犯罪主体过错的判断标准大体一致，不过是体现了一些职务的色彩。有关行政主体归责的标准，也符合组织体承担责任的规律。但是，众所周知，国家权力是由人来行使的。行政主体的过错与行政公职人员的过错之间具有怎样的联系？比如，公职人员的过错达到什么程度或者在什么情况下可以视为整个行政主体的过错？行政主体的过错在什么情况下可以推导出行政公职人员的过错？对这些问题进行深入研究，不仅有利于明晰国家机关与国家公职人员之间的责任，而且能够为司法机关准确判断职务犯罪提供理论依据。

当然，对过错的判断不是主观臆断的过程。在判断行政公职人员应否承担法律责任时，通常不是先从推断其主观心理状态入手，而是从其客观行为表现与法定职责入手。例如，重大责任事故发生以后，谁应当对事故负责？首先不是从过错入手，而是从职责入手。行政法关于职权职责的细化研究，将会为司法机关判断这类犯罪提供更多的理论支撑。

四、职务犯罪行为事实要素与违法行政判断标准

根据刑法学原理，犯罪的客观方面，是刑法规定的、犯罪活动的外在表现所包含的、为构成犯罪所必需的事实要素。犯罪的事实要素，包括危害行为、行为方式、行为对象、危害结果、时空条件、行为与结果的因果关系等。职务犯罪与违法行政的行政责任主要是根据社会危害程度确定罪与非罪，二者在行为表现上有诸多相同之处。刑法学理论与行政法学理论对此均有描述，但表述方式不尽相同。下面仅介绍玩忽职守与滥用职权、徇私舞弊三种情况。

1. 玩忽职守罪与行政法上的行政不作为

根据最高人民检察院司法解释，玩忽职守罪的客观表现是：国家机关工作人员严重不负责任，不履行或者不认真履行职责，致使公共财产、国家和人民利益遭受重大损失。[①] 有的学者认为，玩忽职守罪，是指国家机关工作人员因严重不负责任，不履行或者不正确履行自己的工作职责，致使公共财产、国家和人民利益遭受重大损失的行为。表现为：放弃职责，不履行或者不正确履行自己应当履行的职责，或者在履行职责中马虎草率，敷衍塞责，严重不负责任；使公共财产、国家和人民利益遭受重大损失；放弃职责、不尽职责的行为与由此导致的重大损失之间具有刑法上的因果关系。[②] 两种界定虽然文字上差异不大，但采用

---

① 《人民检察院直接受理立案侦查案件立案标准的规定（试行）》。

② 肖扬主编：《中国新刑法学》，中国人民公安大学出版社1997年版，第674页。

的判断标准明显不同。"不认真履行职责"与"不正确履行职责",一个是从主观态度出发看行为表现;一个是从客观结果出发看行为表现。

在行政法学中,与玩忽职守大致对应的概念是行政不作为,但是二者又不完全一致。刑法上的玩忽职守,并不是指犯罪人什么也没有做,而是指没有尽职尽责地做。行政法上的不作为概念,内涵尚不甚清晰。有的学者认为它是行政行为,有的学者认为它不是行政行为。狭义的、形式意义上的行政不作为是指行政主体什么也没有做,而不包括明示拒绝的行为。这样,明确拒绝就成为一种行政行为。但这既不符合人们的语言习惯,也不符合行政法学关于行政行为的定义。首先,人们常常在实质意义上使用"行政不作为",行政机关明确拒绝了一个合理合法的请求,也被认为是"行政不作为"。其次,行政法学中的行政行为概念,是指行政主体意图创设、变更、消灭行政法上的法律关系的行为。而行政机关明确拒绝公民、组织申请创设行政法上的权利义务关系的行为,显然不具有创设、变更、消灭行政法律关系的意图,难以归入行政行为。但是,按照通常的理解,行政主体明确拒绝公民、组织申请的行为,是一个行政决定,而不是行政不作为。行政诉讼中针对行政不作为的履行判决只适用于形式意义上的不作为。例如,公民、组织申请行政许可,行政许可实施机关以申请人不符合许可条件为由予以拒绝,相对人不得提起履行职责之诉请求法院判决行政许可机关发放许可证,只能提起撤销之诉。可见,1989年行政诉讼法将明确拒绝创设、变更、消灭行政法律关系的行为视为具体行政行为，相应地，"行政不作为"概念是狭义的、形式上的，而非广义的、实质意义上的。

我国刑法关于玩忽职守罪的规定显然是从广义上、实质意义上判断公职人员是否履行了职责。其构成要件如下：行政主体及其工作人员依法负有特定的作为义务；具有履行法定职责的可能性；行政主体及其工作人员没有履行义务，或者没有适当履行义务。玩忽职守不是指犯罪人什么也没有做，而是没有以适当的方式履行职责，因而发生了严重的损害后果。

行政法上判断行政不作为的标准与刑法上判断玩忽职守罪的标准存在差异，可能与法院的审查判断权有关。在行政诉讼中，法院对行政争议涉及的事项，拥有有限的司法变更权，通常不可以直接确定引起讼争的行政法律关系的内容。在刑事诉讼中，追究玩忽职守罪以造成严重后果为前提，法院对于构成玩忽职守罪拥有最终判断权，无权直接处置行政法上的权利义务关系。

2. 滥用职权罪与行政法上的越权、滥权

按照最高人民检察院司法解释，滥用职权罪是指国家机关工作人员超越职权，违法决定、处理其无权决定、处理的事项，或者违反规定处理公务，致使公共财产、国家和人民利益遭受重大损失的行为。① 刑法学者认为，滥用职权罪是指国家机关工作人员超越职权，擅自决定，处理其

———————

① 《人民检察院直接受理立案侦查案件立案标准的规定（试行）》。

无权决定处理的事务，或者故意违法处理公务，致使公共财产、国家和人民利益遭受重大损失的行为。表现为国家机关工作人员超越法律、法规赋予的职权，擅自处理无权决定、处理的事务。[①]

但是，在行政法理论上和行政诉讼法中，超越职权与滥用职权是作为不同的违法情形对待的。在行政诉讼法和行政复议法中，超越职权和滥用职权都是应当撤销的行政行为。尽管如此，区分超越职权与滥用职权还是具有非常重要的意义。

首先，二者的表现不同。超越职权是指超越法律授予的权限范围，行使了不应由其行使的职权，例如，职能越权、地域越权、时限越权、内容越权，等等。有些情况，如对象越权、时间越权、条件越权、手段越权、程度越权，在广义上虽然也属于超越职权，但通常不作为超越职权对待，而是以主要证据不足、适用法律、法规错误或者程序违法等理由予以撤销。行政法上的滥用职权是指行政机关具有实施行政行为的权限，其行为既符合法定权限和幅度也符合法定程序，但行使权力的目的违背法律、法规赋予其该项权力的本意。简言之，滥用职权就是不正当行使权力。在行政法上，构成滥用职权应具备以下条件：行政机关行使了属于其权限范围内的职权；行政机关及其工作人员实施了行使行政职权的行为；滥用职权行为在形式上可能符合行政行为的合法要件；行政机关及其工作人员行使

---

① 肖扬主编：《中国新刑法学》，中国人民公安大学出版社 1997 年版，第674 页。

行政权力的目的违背法律、法规赋予其行使该项权力的目的。滥用职权主要表现为：不正当考虑；不一致的解释或反复无常；不当授权或委托；行政决定违背一般人的理智、违反平等原则、违反比例法则，或违反一般公平观念；故意迟延和不作为；人身迫害，等等。

其次，二者的判断标准不同。超越职权的判断标准比较客观，将法定职责、法律适用规则与职权行为相对照，即可判断出是否构成超越职权。滥用职权的根本特征是主观违法，是行政机关或行政公职人员违反法律宗旨，出于不正当的动机和目的的行使权力。对于主观违法，适用主观标准进行判断其实非常困难。由于滥用职权的行为发生在行为人职权范围内，实践中很难把握，主要还是根据一些客观标准进行判断。行政诉讼实践中法院以滥用职权为由撤销行政行为的判决非常少见。

行政法学中关于超越职权、滥用职权的理论与判断标准，可以为判断相应的职务犯罪提供借鉴。同时，鉴于超越职权与滥用职权在判断标准、否定性评价的角度上存在很大不同，因而有必要在刑法上分别规定超越职权罪和滥用职权罪。

3. 徇私舞弊罪认定与行政法上的事实判断规则

在现代汉语中，"徇私"是指"为了私情而做不合法的事"，"舞弊"是指"用欺骗的方式做违法乱纪的事情"[1]。在我国刑法中，徇私舞弊罪是一类犯罪。关于徇私舞弊罪

---

[1]　中国社会科学院语言研究所词典编辑室编：《现代汉语词典》（2002 年增补本），商务印书馆 2003 年版，第 1436 页、第 1337 页。

的客观表现，有的学者解释为：徇私舞弊，滥用职权或者放弃职守，致使公共财产、国家和人民利益遭受重大损失的行为。其中，"徇私舞弊"是指贪图钱财，袒护亲友、照顾关系，或者为其他私情私利而违背事实和法律处理公务。① 从逻辑上讲，将"滥用职权"、"放弃职守"作为徇私舞弊的具体表现，有些勉强。与"滥用职权"对应的，有滥用职权罪；与"放弃职守"对应的，有"玩忽职守"罪。如果故意放弃职守，可以认定为滥用职权。

其一，"徇私"的判断。一般来说，"徇私"主要是指行为人的动机。人的动机往往是难以把握的。是不是存在"徇私"的情节，主要可以从两方面来判断：一是有没有法律上的利害关系；"利害关系"不是固有的，并不只是与相对人具有亲属关系才具有"利害关系"。公职人员在公务活动中收受了相对人的礼品，特别是巨额财物，就从没有关系转变为具有"利害关系"。二是依法是否应当回避。我国行政法和诉讼法都有关于回避的规定。行政法上的回避更是包括任职回避与公务回避。司法实践中用于判断"徇私"的回避主要是看有无公务回避的情形。当然，人的思想动机是非常复杂的，实践中，"徇私"并不完全局限于上述两种情形。

其二，"舞弊"的判断。判断某一行为是否构成徇私舞弊罪，除了了解是否具有"徇私"的动机，更重要的是判断有无"舞弊"行为。实践中，司法机关判断行为人是否构成徇私舞弊罪，通常是根据舞弊行为去发现行为人的动机，不

---

① 肖扬主编：《中国新刑法学》，中国人民公安大学出版社1997年版，第675页。

可避免地涉及事实判断和法律适用两方面的问题。在事实判断上，首先要看是否存在隐瞒证据、掩盖事实的行为，同时还要看行政决定认定的事实是否与客观情况相符，与客观事实存在出入的事实判断是否符合法定证据规则。依法行政原则并不要求行政决定认定事实在任何情况下都与客观事实一致。例如，行政裁决案件，基本上遵循"谁主张，谁举证"的原则，根据优势证据标准认定存在争议的事实。如果行政决定认定事实符合法定行政证据规则，就不属于"舞弊"。

其三，"徇私"与"舞弊"的关系。判断徇私舞弊罪，应当从"徇私"和"舞弊"这两个关键因素出发。二者相伴而生，才构成徇私舞弊罪。如果只有"徇私"而没有"舞弊"，但是违反法律造成严重后果的，应当以滥用职权罪论处。如果没有证据证明"徇私"，却反常地"舞弊"，也应当按滥用职权罪论处。

第二节　职务犯罪侦查与行政程序的衔接

职务犯罪主体不限于行政公职人员，但是，绝大多数职务犯罪发生于行政领域及行政相关领域。职务犯罪不仅是触犯刑律的行为，而且是严重违反与该犯罪主体职责相关的法律的行为。如果说，追究职务犯罪是一种法律监督，这种监督是公职责任追究体系的一部分，它只有与其他的公职责任追究制度有机结合起来，才能更好地发挥维护法制统一的作用。一方面，检察机关侦查职务犯罪需要行政机关特别是审计、行政监察机关配合。另一方面，检察机关侦查职务犯罪案件终结并不意味着法律监督职责的完成，还应当督促恢复被职务犯罪破坏的法律秩序，推动解决有关责任人的行政责任问题。

一、职务犯罪对行政决定效力的影响

有些职务犯罪不是发生在作出行政决定的过程中，因而不存在影响行政决定效力的问题。对于那些发生在行政执法或决策中的职务犯罪，检察机关在侦查职务犯罪之后，应当就职务犯罪对行政决定效力产生的影响进行评估。认为职务犯罪对行政决定效力产生实质性影响的，应以适当方式督促法定机关解决行政决定的效力问题。尽管这不是检察机关直接决定行政法律关系的事项，但是，为了维护检察监督的严肃性，检察机关对行政决定效力的判断应当客观、准确。

（一）行政执法中发生贪污、受贿罪对行政决定效力的影响

1. 贪污行为对行政决定效力的影响

在行政主体按照正常法律程序作出行政决定的情况下，执法人员贪污、侵吞、私分本应归属于国家的财物构成犯罪，首先是国家机关内部管理的问题，并不影响行政相对人对国家的权利和义务，因而可以不影响行政决定的效力。但是，如果行政执法程序的启动本身就是为了谋取私利，即使行政决定从形式上看没有瑕疵，这个行政决定也因为缺乏目的正当性而无效。当然，行政决定无效同样不必然免除公民、组织依法承担的义务。行政决定被确认无效之

后，符合重作具体行政行为条件的，行政主体应当依法重作行政决定。

2. 执法人员受贿对行政决定效力的影响

为保障行政活动的廉洁性与公正性，只要执法人员在执法过程中有受贿行为，这个行政决定就存在效力瑕疵。但是否需要否定其效力，可以从两个角度来考虑：其一，受贿行为与动机发生的时间。如果行政执法程序是执法人员出于收受贿赂的动机而启动的，行政决定即使具备法定的形式，也因为缺乏目的正当性而无效；如果在正常的行政执法程序中，执法人员收受了贿赂，行政决定又符合其他法定要件，这应当是一个可撤销的行政决定，是否予以撤销，可以视受贿行为造成的社会影响等因素而定。如果行政决定缺乏实质性法定要件，例如收受贿赂后给不符合条件者发放许可，所作的行政决定就是无效的行政决定。其二，执法人员主动索取贿赂还是行贿人谋取不正当利益主动行贿。如果是相对一方为谋取不正当利益而主动行贿，该行政决定客观上又为其谋取了非法利益，① 这就是一个无效的行政决定，不适用信赖利益保护规则。如果行政执法人员在作出行政决定过程中索取贿赂，行政决定创设的是相对人依法应当享有的权利，应当适用信赖保护原则，承认行政决定的效力。

行政诉讼法、行政复议法都没有明确规定行政公职人员在履行职务中贪污、受贿所作的行政决定应当撤销。但

① 既可以表现为为相对人谋取了不应该得到的非法利益，也包括违法免除相对人的法定义务。

是，三大诉讼法均将审判人员贪污受贿作为再审的事由，可以为司法机关在刑事诉讼中推动解决相关行政行为的效力问题提供参考。检察机关侦查职务犯罪案件中，发现因职务犯罪导致行政行为无效的，应当建议行政机关重新审查相关行政决定以确定其效力；符合重作条件的，可以建议行政机关依法重作具体行政行为。对于履行职务中多次贪污、受贿的工作人员负责实施的行政行为，检察机关应当综合考虑行为内容的合法性、破坏法律秩序的程度、社会影响等因素决定是否建议有关部门予以撤销。

（二）滥用职权罪对行政决定效力的影响

如前所述，由于我国刑法中没有关于超越职权罪的规定，实际上，滥用职权罪与行政法上的滥用职权、超越职权两种情形相对应。

我国行政法律对超越职权、滥用职权的行政行为的法律后果都有明确规定。行政诉讼法第54条第（2）项规定，具体行政行为"超越职权的"、"滥用职权的"，判决撤销或者部分撤销，并可以判决被告重新作出具体行政行为。行政复议法第28条第1款第（3）项规定，具体行政行为"超越或者滥用职权的"决定撤销、变更或者确认该具体行政行为违法；决定撤销或者确认该具体行政行为违法的，可以责令被申请人在一定期限内重新作出具体行政行为。

在行政法学理论中，滥用职权、超越职权的行政行为通常被认为是无效行政行为。有关超越职权行为无效的表述，如"超出行政机关权限的"①、"基于无权限的无效"②、"行政主体不明确或明显超越相应行政主体职权的行政行为"③、"行政主体的无权限行为，包括超越权限和无权限两种情况"④、"行为主体不合格"⑤、"行政主体越权做出的行政行为"⑥、"主体瑕疵"⑦。有关滥用职权的行政行为无效的表述，如："行政行为的实施将导致犯罪"⑧、"权力滥用的行为，指不符合法律授予其行使这项权力的目的"⑨、"意

---

①　王珉灿主编：《行政法概要》，法律出版社 1983 年版，第 123 页。

②　皮纯协、任志宽等编注：《行政法教程》，文化艺术出版社 1989 年版，第 123 - 124 页。

③　罗豪才主编：《行政法学》（新编本），北京大学出版社 1996 年版，第 132 - 133 页；罗豪才主编：《行政法学》（重排本），北京大学出版社 2001 年版，第 92 - 93 页；胡锦光、罗杰编：《行政法与行政诉讼法》，中国人民大学出版社 2003 年版，第 76 页。

④　杨解君、肖泽晟：《行政法学》，法律出版社 2000 年版，第 157 - 158 页。

⑤　熊文钊：《现代行政法原理》，法律出版社 2000 年版，第 268 - 270 页。该书认为，行政主体不合格，主要表现为：行为主体不具备行政主体资格；行为已超出其具体权限；国家公务人员从事非职务行为。

⑥　张恩学、冯建设：《论行政行为的公定力》，载《黑龙江省政法管理干部学院学报》2000 年第 2 期；邴玉阶、孙方亮：《行政行为的公定力》，载《学术交流》2003 年第 5 期。

⑦　章志远：《行政行为无效问题研究》，载《法学》2001 年第 7 期。该文认为主体瑕疵包括：根本不具有行政主体资者所实施的行为；不具有正当组织的行政机关所实施的行为；行政主体完全无意思的行为，如行政主体在高度胁迫状态下作出的行为。

⑧　姜明安主编：《行政法与行政诉讼法》，北京大学出版社、高等教育出版社 1999 年版，第 159 页；方世荣主编：《行政法与行政诉讼法学》，人民法院出版社、中国人民公安大学出版社 2003 年版，第 160 - 161 页。

⑨　杨解君、肖泽晟：《行政法学》法律出版社 2000 年版，第 157 - 158 页。

思表示不真实"①、"行政主体意思表示因受外界影响而不真实时所实施的行为"②。

行政执法中发生滥用职权罪的，相应的行政决定应当视为无效还是可撤销？这不仅关系行政决定效力判断，而且事关公民抵抗权。在滥用职权的行政决定引起暴力冲突的情况下，滥用职权的行政决定是否无效？在我国只有行政行为无效的规定而没有行政行为无效的制度。对滥用职权的行政决定效力状态作出准确判断，对于法院选择适用撤销判决或宣告（确认）无效判决，具有指导意义。更为重要的是，在有些案件中，尤其是群体性案件中，公民、组织是否拥有抵抗权，对于判断该公民是否构成妨害公务犯罪具有重要意义。一般而言，公民、组织是否拥有抵抗权，关键看行政决定是否存在明显的重大瑕疵。关于公民、组织对行政行为的抵抗权，行政法学中的研究成果可以为刑法学者研究妨害公务罪的犯罪构成提供参考。

（三）徇私舞弊犯罪对行政决定效力的影响

我国现行刑法中徇私舞弊不是单一的罪名，而是一类犯罪。在刑法中，有关徇私舞弊的犯罪规定得比较分散。从犯罪主体来看，有司法人员徇私舞弊犯罪、行政执法人员徇私舞弊犯罪。其中，行政执法人员徇私舞弊的犯罪包括：徇私舞弊不移交刑事案件罪（刑法第402条），罪状为

① 熊文钊：《现代行政法原理》，法律出版社2000年版，第268－270页。

② 张恩学、冯建设：《论行政行为的公定力》，载《黑龙江省政法管理干部学院学报》2000年第2期；邴玉阶、孙方亮：《行政行为的公定力》，载《学术交流》2003年第5期。

"对依法应当移交司法机关追究刑事责任的不移交";徇私舞弊不征、少征税款罪（刑法第404条），罪状为"不征或者少征应征税款，致使国家税收遭受重大损失的";徇私舞弊发售发票、抵扣税款、出口退税罪（刑法第405条第1款），罪状为"违反法律、行政法规的规定，在办理发售发票、抵扣税款、出口退税工作中，徇私舞弊，致使国家利益遭受重大损失的";违法提供出口退税凭证罪（刑法第405条第2款），罪状为"违反国家规定，在提供出口货物报关单、出口收汇核销单等出口退税凭证的工作中，徇私舞弊，致使国家利益遭受重大损失的";商检徇私舞弊罪（刑法第412条第1款），罪状为"徇私舞弊，伪造检验结果的";动植物检疫徇私舞弊罪（刑法第413条第1款），罪状为"徇私舞弊，伪造检验结果的"。从这些罪状可以看出，刑法上的"徇私舞弊"实际上就是违法。可见，徇私舞弊大多数发生在作出行政决定的过程中。

根据行政复议法和行政诉讼法的规定，"主要事实不清、证据不足的"，"适用依据错误的"，"违反法定程序的"，超越或者滥用职权的，行政复议中发现具体行政行为明显不当的，应当予以撤销或者确认无效。在行政权行使过程中，"徇私"必然导致职权滥用；"舞弊"常常会导致行政决定认定事实错误，进而出现适用法律错误。适用徇私舞弊罪追究刑事责任的行为，往往都是造成严重后果的，"徇私"会破坏行政决定的目的正当性，"舞弊"会影响行政决定认定事实的客观真实性。因此，作出行政决定过程中发生徇私舞弊罪的，该行政决定应当无效。

按照依法行政原则，行政行为必须合法。只有合法成立的行政行为才是有效的。只有在个别特殊情况下，基于信赖利益保护、法的安定性等要求，才承认违法的行政决定的效力。行政复议法和行政诉讼法对行政决定的撤销条件作了规定。这些规定也是检察机关预先判断行政决定效力的依据。有关行政行为有效、无效、可撤销，行政法学已经展开过深入细致的研究。检察机关在进行行政行为效力判断时，不仅要注意运用行政行为有效、无效、可撤销的条件，而且要注意保护善意第三人的信赖利益，把握法律对行政行为的撤销限制。

二、职务犯罪侦查与行政系统内部监督的衔接

在过去的实践中，各级检察机关与行政监察、审计机关相互支持配合，为及时准确地查处腐败犯罪行为，促进廉洁政府建设做出了努力。同时，由于工作机制不完善等原因，实践中还存在信息沟通不顺畅、案件线索移送与处理不及时、协作配合不规范等问题，影响了打击腐败犯罪的力度和效果。按照建设法治政府的要求，实现检察侦查与行政执法、行政监察、行政审计之间的有效对接，还有很长的路要走。

（一）检察侦查与审计监督的衔接

根据法律规定，检察机关承担侦查职务犯罪等职责。审计是发现国家工作人员重大经济违法违规问题以及贪污贿赂、渎职等职务犯罪案件的重要方式。加强检察机关与审计机关的协作配合，实现审计监督与检察监督的紧密衔

接，有助于形成反腐败合力。2004 年，最高人民检察院与审计署联合发布《关于进一步加强检察机关与审计机关反腐败工作中协作配合的通知》（高检会［2004］5 号），要求各级检察院和审计机关（机构）提高协作配合的积极性和主动性，健全工作联系和协调机构，加强信息交流和情况通报，完善案件线索移送制度，实行移送案件线索备案审查制度，及时解决协作配合中出现的争议。2006 年 11 月，最高人民检察院与审计署召开联席会议，督促各地全面成立协调配合领导小组，建立工作情况交流、案件线索移送、案件线索报上级检察院备案审查等机制和制度，要求检察机关与审计机关保持经常性工作联系，检察机关定期到审计机关了解掌握涉嫌职务犯罪线索；拟实行检察机关应审计机关要求提前介入制度，审计机关在审计过程中发现属于检察机关管辖的涉嫌犯罪线索，认为确有必要时，可以邀请检察机关提前介入，依法审查有关材料，会同审计机关收集证据。

其一，关于完善案件线索移送制度。检察机关在查办案件过程中、审计机关在审计监督过程中，发现应当移送对方处理的案件线索，应当及时将所有相关证据材料移送给对方处理。审计署发现的职务犯罪案件线索，移送给最高人民检察院；审计署各特派员办事处发现的一般性职务犯罪案件线索，移送给有管辖权的省级检察院，对于涉及重大问题的职务犯罪案件线索，需要由审计署专题报告国务院或者需经最高人民检察院介入处理的，应当报告审计署，由审计署移送给最高人民检察院，或者由审计署指定特派员办事处移送给有管辖权的省级检察院；省、市、县级审计机关发现的职务犯罪案件线索，分别移送给同级检察院。最高人民检察院发现的违反国家财政、财务收支规定的违法案件线索，属于审计监督范围的，移送给审计署；省、市、县级检察院发现的违反国家财政、财务收支规定的违法案件线索，属于审计监督范围的，分别移送给同级审计机关。检察机关与审计机关对对方移送的案件线索应当及时进行审查，并在作出相应处理决定后，及时向对方通报处理结果。

其二，实行移送案件线索备案审查制度。各级检察院和审计机关在接到对方移送的案件线索后 7 日内和作出相应处理决定后 7 日内，应当分别将相关材料报上一级检察机关与审计机关备案。涉及厅局级以上干部的案件线索和在全国有影响的案件线索，应当在接到移送后 7 日内和作出相应处理决定后 7 日内，分别层报最高人民检察院与审计署备案。上级检察机关与审计机关对下级机关报送的备案材料，应当及时进行审查，定期对下级机关的个案线索移送处理情况进行检查和督办，发现问题及时纠正。

其三，检察机关与审计机关权限争议解决机制。"高检会〔2004〕5 号"通知要求，"对于双方在协作配合中出现的争议，检察机关与审计机关要本着积极、慎重的态度，及时进行沟通，通过本级协调配合领导小组办公室协商解决。无法解决的，应提交本级联席例会解决。仍难以解决的，应分别上报上一级检察机关与审计机关进行协调，不得直接自行处理或者拖延不办。"这样的工作机制相比过去混乱无序的状态，对于解决检察机关与审计机关的权限争议具有积极意义。但是，从法治国家的要求出发，仅仅由两个机关相互协商的方式处理争议并不合适。建议将来在全国人大常委会之下设置专门的权限争议裁决委员会，以解决各类国家机关之间的权限争议与权限冲突。

（二）检察侦查与纪检监察程序的衔接

检察侦查与纪检监察程序的衔接，实际上涉及两个问题：检察侦查与党的纪律检查程序的关系；检察侦查与行政监察程序的关系。在纪检与监察合署办公的体制下，两个问题实际上变成了一个问题。检察侦查与纪检、监察的衔接，主要是相互及时移送案件。

1. 从纪检监察程序到检察侦查程序

关于党的纪律检查程序和检察侦查孰先孰后，无论党的政策还是国家法律都没有作出规定。实践中，担任一般公职人员的共产党员构成职务犯罪的，通常由检察机关侦查后启动党内纪律检查程序；领导干部特别是高级领导干部严重违纪，通常由党的纪律检查机关先行调查，确定构成职务犯罪以后，移送检察机关侦查；有些大案要案由检察机关与纪检机关联合调查，分别固定证据，分别作出决定。关于纪检与检察之间的衔接，最为关键的是纪检机关发现公职人员涉嫌犯罪的事实之后，及时固定证据，移送检察机关依法查处，不搞联合办案，不以纪律处分代替刑事追究。

关于检察侦查与行政监察之间的关系，在法理上和法律上都是非常清楚的。行政监察法第 44 条规定："监察机关在办理监察事项中，发现所调查的事项不属于监察机关职责范围内的，应当移送有处理权的单位处理；涉嫌犯罪的，应当移送司法机关依法处理。接受移送的单位或者机关应当将处理结果告知监察机关。"但是，在纪检与行政监察合署办公的体制下，行政监察程序与检察侦查程序的关系显得复杂了。为了保障共产党员和公职人员的公民权益，纪检、行政监察程序均不宜在顺序上优先于检察侦查程序。

不仅如此，纪检监察机关还应当为检察机关依法独立公正行使检察权创造条件。对于压案不查、非法干预和阻挠办案、打击报复办案人员的公职人员，纪检检察机关应当进行调查，予以警告或者诫勉谈话，直至予以纪律处分。

2. 从检察侦查程序到纪检监察程序

根据法律规定，检察机关对国家工作人员的行为进行监督的方式，主要是职务犯罪侦查。无论犯罪嫌疑人或其他相关人是否构成犯罪，检察机关都无权给予该工作人员行政处分或者纪律处分。但是，检察机关侦查职务犯罪过程中发现违法违纪行为，应当给予有关人员纪律处分或者行政处分的，不可放任不管，而是应当移送有权机关解决行政责任或者纪律责任问题。[①] 根据最高人民检察院《人民检察院检察建议工作规定（试行）》第 5 条的规定，检察机关在职务犯罪侦查中发现下列情形之一的，可以提出检察

[①] 早在 1949 年新中国成立之初，最高人民检察署检察委员会主持拟定、毛泽东主席批准的《中央人民政府最高人民检察署试行组织条例》规定，最高人民检察署行使职权时，如认为只应予以行政处分的，移送人民监察委员会处理。

建议：（1）预防违法犯罪等方面管理不完善、制度不健全、不落实，存在犯罪隐患的；（2）行业主管部门或者主管机关需要加强或改进本行业或者部门的管理监督工作的；（3）在办理案件过程中发现应对有关人员或行为予以表彰或者给予处分、行政处罚的。

侦查职务犯罪过程中发现的应受处分的情况有两种：一是构成犯罪的嫌疑人应当承担的纪律责任；二是不构成犯罪的责任人的纪律责任。目前的实践中，前一种情况落实的比较好。检察机关在办案中发现公职人员的行为不构成犯罪但应当予以纪律处分的，应当提出检察建议或者移送案件而不建议、不移送；有的机关对检察建议不重视，认为没有追究刑事责任就"没事了"。对此，检察机关应当将案件从检察侦查环节向纪检监察机关移转作为一项常规工作，并且跟踪了解检察建议的采纳情况。

检察机关向有关机关提出给予有关人员处分的建议，应当尊重事实和法律，在提出检察建议的同时，将侦查职务犯罪过程中获取的有关人员应受处分的证据材料移交有权机关。检察建议对于其他机关没有法律意义上的约束力，通常只能作为启动追究程序的事实依据。对于检察建议书表述的事实，有关机关应当客观、全面地调查取证，依法作出决定，并将处理结果通知检察机关。

第三节　完善职务犯罪责任追究制度的构想

在过去的司法体制改革中，检察机关通过推行职务犯罪案件审查逮捕程序改革、人民监督员制度，实行讯问犯罪嫌疑人全程同步录音录像等措施，完善了职务犯罪侦查及其监督程序。2012 年刑事诉讼法第 148 条第 2 款规定："人民检察院在立案后，对于重大的贪污、贿赂犯罪案件以及利用职权实施的严重侵犯公民人身权利的重大犯罪案件，根据侦查犯罪的需要，经过严格的批准手续，可以采取技术侦查措施，按照规定交有关机关执行。"这些改革措施，对于规范检察机关查办职务犯罪案件，具有重要的积极意义。同时，在实践中，检察机关通过探索上级检察机关牵头查处大案要案，运用提办、督办、指定异地管辖等方法，在一定程度上增强了检察侦查的独立性。但是，影响检察机关依法独立公正行使职务犯罪侦查权的体制性、机制性因素仍然存在。为此，需要进一步深化改革完善职务犯罪责任追究制度。

一、职务犯罪举报、检察调查与检察侦查有效衔接

在最高人民检察院的有关规范性文件中，检察机关对符合一定条件的职务犯罪举报线索，在决定是否立案前可以由举报中心"初核"或者由侦查部门"初查"。2012 年《人民检察院刑事诉讼规则（试行）》第 167 条规定："举报中心对性质不明难以归口、检察长批交的举报线索应当进行初核。对群众多次举报未查处的举报线索，可以要求侦查部门说明理由，认为理由不充分的，报检察长决定。"同时，该规则还规定了职务犯罪案件的初查程序。其中第 168 条规定："侦查部门对举报中心移交的举报线索进行审查

后，认为有犯罪事实需要初查的，应当报检察长或者检察委员会决定。"第178条规定："对于实名举报，经初查决定不立案的，侦查部门应当制作不立案通知书，写明案由和案件来源、决定不立案的理由和法律依据，连同举报材料和调查材料，自作出不立案决定之日起十日以内移送本院举报中心，由举报中心答复举报人。必要时可以由举报中心与侦查部门共同答复。"

上述规定有利于检察机关较为准确地运用举报线索发现职务犯罪案件，但没有充分体现保障公民、组织举报权的精神。2012年《人民检察院刑事诉讼规则（试行）》规定的"初核"、"初查"都属于选择性的检察措施，举报中心、侦查部门对举报线索的调查拥有较大的裁量权。同时，由于举报人能力不足等原因，过去检察机关收到的举报线索数量庞大、质量不高，实际成案率较低。

2012年《人民检察院刑事诉讼规则（试行）》已经对初查程序作了一些规定，仅有这些规定还不够。理顺群众举报、检察调查与职务犯罪侦查之间的关系，需要进一步完善举报线索调查制度。其一，规范举报线索管理，以防止掌握线索的检察人员隐瞒不报，或者利用举报线索徇私枉法、敲诈勒索。其二，通过举报宣传等手段，增强举报人提供证据材料和举报线索的意识和能力。完善举报奖励制度，科学确定举报奖励的条件、标准、时间。完善举报答复制度，进一步明确答复范围、主体、内容，丰富答复方式。其三，进一步规范检察机关的初核、初查行为，明确举报线索的成立条件，对符合形式要件的匿名举报线索，检察机关也必须调查。其四，为增强检察调查的有效性，宜坚持专群结合，发动群众举报或者提供证据材料、证据线索；重视和运用舆情，健全职务犯罪网络举报受理机制。其五，在严格遵守保密规则的同时，健全检察机关办案公开机制，公布办案流程，适时通报办案情况，畅通公众对办案机关、办案人员违纪违法行为的举报控告渠道，严格防范和追究徇私舞弊、贪赃枉法行为。其六，进一步完善举报线索评估制度，明确线索评估的范围、主体、程序、标准等，完善举报中心对决定不立案线索进行审查的程序，以强化检察机关内部监督制约。

二、完善职务犯罪查处与量刑体系

检察机关侦查职务犯罪，目的在于追究职务犯罪的刑事责任。这项检察职能能否有效发挥作用，至少取决于三方面因素：检察机关侦查职务犯罪的能力；科学的职务犯罪刑事责任立法；符合公平正义的公职人员定罪体系。

实践中长期存在的问题是，其一，检察机关侦查能力有待进一步提高，虽然 2012 年刑事诉讼法已经授权检察机关可以对特定职务犯罪案件使用技术侦查手段，但是现有检察侦查条件仍然难以适应信息化条件下侦查职务犯罪的需要。其二，公职人员贪污受贿案件的涉案金额越来越大，而谋财职务犯罪的法定刑、实定刑明显低于同类同等程度的普通刑事犯罪。贪污、受贿的量刑明显低于同等数额的盗窃、诈骗犯罪。其三，在轻刑化的背景下，检察机关花费大量人力财力侦查终结证明犯罪嫌疑人有罪的案件，起诉到法院以后，相当大一部分被判处免予刑事处分、缓刑。

　　为此，需要通过进一步深化改革、修改立法，完善职务犯罪责任与追究制度。其一，顺应行政公开的要求，推动检察机关同步共享相关行政信息，以提高检察机关及时发现职务犯罪的能力。其二，缩小贪污、受贿等犯罪与盗窃、诈骗犯罪的法定刑差距，以严厉的刑罚手段监督公职人员廉洁履职。其三，完善渎职犯罪责任认定与评价体系。从行政的特点来看，一个渎职后果的产生，往往是由多方面原因引起的，相关责任人往往也不是一个。不同责任人之间，其职务过错，有时差距不是特别大，但在责任承担上，被追究刑事责任的公职人员，和仅需要承担行政责任的公职人员相比，二者的前途命运因此而有天壤之别。被追究刑事责任者会有不公平感，法庭在量刑时也会考虑这样的因素。为此，需要完善渎职犯罪责任认定与评价体系。实现这一目标，需要借助公共管理理论和规则，推动行政机关公职人员岗位职责进一步明晰；借助行政法上的行政权责理论，法理学上的因果关系理论，进一步明确渎职犯罪的归责与定罪标准。

第十章　刑事检察职能的行政法作用

　　关于检察机关行使的审查逮捕、刑事公诉等职能的性质，理论上不无争议。有的观点认为，侦查、侦查监督等刑事公诉前程序是特别行政程序，不是诉。事实上，现代国家关于司法权与行政权的划分不是绝对的。例如，德国由初级法院行使公司登记权。但是，在其他大多数国家，公司登记由行政机关承担。虽然我们可以基于公诉前法律程序与公诉后法律程序的诸多差异，把它视为"特别行政程序"，但是，它和一般的行政程序相比，却更加特殊。侦查活动、审查逮捕的依据是刑事法典，与刑事公诉、审判程序前后相继，作为刑事司法职能对待更为合适。正因为如此，我倾向于将侦查、侦查监督等职能视为刑事司法职能，将检察机关在刑事诉讼中承担的具有维护行政法制作用的职能视为"刑事检察职能的行政法作用"。使用这一表述方式，主要是基于以下考虑：行政法学与刑事法学属于不同的法学学科，行政程序与刑事程序属于不同的法律程序。将刑事程序中的这些检察措施视为行政检察措施过于牵强。同时，检察理论又不可忽视它们维护行政法秩序的作用。考虑到它不像本书前面分析的各种检察职能在行政检察关系中的作用和地位那么重要，本书把它放在最后一章。

第一节　刑事追诉职能保障行政法秩序的作用

法律作为一种社会规范，其本质特性是强制性。尽管任何国家都倡导人们自觉守法，但是，法律从根本上讲不是完全自动实现的。刑事法与行政法同属于公法，主要是关于国家与社会成员关系的规范，规定社会成员在国家和社会中的权利义务。二者相互支撑。刑事法对于行政法秩序具有重要的保障作用。而行政法又弥补了古代法律中以刑事法为主的治理方式之不足。刑法的主要执法机关，即刑事司法机关，按照刑事诉讼流程主要是：公安、检察、法院、监狱；行政法主要由行政机关适用和执行。从法律责任的角度看，现代法治国家存在三个基本的法律责任体系：民事责任、行政责任和刑事责任。民事责任的出发点是校正正义，即赔偿损失。行政责任和刑事责任的出发点是校正正义和功利主义的结合，即报复和预防的结合。[①] 表现在法律责任体系中，刑事责任与行政责任从实体法的角度互相补充，从程序法的角度相互衔接。同时，刑事与行政两种公法责任主要根据行为的社会危害程度进行划分，实行不同的追究程序，二者存在高度的关联性。检察机关承担的审查逮捕、公诉、诉讼监督等刑事司法职能对于监督和保障行政法秩序的实现具有重要作用。

---

① 刘守芬、牛广济：《犯罪与行政违法行为的理论界限新探》，载《昆明理工大学学报（社会科学版）》2008 年第 9 期。

一、一般刑事检察职能的行政法作用分析

检察机关在刑事诉讼中依法承担审查逮捕、审查公诉、刑事诉讼监督等职责。基于刑事法保障行政法秩序的功能，这些一般刑事检察职能也具有推动行政法制统一的作用。

（一）行政刑法的一般原理

行政刑法一词源于德文 Verwaltungstrafrecht，在内涵上，不同国家对"行政刑法"概念有不同的理解。即使同一国家的不同学者也有不同的理解。一般认为，行政刑法不是单独的法典，而是刑法典中为保障行政法秩序而设置的有关犯罪与刑罚的规范。我国学者关于行政刑法的表述主要有：行政刑法是"国家基于社会防卫的目的，以各种处罚措施对违反社会秩序的行为或倾向施以制裁或进行矫治的法律体系"；是"国家为维护社会秩序保证国家行政管理职能的实施而制定的有关行政惩戒的行政法律规范的总称"；是"国家为了实现行政管理目的，维护正常的行政管理秩序，规定行政犯罪及其刑罚的法律规范和劳动教养法律规范的总和"；是"国家为了维护正常的行政管理活动，实现行政管理目的，规定行政犯罪及其行政刑法责任的法律规范的总称。"①

行政刑法作为刑法的一个分支，它首先是关于犯罪与刑罚的法律。只不过，它是基于保障行政法秩序的目的将

---

① 转引自苏海健：《论我国行政刑法立法的不足与完善》，载《四川教育学院学报》2008 年第 3 期。

某种行为规定为犯罪。从实质意义上，可以将行政刑法定义为：基于保障行政法秩序而创设犯罪和刑罚的法律规范的总称。

众所周知，罪刑法定是刑法的基本原则。但是，行政法中能否规定有关追究刑事责任的条款，却是一个存有争议的问题。有学者认为，被动的刑事立法已经不能适应当今社会管理和秩序维护的需要，而行政立法的灵活性和高效率可以迅速对各种社会风险作出反应，出于贯彻行政法和确保取得行政实效的需要，行政法中规定刑罚内容，可以提升法律的权威性和威慑力。有学者则认为，刑罚是刑法的重要部分，行政法规定刑罚条款有损于刑法的统一性和权威性。还有学者认为，1997 年刑法确立了罪刑法定原则，使得行政立法中规定犯罪与刑罚的基础被削弱。现实中，行政立法一般由相应的行政部门起草或制定，如果没有关于刑事责任的规定，行政法的刚性无疑将大打折扣。于是现行的各种行政法中大多有"构成犯罪的，依法追究刑事责任"的规定。至于能否追究刑事责任，还是要以刑罚的规定为基础。[①]

事实上，对于行政刑法，不宜简单地从形式上理解。法规、规章中关于"构成犯罪的，依法追究刑事责任"的内容并不是真正意义上的行政刑法规范。在我国，根据立法法第 8 条关于"犯罪与刑罚"的事项只能制定法律的要求，创设行政刑法的规范只能在刑法典或者全国人大及其

---

① 以上观点引自王金贵：《犯罪与行政违法行为的界限及惩戒机制的协调研讨会综述》，载《人民检察》2008 年第 15 期。

常委会制定的行政法律中出现。行政法规不能创设行政刑罚，但它始终在相关案件的刑事程序中发挥着重要作用。刑法典规定的行政刑法规范，往往需要行政法规作为补充。德国刑法学者威尔采尔（Welzel）将犯罪构成要件分为完整的构成要件和需要补充的构成要件。行政犯的构成要件需要行政法补充，也可以称为空白构成要件，必须由行政法或其他法律补充空白之后，才能成为完整的构成要件。①

（二）现行刑法对行政法秩序的保障功能

在刑法理论中，为保障行政法规范实施而设立的罪名被称为行政犯，与违反公共善良风俗和人类伦理的自然犯相对称。事实上，刑法规范同样担负着倡导建立新型社会关系的使命，行政法秩序也不是绝对无视正常的社会伦理。由于一般违法与刑事犯罪根据危害社会程度不同进行划分，刑法规定的绝大多数犯罪均不同程度地具有保障行政法秩序的功能。行政犯与自然犯的划分是相对的，通过这种两分法把刑法规定的犯罪截然分开非常困难。

无论我们如何定义行政刑法，如何界定其范围，行政刑法理论无可辩驳地说明刑法对行政法秩序的保障功能。与 1979 年刑法相比，1997 年刑法在保障行政法秩序方面作了更为具体的规定。它根据社会发展需要增加了一些新罪名，而这些新型犯罪所破坏的社会秩序，大多属于行政法已经涉足的领域。刑法的介入，明显加大了保障行政法秩

---

① 林山田：《刑法通论》，台湾三民书局 1984 年版，第 51 页。

序的力度。刑法分则中的相关条款绝大多数是保障法律和行政法规实施的，只有个别条款明确规定了违反国务院部门规章的刑事责任，鲜明地反映了刑法维护法制统一的价值取向。

我国刑法总则和分则中都有关于保障行政法秩序的规定。

其一，刑法总则以变更刑罚执行方式作为对特定违法者的制裁，主要体现在：被宣告缓刑的犯罪分子，在缓刑考验期限内，违反法律、行政法规，情节严重的，撤销缓刑，执行原判刑罚；被假释的犯罪分子，在假释考验期限内，有违反法律、行政法规的行为，尚未构成新的犯罪的，依法撤销假释，收监执行未执行完毕的刑罚。

其二，刑法分则对行政法规范的保障主要体现在：规定某些违背行政职责的行为、假借行政权的名义实施的行为、妨害行政法规范实施的行为为犯罪；明确规定违反行政法规范的某类行为为犯罪；以行政法规范作为确定行为人是否构成犯罪的依据。其中，第一种情况适用于所有或绝大多数行政领域，它不是专门用于保障特定的行政法秩序，而是为保障所有行政法秩序而设立的，是刑法保障行政法秩序的最基本条款。

适用于所有行政领域的刑法分则条款涉及的犯罪既包括特定主体，也包括一般主体。主体为国家机关工作人员的犯罪主要有：滥用职权罪、玩忽职守罪、徇私舞弊不移交刑事案件罪、报复陷害罪等等；主体为公民、组织的犯罪主要有：妨害公务罪、煽动暴力抗拒法律实施罪、招摇撞骗罪以及伪造、变造、买卖、盗窃、抢夺、毁灭国家机关公文、证件、印章罪等等。

从这个角度讲，检察机关在追究行政犯的案件中履行审查逮捕、提起公诉、刑事诉讼监督等职责，实际上也是维护和保障行政法秩序。这就要求履行刑事检察职责的检察官对行政法知识有精深的了解。只有把握刑法背后的行政法精神，才有可能做到公正执法。

二、破坏法律实施的刑事责任问题

在我国，行政法规范是一个非常复杂的系统，除法律、行政法规之外，地方性法规、行政规章也属于行政法规范。在某些地方或领域，地方性法规、行政规章可能会与法律、行政法规发生冲突，甚至有意规避法律。在行政执法中，有的国家机关及其工作人员出于地方保护或者部门利益，也可能有意规避法律、行政法规，而选择适用地方性法规或规章。这种现象，不仅破坏行政法秩序，影响到全国性的行政目标的实现，而且可能侵害公民、组织的合法权益，破坏公平竞争的市场秩序，致使社会资源浪费。对此，除建立一定的制度，消除法律规范的内在冲突之外，利用法律制裁手段保障法律、行政法规的实施非常必要。

普通公民在行政活动中处于被管理者和参与者的地位。国家行政机关是行政权的行使主体。依法治国的关键是行政机关能否依法行政。衡量行政机关是否依法行政的直接标准就是行政法规范的执行情况。刑法保障行政法规范实施的重点也应该是制裁行政权行使过程中的严重违法行为。

现行刑法中可以以行政公职人员为犯罪主体、与行政法秩序有关的罪名主要有：玩忽职守罪、滥用职权罪、徇私舞弊罪、煽动暴力抗拒法律实施罪，等等。其中，玩忽职守罪是过失犯罪，煽动暴力抗拒法律实施罪的主体是一般主体。在刑法上，滥用职权罪包括滥用职权和超越职权。其中，滥用职权罪侵犯的客体是国家机关的正常活动；徇私舞弊罪的客体是国家机关的正常活动与工作制度。国家机关的正常活动与工作制度，理论上能够包含"法律适用"。法律实施情况与"国家机关的正常活动"、"工作制度"是否受到破坏虽然含义不完全相同，但在法治政府条件下，二者内容多有交叉重叠。例如，滥用职权罪，按照有关解释，它是指国家机关工作人员超越职权，违法决定、处理其无权决定、处理的事项，或者违反规定处理公务，致使公共财产、国家和人民利益遭受重大损失的行为。法律秩序遭到破坏应当视为国家和人民利益遭受损失的一种表现。

从定罪标准来看，现有的这些罪名的判断标准主要是人命和直接的财产权损失，而法律秩序受到破坏的程度往往被忽视。刑法中的"滥用职权"与其他法律中的"滥用职权"概念的内涵存在明显的不一致。根据行政诉讼法的规定，作为的违法可分为多种情形：缺乏事实根据；适用法律、法规错误；超越职权；违反法定程序；滥用职权。其中，滥用职权是指行政机关及其工作人员的行为在其权限范围内，但行使权力的动机和目的违背了法律的本意。刑法与行政诉讼法规定存在差异，行政判决所确认的超越职权以及违法要求公民、法人履行义务等违法行政行为，如果情节严重，目前应以滥用职权罪进入刑事司法程序追究责任。实践中，检察机关在这方面的监督力度还很有限。例如，地方政府明知本机关无权发放采矿许可证，但是出于地方利益最大化的考虑，越权发放采矿证，成全他人非法开采，致使矿产资源遭受严重破坏，而现实中因为这种越权审批而受到追究者很少。再如，行政机关利用暴力手段，违法要求公民、组织履行其不应当履行的金钱负担或者其他义务，只要没有致死人命，无论影响多么恶劣，刑法甚至不认为这是犯罪。

1997 年刑法第 278 条规定了煽动暴力抗拒法律实施罪，用于制裁煽动群众以暴力抗拒法律、行政法规实施的行为，其犯罪主体是一般主体。既然普通公民抗法可以入罪，那么官员利用职权或职务上的便利破坏法律实施的严重违法行为也应当定罪。虽然国家机关工作人员实施上述行为也可以据此定罪，但实际上国家机关工作人员通常无需利用煽动他人使用暴力，即可破坏法律的实施。刑法并未明确规定国家机关拒不执行法律、行政法规等故意违法的刑事责任。这不符合法律平等原则的要求。

况且，普通公民对实施法律、行政法规的影响是非常微弱的，关键因素仍然是国家机关及其工作人员是否切实依法办事。鉴于现行刑法规定的滥用职权罪、徇私舞弊罪等不足以涵盖严重破坏法律实施的违背职责的行为，有必要在完善行政责任体系的同时，研究在刑法中增设"破坏法律实施罪"的可行性。或许，增设破坏法律实施罪，可以更有效地遏制国家机关及其工作人员在行使权力过程中无视法律规定，严重侵犯公民、组织合法权益或严重侵犯社会公共利益，或者以"土政策"取代法律、行政法规，严重破坏法律统一正确实施的行为。如果认为"破坏法律实施罪"与滥用职权罪、徇私舞弊罪有太多交叉重叠之处，不宜作为单独的罪名，也有必要在相关解释或立法中明确公职人员破坏法律实施的刑事责任问题。

第二节　行政执法与刑事司法衔接及其监督

在我国，一般违法由行政机关追究，刑事犯罪的追究由刑事司法机关承担。行政机关介入社会生活的程度比较深。除非常明显的严重刑事犯罪，无论是一般违法还是刑事犯罪（特别是行政犯），第一发现者往往不是刑事司法机关，而是行政执法机关。行政执法机关发现属于自己职能范围内的违法，应当依法处理或者依法移送有管辖权的行政机关处理；发现涉嫌犯罪案件，应当移送刑事司法机关。行政执法与刑事司法的有效衔接，事关依法行政与公正司法，事关经济社会秩序维护，事关公众利益保障。2001年国务院《行政执法机关移送涉嫌犯罪案件的规定》颁行以来，各级各地检察机关与有关部门建立健全工作机制，强化了对行政执法机关移送涉嫌犯罪案件的监督。但是由于种种原因，在一些行政执法领域，有案不移、有案难移、以罚代刑的问题仍然比较突出。

一、对公安机关进行刑事立案监督及其局限性

1996 年之前，我国检察机关虽然拥有刑事诉讼监督权，但是，立案监督并不是法定的检察职能。为了防止或者减少诉讼中的违法行为，正确适用法律，惩罚犯罪，1996 年修改刑事诉讼法时增加立案监督的规定，作为第 87 条："人民检察院认为公安机关对应当立案侦查的案件而不立案侦查的，或者被害人认为公安机关对应当立案侦查的案件而不立案侦查，向人民检察院提出的，人民检察院应当要求公安机关说明不立案的理由。人民检察院认为公安机关不立案理由不能成立的，应当通知公安机关立案，公安机关接到通知后应当立案。"这一法律规定不仅强化了检察机关对启动刑事诉讼程序的监督，更重要的是它在甄别刑事犯罪与一般违法方面赋予检察机关更为主动的判断权，也可以视为诉讼监督保障行政法秩序的制度安排。

（一）刑事立案监督的本意在于防止"以罚代刑"

检察机关对刑事立案进行监督，是对公安机关履行刑事司法职责的监督。这项检察职能虽然规定在刑事诉讼法中，但不是一个纯粹的刑事法问题。法学理论根据违法行为的严重程度，大致将违法划分为犯罪与一般违法。犯罪学从社会秩序与人权保障的双重需要出发，根据社会的一般价值判断划分罪与非罪。行政法学虽然很少研究哪些行政法规则应当由刑事法律手段予以保障，但是，行政法的刑事法律保护却是行政法学不可回避的问题。

从功能来看，刑事立案监督表面上是督促公安机关履

行刑事侦查职责的过程，实质上是检察机关对于某一行为
是否构成犯罪作出具有一定权威性的判断。刑法规定的犯
罪，从性质上讲属于违法行为，是严重的违法行为。刑事
责任追究，主要由司法机关承担，而没有构成犯罪的违法
行为人依法应当承担行政法律责任，接受行政法律制裁。
从这个角度看，检察机关进行刑事立案监督，也可以视为
对行政执法的一种监控措施。

　　根据现行法律，刑事立案监督的对象主要指向兼具刑
事侦查与治安管理职能的公安机关。公安机关拥有治安处
罚决定权，在劳动教养决定程序中发挥着核心作用。表面
上看，刑事立案监督是对公安机关刑事司法职能的监督，
但在实践中，公安机关对于应当立案追究刑事责任而不立
案的犯罪，多数做行政处罚处理，即所谓"以罚代刑"。从
这个角度看，现行刑事诉讼法规定的刑事立案监督实际上
是为了防止公安机关"以罚代刑"。以行政处罚代替刑事制
裁不仅违反刑事法的规定，而且属于违法行政。从这个角
度讲，检察机关进行刑事立案监督，也是保障行政法治得
以实现的一种方式。

　　（二）刑事立案监督范围的不足与完善

　　刑事诉讼法规定的刑事立案监督制度，作为制约公安
机关权力的制度安排，对于促进公安机关依法履行职责发
挥了重要作用。但是，这一制度本身以及在运作中还存在
一些不足：

　　其一，检察机关缺乏及时了解公安机关治安处罚、劳
动教养处罚情况的信息平台。无论出于保障检察监督有效

性的需要，还是基于政务公开的原则，公安机关所作的重大行政处罚信息、公安机关受理的举报、控告线索都应当置于检察机关的视野之内。

其二，缺乏立案后的继续监督措施。检察机关通知公安机关立案的案件，按照法律规定，公安机关必须立案。实践中，有的公安机关接到检察机关立案通知之后，虽然立案，但怠于侦查，有的需要检察机关抓到犯罪嫌疑人之后送给公安机关，公安机关才真正开始侦查。

其三，无法制止公安机关滥用侦查权。按照法治原则要求，公安机关应当严格按照罪与非罪的界限追究犯罪。但是，实践中存在两种错误的做法：一是对构成犯罪应予立案的不予立案，从而放纵犯罪；二是对不构成犯罪依法不应立案的予以立案。现行法律只规定了检察机关对前一种情况进行监督。实践中，由于缺乏完善的错案责任追究机制，公安机关及其工作人员受利益驱动插手经济纠纷、为钱办案的现象曾经一度非常普遍，目前仍然没有完全杜绝。从保障刑事司法权公正行使的角度出发，有必要授权检察机关对公安机关不应当立案而立案的违法行为进行监督。在深化司法体制改革中，中央将检察机关对公安机关不应立案而立案的监督，作为强化检察监督的一项改革措施。可是，2012年刑事诉讼法对此未作规定，错过了以法律固定这一改革成果的机会。

二、对行政执法机关移送涉嫌犯罪案件进行监督

在中国，依法拥有行政制裁权的机关很多，不止公安

机关存在"以罚代刑"的问题。实践表明，仅对公安机关进行刑事立案监督，无法杜绝其他行政领域存在的"以罚代刑"问题。为此，法律有必要授权检察机关对行政执法机关移送涉嫌刑事犯罪案件进行直接监督。这种监督是以行政执法机关负有相应的职责为前提的。行政执法机关在履行职责中发现涉嫌犯罪的案件，应当依法移送；公安机关对于行政执法机关依法移送的案件，应当依法受理、立案。

（一）涉嫌犯罪案件从行政环节向司法环节流转的根据

首先，从体制上讲，我国对（公法上的）违法的追究实行犯罪追诉与一般违法追究分设的体制：一个是追究一般违法行为的行政执法体制；另一个是追究刑事犯罪的刑事司法体制。行政执法机关和刑事司法机关均严格按照职权法定原则配置职能。前者拥有行政处罚、行政处分等权能，但没有刑事制裁权；后者拥有刑事追诉和刑事制裁权，但没有行政制裁权。从理论上讲，这种分工清楚明确。赋予行政机关一定的制裁权，既有我国传统上行政权与司法权不分的因素，也有利于行政主体强力推行行政措施。司法机关专司刑事司法，有利于保障刑事制裁权的公正行使。尽管在行政执法与刑事司法活动中遵循刑事程序优先的原则，但事实上，由于行政机关承担着执法和社会管理、市场监管等多重职能，相当一部分刑事犯罪，尤其是行政犯，是行政执法机关先发现的。也就是说，行政制裁中涉及罪与非罪的判断首先是由行政执法机关独立完成的。行政机关的判断是最初判断，但不是最具权威性的判断。某一行为究竟是否构成犯罪，应当最终由刑事司法机关作出判断。在刑事司法系统中，检察机关判断的效力高于公安机关判断的效力，审判机关判断的效力高于检察机关判断的效力。移送涉嫌犯罪案件是行政执法机关的法定义务。为了督促行政机关履行这种义务，必须有相应的监督制度做保障。

其次，从立法技术上讲，一般违法与刑事犯罪，其行为表现往往相同，罪与非罪的界限主要是根据社会危害程度来进行划分的。从认识论的角度看，判断一个行为是犯罪还是一般违法，有时候并不是显而易见的，往往需要一个调查发现的过程。另外，一个违法行为达不到犯罪的程度，但如果行为人多次实施同类违法，就会发生违法性质的变化。例如，一次轻微盗窃行为可能因为数额不大不构成盗窃罪，但如果行为人实施了多次小额盗窃累积起来，达到法定数额，就构成犯罪了。诸如此类的问题，要求行政执法与刑事司法之间建立一套完整的衔接规程，以便按照职能分工依法追究违法和犯罪。

（二）检察机关监督移送涉嫌犯罪案件的权力来源

仅仅从规范层面明确双方的职责、义务并不足以解决有案不移送、以罚代刑等问题。对此，应当由公安机关还是检察机关对行政执法机关进行监督？移送涉嫌犯罪案件属于行政执法机关依据刑事诉讼法承担的义务，依法接受行政执法机关移送的涉嫌犯罪案件是公安机关的法定义务。一方面，公安机关隶属于行政系统，承担着部分行政执法职能，它对其他行政执法机关进行监督并不适合。另一方面，检察机关依法对刑事诉讼实行法律监督，如果将行政执法机关移送涉嫌犯罪案件视为刑事法上的一种义务，检察机关监督其移送涉嫌犯罪案件正是履行刑事诉讼监督职能的一部分。

其一，法律授权检察机关以侦查手段追诉拒不移交刑事犯罪案件的行政执法人员。

法律已经就监督行政执法机关移送涉嫌犯罪案件，赋予了检察机关一种强有力的监督手段。我国刑法第 402 条规定："行政执法人员徇私舞弊，对依法应当移交司法机关追究刑事责任的不移交，情节严重的，处三年以下有期徒刑或者拘役；造成严重后果的，处三年以上七年以下有期徒刑。"① 此即徇私舞弊不移交刑事案件罪。其犯罪主体是行政执法人员。按照侦查机关权限分工，② 这类犯罪属于检察机关自行侦查的案件。对徇私舞弊不移交刑事案件罪的侦查，可以视为是法律授权检察机关对公共行政的直接

---

① 行政处罚法第 61 条规定："行政机关为牟取本单位私利，对应当依法移交司法机关追究刑事责任的不移交，以行政处罚代替刑罚，由上级行政机关或者有关部门责令纠正；拒不纠正的，对直接负责的主管人员给予行政处分，徇私舞弊、包庇纵容违法行为的，比照刑法第一百八十八条的规定追究刑事责任。"这一规定先于 1997 年刑法。现在，这种情况应当适用刑法第 402 条予以刑事制裁。

② 1996 年刑事诉讼法第 18 条第 2 款规定："贪污贿赂犯罪，国家工作人员的渎职犯罪，国家机关工作人员利用职权实施的非法拘禁、刑讯逼供、报复陷害、非法搜查的侵犯公民人身权利的犯罪以及侵犯公民民主权利的犯罪，由人民检察院立案侦查。对于国家机关工作人员利用职权实施的其他重大的犯罪案件，需要由人民检察院直接受理的时候，经省级以上人民检察院决定，可以由人民检察院立案侦查。"1998 年《关于人民检察院直接受理立案侦查案件范围的规定》进一步明确了检察机关自侦案件的范围。

监督。

关于徇私舞弊不移交刑事案件罪的客观表现，有的学者认为，行政执法人员屈从私情，捏造、隐瞒事实，伪造、隐匿证据，对依法应当移交司法机关追究刑事责任的不移交，情节严重的，构成徇私舞弊拒不移交刑事案件罪。有的学者认为，行政执法人员对依法应当移交司法机关追究刑事责任的刑事案件，徇私情、私利，伪造材料，隐瞒情况，弄虚作假，不移交司法机关处理，情节严重的行为。① "徇私"，既包括为个人、他人牟取不正当利益，也包括为小团体利益或者部门、单位牟取不正当利益。"舞弊" 主要是隐瞒、淡化行为人构成犯罪的事实，将犯罪行为认定为一般违法行为。以徇私舞弊不移交刑事案件罪追究责任，前提是必须有徇私舞弊的情节。如果对罪与非罪的界限存在合理的认识分歧，而没有明显的舞弊情节，不属于犯罪。

最高人民检察院《关于渎职侵权犯罪案件立案标准的规定》提出，徇私舞弊不移交刑事案件罪是指工商行政管理、税务、监察等行政执法人员，徇私舞弊，对依法应当移交司法机关追究刑事责任的案件不移交，情节严重的行为。涉嫌下列情形之一的，应予立案：（1）对依法可能判处 3 年以上有期徒刑、无期徒刑、死刑的犯罪案件不移交的；（2）不移交刑事案件涉及 3 人次以上的；（3）司法机关提出意见后，无正当理由仍然不予移交的；（4）"以罚代刑"，放纵犯罪嫌

---

① 以上两种观点引自韩耀元：《渎职罪的定罪与量刑》，人民法院出版社 2000 年版，第 230 页。

疑人，致使犯罪嫌疑人继续进行违法犯罪活动的；（5）行政执法部门主管领导阻止移交的；（6）隐瞒、毁灭证据，伪造材料，改变刑事案件性质的；（7）直接负责的主管人员和其他直接责任人员为牟取本单位私利而不移交刑事案件，情节严重的；（8）其他情节严重的情形。

当然，法律授权检察机关侦查徇私舞弊不移交刑事案件罪，并不意味着同时授权检察机关可以其他方式监督行政执法机关移送涉嫌犯罪案件。根据刑事诉讼法确定的管辖分工，行政执法机关应当移送的涉嫌犯罪案件主要有两类：普通刑事犯罪；职务犯罪。前者由公安机关负责侦查；后者由检察机关立案侦查。那么，应当由公安机关还是检察机关来监督行政执法机关移送涉嫌犯罪案件，还是应当由公安机关和检察机关分别进行监督呢？相比之下，公安机关进行监督似乎更直接，检察机关监督似乎更有力度。如果追求最佳的监督效果与效率，这种监督权不应当由某一个机关单独行使，而是可以作为检察机关与公安机关共同的责任。

其二，检察机关通过国务院的行政法规、最高人民检察院与有关行政机关会签文件、地方检察院的实践探索实际取得了监督行政执法机关移送涉嫌犯罪案件的职能。

在我国，公安机关隶属于行政系统，兼具行政与司法双重职能。公安机关对行政执法机关移送案件进行监督，可以说是行政系统内部监督。而移送涉嫌犯罪案件涉及行政与司法的关系，检察机关进行监督更为有效。为保证行政执法机关向公安机关及时移送涉嫌犯罪案件，依法惩罚破坏社会主义市场经济秩序罪、妨害社会管理秩序罪以及其他罪，2001 年国务院《行政执法机关移送涉嫌犯罪案件的规定》要求：（1）行政执法机关在查处违法行为过程中，发现违法事实涉及的金额、情节、后果等，根据刑法规定，涉嫌构成犯罪，依法需要追究刑事责任的，必须依照规定向公安机关移送；（2）行政执法机关移送涉嫌犯罪案件以后，公安机关不予立案的，移送案件的行政执法机关可以提请公安机关复议，也可以建议人民检察院依法进行立案监督；（3）行政执法机关移送涉嫌犯罪案件，应当接受人民检察院和行政监察机关依法实施的监督，任何单位和个人对行政执法机关违反规定，应当向公安机关移送涉嫌犯罪案件而不移送的，有权向人民检察院、行政监察机关或者上级行政执法机关举报。

2001 年 9 月，最高人民检察院制定《人民检察院办理行政执法机关移送涉嫌犯罪案件的规定》，明确了检察机关内部办理行政执法机关移送涉嫌职务犯罪案件的办案流程等。2006 年 3 月，最高人民检察院会同全国整顿和规范市场经济秩序领导小组办公室、公安部和监察部联合发布《关于在行政执法中及时移送涉嫌犯罪案件的意见》，明确了行政执法机关和公安机关、检察机关相互配合、相互制约的具体要求：（1）行政执法机关对案情复杂、疑难，性质难以认定的案件，可以向公安、检察机关咨询。公安、检察机关应当在 7 日内回复意见。对重大、有影响的涉嫌犯罪案件，检察院可以根据公安机关的请求派员介入侦查，参加案件讨论，审查相关案件材料，提出取证建议。

（2）任何单位和个人发现行政执法机关不按规定移送涉嫌犯罪案件，可以举报。公安机关、检察院或者行政监察机关、上级行政执法机关应当及时处理，并向举报人反馈结果。（3）检察院接到控告、举报或者发现行政执法机关不移送涉嫌犯罪案件，经调查属实的，可以向行政执法机关查询案件情况，要求行政执法机关提供有关案件材料或者派员查阅案卷材料，行政执法机关应予配合。

围绕建立行政执法与刑事司法相衔接的机制，有的地方进行了探索。例如：

2005 年 6 月，上海市浦东新区检察院探索开发了"行政执法与刑事司法信息共享平台"。在平台页面上，共有案件移送、案件查询、监督管理、执法动态等 12 个功能模块。如果行政机关或公安机关不及时处理或超期处理案件，系统会自动预警提示。

2005 年 8 月，湖北省检察院、整规办、公安厅、监察厅联合下发《关于及时移送涉嫌经济犯罪与渎职贪污贿赂等职务犯罪案件的规定》，规定了行政执法机关、刑事执法机关、行政监察机关和检察机关联席会议、情况通报、信息共享及案件督办制度；明确了移送案件的具体内容，规定了各机关移送、检查、立案侦查、监督的程序，明确了相关法律责任；检察机关在个案检查中发现确属应当移送的案件而不移送的，可发出《移送案件通知书》，行政执法机关接到通知 7 日内必须移送，重大疑难案件，检察机关可提前介入，引导侦查并进行侦查监督。①

2006 年，江苏省常州市检察院通过政务网的联结，把市检察院和区检察院的上下二级网络连接起来，与行政执法机关实现互有互通，针对不同机关设置不同权限。

2006 年 11 月，海南省检察院、省整顿和规范市场经济秩序领导小组、省公安厅、省监察厅联合下发《关于在行政执法中及时移送涉嫌犯罪案件的意见》，要求海南省四部门逐步建立联席会议制度，行政执法机关向检察机关、"整规办"、公安机关、监察机关通报查处破坏市场经济秩序案件情况；公安机关向行政执法机关、检察机关、监察机关通报行政执法机关移送案件的受案、立案等处理情况；检察机关向行政执法机关、公安机关、监察机关通报移送案件监督情况；监察机关向行政执法机关、检察机关、公安机关、"整规办"通报有关违规违纪案件查处情况。检察机关对公安机关不立案的说明必要时可以进行调查。②

2008 年，中央深化司法体制改革意见将建立和完善刑事司法与行政执法执纪有效衔接机制列入司法改革任务。2009 年 10 月，全国人大常委会在审议最高人民检察院《关于加强渎职侵权检察工作促进依法行政和公正司法情况的报告》时，对落实和推进"两法衔接"工作提出明确要求。

---

① 许晓梅、陈灏、周泽春：《湖北建立行政执法与司法衔接新机制，检察机关发通知 7 日内移送案件》，载《法制日报》2005 年 8 月 25 日。

② 李轩甫、张翠玲：《海南规范行政执法移送涉罪案件，检察机关对公安机关不立案说明可进行必要调查》，载《检察日报》2006 年 11 月 18 日。

（三）检察机关监督行政执法机关移送案件的基本规范

关于检察机关监督行政执法机关移送涉嫌犯罪案件的基本规范主要有：2001 年国务院《行政执法机关移送涉嫌犯罪案件的规定》；中办、国办转发国务院法制办公室等部门《关于加强行政执法与刑事司法衔接工作的意见》（中办发［2011］8 号）；2006 年最高人民检察院与全国整顿和规范市场经济秩序领导小组办公室、公安部、监察部联合发布的《关于在行政执法中及时移送涉嫌犯罪案件的意见》等文件。其主要内容包括：

其一，行政执法机关在执法检查时，发现违法行为明显涉嫌犯罪的，应当及时向公安机关通报。接到通报后，公安机关应当立即派人进行调查，并依法作出立案或者不立案决定。公安机关立案后依法提请行政执法机关作出检验、鉴定、认定等协助的，行政执法机关应当予以协助。

其二，行政执法机关向公安机关移送涉嫌刑事犯罪案件，应当移交案件的全部材料，同时将案件移送书及有关材料目录抄送检察院。应当移送的材料包括：涉嫌犯罪案件移送书；举报材料；违法行为调查报告；有关检验报告或者鉴定意见；有关文书资料和有关涉嫌犯罪的材料；音像资料；其他应当移送的证明资料。公安机关对行政执法机关移送的涉嫌犯罪案件，应当以书面形式予以受理。受理后认为不属于本机关管辖的，应当及时转送有管辖权的机关，并书面告知移送案件的行政执法机关，同时抄送检察机关。对受理的案件，公安机关应当及时审查，依法作出立案或者不予立案的决定并书面通知行政执法机关，同时抄送检察院。公安机关立案后决定撤销案件的，应当书面通知行政执法机关，同时抄送检察院。公安机关作出不立案决定或者撤销案件的，应当将案卷材料退回行政执法机关，行政执法机关应当对案件依法作出处理。检察机关对作出不起诉决定的案件，认为依法应当给予行政处罚的，应当提出检察建议，移送有关行政执法机关处理。

其三，行政执法机关不移送涉嫌犯罪案件或者逾期未移送的，由本级或者上级人民政府，或者实行垂直管理的上级行政机关，责令限期移送；情节严重的，对负有责任的主管人员和其他直接责任人员依法给予处分；构成犯罪的，依法追究刑事责任。检察院发现行政执法机关不移送或者逾期未移送的，应当向行政执法机关提出意见，建议其移送。检察院建议移送的，行政执法机关应当立即移送，并将有关材料及时抄送检察院；行政执法机关仍不移送的，检察院应当将有关情况书面通知公安机关，公安机关应当根据检察院的意见，主动向行政执法机关查询案件，必要时直接立案侦查。

其四，公安机关不受理行政执法机关移送的案件，或者未在法定期限内作出立案或者不予立案决定的，行政执法机关可以建议检察院进行立案监督。行政执法机关对公安机关作出的不予立案决定有异议的，可以向作出决定的公安机关提请复议，也可以建议检察院进行立案监督；对公安机关不予立案的复议决定仍有异议的，可以建议检察院进行立案监督。行政执法机关对公安机关立案后作出撤销案件的决定有异议的，可以建议检察院进行立案监督。检察院对行政执法机关提出的立案监督建议，应当依法受理并进行审查。

其五，检察机关发现行政执法人员不移送涉嫌犯罪案件，公安机关工作人员不依法受理、立案，需要追究行政纪律责任的，应当将可以证明违纪违法事实的材料移送行政监察机关，由行政监察机关依纪依法处理；涉嫌犯罪的，应当依法追究刑事责任。行政监察机关发现行政执法人员不移送涉嫌犯罪案件，公安机关工作人员不依法受理、立案，违反行政纪律需要追究责任的，应当依纪依法处理；情节严重、涉嫌犯罪的，应当移送检察院。对于行政执法机关或者检察院移送行政监察机关的违纪案件线索，行政监察机关应当及时受理，认真审查，依纪依法处理，并将处理结果及时书面告知移送案件线索的行政执法机关或者人民检察院。

三、完善检察机关监督移送涉嫌犯罪案件制度构想

行政执法与刑事司法衔接机制，对于促进涉嫌犯罪案件从行政执法机关向刑事司法机关移转，发挥了重要的积极作用，也为完善法律制度积累了宝贵的经验。但是，这种机制仍然是建立在对行政执法机关信任的基础之上，监督机关没有法律赋予的调查权，是否移交仍然主要依靠行政执法机关的自觉。根据刑事诉讼法的规定，行政执法机关应当移送的涉嫌犯罪案件，绝大多数属于公安机关主管，公安机关有主动侦查犯罪的职权，行政执法机关有义务配

合。行政法规规定，公民、组织发现行政执法机关拒不移交涉嫌犯罪案件的，向检察院和行政监察机关举报。这并不意味着公安机关、检察机关、行政监察机关无权主动调查是否存在"以罚代刑"、不移交涉嫌犯罪案件的情况。如果行政法规规定检察机关拥有调查权，或许违反司法职权法律保留原则。目前，助长"以罚代刑"的诱因仍然没有消除，① 而行政执法机关移送涉嫌犯罪案件仍然不符合全部、及时的要求。主要还是因为"柔性监督多，刚性监督少；对事监督多，对人监督少；表层问题监督多，深层问

---

① 改革开放以后，随着经济体制改革的进展，社会分配格局发生了很大变化。由于经济转轨时期，新旧体制的冲突，各项规章制度的不完善和监督的缺位，一些地方财政对行政执法机关实行"以收定支"，行政执法机关在利益驱动下乱罚款、乱收费、乱摊派，既扰乱了市场经济秩序，加重了企业和社会的负担，又造成私设"小金库"、贪污浪费等问题，损害了政府形象，助长了不正之风和腐败现象。中央三令五申，要求斩断执法行为与执法者之间的利益联系。1990 年，针对一些地区和部门"三乱"屡禁不止的现象，中共中央、国务院发布《关于坚决制止乱收费、乱罚款和各种摊派的决定》，首次提出"收支两条线"的概念。1995 年行政处罚法规定了罚款与执行相分离的制度。1996年，国务院发布《关于加强预算外资金管理的决定》，明确预算外资金是国家财政性资金，要上缴财政专户，实行"收支两条线"管理。党的十五大以后，中央纪委将"收支两条线"改革作为从源头上治理腐败的重要措施大力推动。但是，这些改革措施，重点放在了"收"的方面，还没有实现真正收支脱钩的"收支两条线"管理。党的十五届六中全会通过的《关于加强和改进党的作风建设的决定》，要求从制度上、源头上治理腐败，明确提出，执收执罚部门都要严格执行"收支两条线"管理。中纪委将"收支两条线"改革作为源头治本的重点加以推动。"收支两条线"对于遏制行政执法机关的罚款冲动，具有积极作用。但由于种种原因，时至今日，一些地方财政仍然对执法机关暗地里实行"以收定支"，没有实现真正收支脱钩。行政执法机关罚款自利、"以罚代刑"的动机没有得到有效遏制。

题监督少"①。在观念层面上，有些行政执法机关移送意识不强，存在本位主义；有些行政执法机关收集、固定证据的意识不强，影响了案件的移送和办理。在行为表现上，个别行政执法人员存在徇私舞弊、贪赃枉法而不移送刑事案件。在物质保障上，大部分地方尚未建立"两法衔接"信息共享平台，部分已经建立信息共享平台的地方，行政执法机关录入信息不及时、不规范。在法律保障上，缺乏最高立法机关的统一规定，仅仅依靠各级检察机关与行政机关会签文件、召开联席会议等方式，难免陷入乞丐式监督的尴尬。

上述情况表明，杜绝"以罚代刑"任务艰巨，现有的行政执法与刑事司法衔接机制局限明显。具体说来，主要表现在：其一，不利于检察机关依法独立行使检察权。目前检察机关对行政执法机关移送涉嫌犯罪的监督职能主要是通过"协议"方式取得的。由于缺乏明确的法律依据，各级检察院行使这种职权也是在经过有关行政执法机关"同意"的情况下进行的。② 虽然这种方式有利于整合监督资源、实现优势互补，有利于监督机关之间相互提供专业技术支持，但是，由于检察职能缺乏明确的法律授权，没有对方的同意，检察机关实际上难以履行监督职责。其二，不利于监督行政执法机关依法移送案件。从实践情况

① 张逢青：《行政执法机关移送涉嫌犯罪案件缘何少》，载《检察日报》2004 年 3 月 12 日。

② 陈国超：《我市检察审计部门加强协作推进廉政建设，案件线索移送达成协议》，载《珠海特区报》2006 年 9 月 13 日。

来看，行政执法机关移送涉嫌犯罪案件后公安机关不予立案的情况比较少见。较为突出的问题是，行政执法机关"以罚代刑"，而相对人从中逃避了刑事制裁，不可能向司法机关告发。因此，基于"协商"的监督，不是监督行政执法机关移送涉嫌犯罪案件的有效机制。其三，检察机关履行职责缺乏有效的知情渠道。虽然法律授权检察机关对公安机关立案进行监督，行政法规明确规定行政执法机关移送刑事案件要接受检察机关监督。但是，如果行政执法机关不移交涉嫌犯罪案件，检察机关没有合适的渠道了解事实真相。其四，与鼓励公民、组织举报犯罪的激励机制相脱节。虽然国家历来鼓励公民与犯罪行为作斗争，行政法规明确了公民、组织对行政执法机关拒不移交涉嫌犯罪案件可以举报，但是，行政执法机关拒不移交涉嫌犯罪案件，通常没有直接、具体的受害者，公民、组织缺乏举报的积极性。

为了监督和保障涉嫌犯罪案件顺利地从行政执法环节向刑事司法环节移转，建议根据我国执法与司法体制的特点，建立针对所有行政执法机关的重大行政行为监督制度。

（一）建立健全检察机关实时监控行政执法的信息共享平台

随着行政执法规范化程度逐步提高，行政执法档案记录了行政机关作出行政决定的主要信息。行政机关所作的重大行政处罚决定，常常涉及罪与非罪的考量。在罪与非罪的问题上，刑事司法机关的判断优于行政执法机关的判断。一些重大行政审批事项，往往涉及重大公共利益，一且违法可能会造成非常严重的后果，从而发生职务犯罪。在信息技术高度发达的今天，行政机关向检察机关公开行政信息，不仅符合行政公开的大趋势，而且可以避免检察机关反复进行实地查询影响行政机关正常工作。① 关于行政执法机关向检察机关、行政监察机关信息公开的范围，向监督机关公开与向社会公开的关系，还需要进一步深入研究。将来制定行政程序法，可以考虑建立特定行政执法信息向检察机关同步公开的制度。

各级地方有必要充分利用已有电子政务网络和信息共享公共基础设施等资源，将行政执法与刑事司法衔接信息共享平台建设纳入电子政务建设规划，拟定信息共享平台建设规划，尽快完成，以充分运用现代信息技术实现行政执法机关、公安机关、检察机关之间执法、司法信息互联互通。行政执法机关应当在规定时间内，将查处的符合刑事追诉标准、涉嫌犯罪的案件信息以及虽未达到刑事追诉标准，但有其他严重情节的案件信息等录入信息共享平台。各有关机关应当在规定时间内，将移送案件、办理移送案件的相关信息录入信息共享平台。加强对信息共享平台的管理，严格遵守共享信息的使用权限。

---

① 行政公开是现代行政活动应当遵循的一项基本原则，也是行政主体的法定义务。行政执法信息，除涉及当事人隐私、商业秘密的之外，都应当向社会公开。既然能够向当事人公开，甚至向社会公开，就没有什么不可以向其他国家机关公开的。因此，赋予检察机关调取行政执法资料的职权，并不影响行政权的独立性，也不会影响行政效率。2003 年初，浙江省永康市人民检察院与有关行政执法机关探索建立了行政执法资料移送检察机关备案的机制。浙江省永康市人民检察院调研组：《行政执法资料移送检察机关备案制度之展开》，载《国家检察官学院学报》2006 年第 2 期。

（二）明确检察机关监督移送涉嫌犯罪案件的具体措施

刑事责任是最严厉的法律责任。侦查程序的启动必然给当事人带来不利影响，为此检察机关敦促行政执法机关移送涉嫌犯罪案件应当建立在一定的事实判断的基础之上。在这方面，国外有类似规定。如《俄罗斯联邦刑事诉讼法》第 37 条规定，检察长有权向任何调查机关调取刑事案件并将案件移送给侦查员。在调查过程中，可以向有关人员了解情况，也可以调阅与案件有关的材料，包括诉讼卷宗等。

检察机关是否有权在监督行政执法机关移送涉嫌犯罪案件时进行调查取证？这是一个存在分歧的问题。有的学者认为，现行法律虽然没有明确规定检察机关拥有调查权，但并不意味着检察机关不能行使调查权，因为宪法将检察机关定性为法律监督机关，就隐含了检察机关可以为实现监督目的而诉诸必要的调查手段的意蕴。每一种权力都需要一些辅助性的权力。检察机关为履行法律监督职责，客观上具有进行调查的合理需求。宪法将法律监督权授予检察机关，其原意即包括调查权在内。①

我们倾向于认为，关于检察机关基于刑事追诉与刑事诉讼监督职能进行调查，现行法律其实是有授权的。不过，这种授权不够具体。2012 年刑事诉讼法在"证据"一章明确规定检察机关拥有调查取证权。该法第 50 条规定，检察人员"必须依照法律程序，收集能够证实犯罪嫌疑人、被

---

① 浙江省永康市人民检察院调研组：《行政执法资料移送检察机关备案制度之展开》，载《国家检察官学院学报》2006 年第 2 期。

告人有罪或者无罪、犯罪情节轻重的各种证据。"第 52 条第 1 款规定，公检法机关"有权向有关单位和个人收集、调取证据。有关单位和个人应当如实提供证据。"然而，该法第 110 条规定，"人民法院、人民检察院或者公安机关对于报案、控告、举报和自首的材料，应当按照管辖范围，迅速进行审查，认为有犯罪事实需要追究刑事责任的时候，应当立案；认为没有犯罪事实，或者犯罪事实显著轻微，不需要追究刑事责任的时候，不予立案，并且将不立案的原因通知控告人。"

从实践情况来看，仅仅对报案、控告、举报和自首材料进行书面审查常常不足以判断是否确有犯罪事实。因此，2012 年刑事诉讼法第 110 条规定对报案、控告、举报和自首进行及时"审查"，不仅限于对有关材料进行书面审查，更重要的是进行调查了解，其中包含相关部门予以配合的义务。这种配合义务，只有通过法律规定明确下来，才具有强制约束有关组织和个人的效力。

行政执法与刑事司法相衔接的机制，体现了检察机关对行政执法活动进行监督的需求。但是，从规范依据上看，这些规范可以说是刑事诉讼法关于检察机关立案监督职能的授权的派生规范。仅仅从这一法律规定还不能推导出检察机关对行政执法机关的监督职能，实践中难免会遇到监督手段不足等问题。因此，以法律的形式明确检察机关对行政执法机关移送涉嫌犯罪案件进行监督，赋予检察机关必要的监督措施，势在必行。2012 年刑事诉讼法未作相应的规定。建议在修改人民检察院组织法时增加规定：人民

检察院对于行政执法机关作行政处罚的案件，或者行政执
法机关掌握的案件线索，可能涉嫌犯罪的，可以向行政执
法机关查询行政执法案卷材料，行政执法机关应当配合；
检察院认为行政执法机关作行政处罚或行政处分的案件，
确实构成犯罪的，应当通知行政执法机关按照管辖规定向
公安机关移送涉嫌犯罪案件，行政执法机关应当执行，并
将执行情况回复检察院；行政执法机关不移送的，检察院
可以将案件线索直接移送公安机关立案侦查。

后　记

　　大家看到的这部《行政检察制度论》，是在我的博士论文的基础上修改完善形成的。籍此书出版之际，我想谈谈自己研究行政检察的动因和大致过程；回顾自己二十年来学术成长道路上的一些片段；向那些给予我指导、关心、鼓励和帮助的学界前辈、同仁以及同行、同事致谢。

（一）

　　行政检察既是行政法制度的一部分，又是检察制度的重要内容。行政法学以控制行政权作为基本的理念和追求，而行政检察是以检察权监督行政权的制度。过去，行政法学主要通过研究行政主体控制、行政程序控制以及个体权利保障等来促进监督行政的制度建设，推动我国法治政府建设实现了跨越式发展。起初，诸如审计、监察、检察等以公权力监督行政权的制度安排，在行政法学教科书中偶尔出现。随着行政法学理论日趋成熟，这些监督制度慢慢从行政法学体系中淡出。从制度建构的角度看，新中国历来注重以公权力监督公权力的制度建设。与审计、监察不同，检察制度是我国社会主义宪法规定的以公权力监督公权力的重要制度安排，检察监督是国家权力监督体系的重要组成部分。行政法学有必要为检察权监督行政权的制度提供必要的理论支持。可是,过去行政法学对此并未给予足够的关注,行政法学中一些成熟的理论和原则也未能在检察制度建设与检察机关活动中充分发挥其应有的作用。从这个角度讲,行政检察是行政法学中的一个重要命题。

行政检察理论在我国检察学中应当具有重要地位。我国检察机关之所以是法律监督机关,不仅因为它承担了刑事诉讼职能与三大诉讼监督职能,更因为它具有监督行政权的功能。过去二十多年间,特别是近十年来,检察学成果为完善我国社会主义司法制度提供了直接的理论支持。由于多种客观原因,系统研究检察权监督行政权问题的重要性最近才凸显出来。

与一般的理论研究就刑事法原理说刑事法制度、就行政法原理说行政法制度不同,研究行政检察需要不同学科的知识背景与理论积累。我本来学习的是行政法学专业,虽然从事过刑事、民事办案与研究工作,也发表过一些论文,但要完成这么宏大的命题,我并没有完全充足的理论储备。所幸的是,刑事检察学近年来已经日趋成熟,我完全没有必要再去重复前人走过的路。因此,本书的部分章节运用行政法学原理来分析检察现象、检察制度与检察规则。从这个角度看,本书拓展了行政法理论在检察制度形成与检察权运行中的适用空间。作者以区分行政检察维系国家机器正常运转的功能与调节社会关系的功能为前提,正面回应理论界基于三权分立、公民社会、信息时代等观念与现实因素对检察制度提出的新挑战;首次系统分析职务犯罪构成与行政法理论之间的相互关系，将检察机关监督行政行为的可能性置于已有监督行政法律制度的框架下进行考量，提出了一系列完善行政检察制度的建议和设想。

我对行政检察的关注可以追溯到 12 年前。2001 年，我有幸参加了主要由中国和葡萄牙的部、局级官员参加的"中葡公共行政监督研讨会"，在大会上作了题为《检察机关对公共行政的监督》的发言，尝试性地概括了我国检察权依法监督行政权的各项职能，并于会后将发言提纲整理修改后公开发表；2004 年，在《中国宪政体制下检察机关监督职能研究——检察权制约行政权的单向分析》一文中探索性地阐述检察权与行政权之间监督与被监督关系；2010 年，在江必新教授指导下，完成了题为《中国行政检察制度研究》的博士论文，初步勾勒出行政检察制度的基本框架；2011 年，发表《行政检察基本体系初论》一文。今年以来，我有幸聆听了高检院有关领导关于行政检察问题的教导，在资深检察学专家的带领下完成了相关专题的研究工作。

（二）

中国政法大学研究生院是我从事法学研究的起点。自从 1993 年踏进学院路 41 号（现西土城路 25 号）的大门，阅读与写作已成为我的生活习惯。1994 年，我攻读硕士期间提交的第一篇学期作业《论国家赔偿的违法原则》发表在《行政法学研究》上，不久被人大复印资料全文转载。

1996 年，在马怀德教授和刘莘教授悉心指导下，我完成了题为《行政许可法律制度的功能与范围》的硕士论文，针对当时学术界特别是经济学界普遍认为行政许可与审批属于计划经济特有产物、应当取消的观念，文章分析了行政许可制度产生的基础及其在市场经济体制下存在的必要性，提出行政许可是市场经济条件下政府进行市场监管必不可少的行政措施，国家应当规范而不是取消行政许可等观点。1997年，发表《论行政许可的范围》、《论行政许可的功能》两篇论文，至今已被中国知网收录的200多篇论文引用。《论行政许可的范围》一文被人大复印资料全文转载，该文首先提出行政许可标准的概念，并且分析了申请在先、条件优越、考试、拍卖等标准的适用条件与规则；《论行政许可的功能》一文系统分析了行政许可承载的实现行政目标、维护竞争秩序、提高社会服务质量等功能。

1996年到2002年这段时间，我有幸大量接触、审查或办理民事、行政申诉案件。透过具体案件，可以发现一些容易为人们所忽视的规则与规律。例如，诚实信用是一项重要的民法基本原则，被誉为民法中的"帝王条款"，然而传统行政法学并没有意识到诚实信用在规制行政主体与相对人行为方面的重要意义。我在办理行政案件时发现，有的相对人违背诚信却可以通过行政法上的救济程序获得支持，从而损害其他公民、组织的合法权益。我在中国法学会行政法学研究会1997年年会上提出，行政法学应当确立诚实信用原则，无论行政主体还是行政相对人都应当遵守。现在，诚信原则已经成为公认的行政法基本原则。

上个世纪的中国行政法学还是一个非常年轻的学科，有太多的问题需要研究。作为后学的我们很容易发现一些新问题。例如，上个世纪九十年代，行政法学界借助推动制定国家赔偿法的机会，对于国家赔偿的违法责任原则作了深入的研究，尚未涉及行政侵权的归责原则体系。我在接触大量案件后发现，并不是所有的行政侵权都可以适用违法责任原则归责，行政侵权行为多样化的特点决定了行政侵权归责原则的多元化，各种归责原则可以构成一个完整的行政侵权法归责原则体系。1999 年，我发表了《行政侵权归责原则初论》一文，该文既没有遵循"私法有公法也应当有"的逻辑，也没有遵循"外国有中国也应当有"的逻辑，而是以大量行政案例和行政判决为素材，具体分析了违法责任原则、过错责任原则、行政不当责任原则、严格责任原则在行政侵权法中的适用规则。

这段时间，我还有机会经常聆听检察官们对民事检察、行政诉讼检察制度的见解。当时，学界关于民事检察和行政诉讼检察的研究还集中于观念层面。1998 年，我先后发表了《略论民事行政抗诉程序的目的》、《民事行政抗诉程序的价值》两篇论文，分析了民事、行政抗诉制度在当今中国存在的合理性；提出"对于各个利益主体而言，无论他是申诉人、被申诉人，还是其他任何公民、组织，都享有利用这一程序维护自身利益的权利"等观点。

调查取证是民事检察监督中常用的审查方式。1991 年民事诉讼法对此未作规定，实践中各地做法不一。1999 年，我发表了《民行抗诉程序中检察机关的调查取证权》一文，提出在审查案卷的基础上，"对于生效裁判是否建立在充分的证据基础上，审判活动是否违反法定程序，审判人员在审理该案时是否有贪污受贿、徇私舞弊、枉法裁判行为等关系到生效裁判合法性的事实问题的审查判断，很大程度上依赖于检察机关对相关事实的调查取证。"该文系统分析了检察机关调查取证的对象、措施、效力等。

2000 年，我发表了《民事行政抗诉理由及适用标准》一文，被人大复印资料全文转载。自此，我开始使用"抗诉标准"、"抗诉事由"等概念，主张对每个具体抗诉案件中抗诉事由的适用应当有明确、统一的尺度；指出 1991 年民事诉讼法第 185 条以"认定事实的主要证据不足"作为抗诉事由之一，与民事诉讼证据规则存在矛盾，在"谁主张、谁举证"的规则之下不存在必不可少的证据。"认定事实的主要证据不足"，可以表述为裁判违背证据规则，对于必须有证据支持才能认定的事实，在没有足够证据支持的情况下即作出认定。

对于任何研究者来说，学术荒地都是可遇不可求的。多数情况下，我们需要在热点问题上辛苦地耕耘。研究者通常需要掌握第一手客观全面、清楚明了的学术前沿信息。在应松年教授的支持和鼓励下，我对行政法学前沿理论问题进行深度的文字加工和提炼，独立完成了两部学术综述：《中国行政法学前沿问题报告（1997－1999 年卷）》、《中国行政法学前沿问题报告（2000－2002 年卷）》。前者曾经被中央党校指定为从省部级干部培训班到大学函授班的必备参考书，成为多个高等院校行政法学专业考研参考书。这两部作品被中国知网收录的近 600 篇学位论文和期刊论文引用。

　　1989 年行政诉讼法、1991 年民事诉讼法制定于我国从计划经济向市场经济过渡时期，较好地体现了保护个体利益的精神，却忽视了诉讼中的公益保护。我从 1999 年开始研究检察机关提起行政公诉的可能性。此后，随着研究的深入，我意识到，相比行政执法，公益诉讼的魅力在于起诉主体的不确定性，如果由某一个机关垄断行使公益诉讼起诉权，必然使得公益诉讼的制度优势丧失殆尽。基于检察机关过去没有充分行使刑事诉讼法授予的刑事附带民事公诉职能这一前提，我于 2011 年发表的《修订民事诉讼法与深化民事检察制度改革基本问题研究》一文适当调整了自己的观点，该文后来被人大复印资料全文转载。

　　在我看来，发挥检察机关在民事诉讼中维护公益的作用，首要的是确保检察机关依法履行提起刑事附带民事公诉的职责。为此，我于 2012 年先后发表了两篇论文：《论刑事诉讼中的民事责任》、《论刑事附带民事诉讼程序完善》。当然，过去地方检察机关探索的督促有关主体提起民事诉讼，也是检察机关发挥维护公益职能的一种较为可行的措施。但在理论上人们对于督促起诉还存在认识分歧。我于 2010 年发表了《构建民事督促起诉制度的基本问题》一文，提出检察机关督促起诉的对象是负有公法上义务的主体，国有财产权益监管者作为市场主体时仍然对国家和政府负有公法上的义务。我希望这一判断能够为检察机关督促起诉提供一些理论支持。

2011 年，我还发表了《修订人民检察院组织法基本问题与主要观点评介》一文，将个人观点隐含其中，希望能为研究者提供客观、全面的信息帮助。该文被人大复印资料全文转载。

2012 年，《新民事诉讼法讲义——申诉、抗诉与再审》一书出版。该书系统分析了民事诉讼检察监督制度承载的维护法制统一、调节利益关系、促进公平正义、促进司法公正、强化司法救济、化解矛盾纠纷、维护公共利益等功能；提出民事诉讼检察监督应当兼顾形式正义与实质正义，统筹个体正义、局部正义与整体正义，兼顾法律监督与权利救济等主张；阐述了界定民事检察监督范围的法理基础，分析了诉讼经济原理、检察职权法定、私法上的处分原则、诉讼活动的互动性原理、检察机关有限监督的原理对于确定民事诉讼检察监督范围的影响。

需要说明的是，我的研究只是在具体的专业领域探寻社会现象背后的规律，只有秉持客观、理性的研究态度，追求个人学术判断与社会公众一般判断相协调，才有可能对社会进步、公共决策有所助益。

（三）

作为一名身在国家机关的研究者，我没有高校和科研机构学者那样的名头、待遇和悠闲，若不全身心投入则无法胜任本职工作，写书、写文章只能利用工作之余。我之所以能够长期坚持理论研究，这与众多前辈、领导、同事的鼓励、支持和帮助密不可分。我的博士导师江必新教授非凡的学术修养、理性的学术风格、严谨的治学态度一直激励着我。感谢江老师长期以来的关心、指导与教诲。德高望重的应松年教授是我攻读硕士时期中国政法大学的导师组组长。他卓越的学术号召力、敏锐的学术判断力，使我虽身处司法机关却无法割舍对行政法学、行政法治的研究和热爱。我的硕士导师马怀德教授、刘莘教授杰出的学术成就、高尚的学术品格、谦和的处事方式，一直是我学习的楷模。前国务院法制局黄曙海副局长，我非常敬重的长辈，在我的学术成长道路上多次相助，使我对中国行政法制进程的详细了解向前延展到八十年代初，使我有机会在 2000 年前后的短短两年时间出版多部学术著作，赢得出版机构和学界同仁认可。感谢中国政法大学行政法学专业导师组的所有老师，以及曾经为我授课的各位老师。写作博士论文过程中，得到王万华教授、刘飞教授、张越博士、张红博士、邵长茂博士、廖希飞博士、兰燕卓博士、张兆成博士、张步勇律师、宋利平检察官的宝贵建议与无私帮助，在此一并感谢！

高检院机关既是检察信息汇集之所，又是群英荟萃之地。我在研习检察学的过程中，得到了众多前辈和同仁的支持、启发和鼓励。他们有些是在法学界享有盛誉的学者，也是我的领导。如果在这里一一表示感谢，确有阿谀奉承之嫌，也可能让人产生奉命研究的联想。我可以负责任地说，书中经过论证形成的所有观点、建议和设想，均出自本人的独立判断。

我想特别提到的是 2002 年以来的经历与收获。这十多年间，我作为普通研究人员，有幸参加检察改革的研究论证，全程参加推进和深化司法体制改革的研究论证，亲历中国社会主义司法制度走向完善的这段历史，在工作中向法学界与司法界名宿们学习分析法律现象和法学问题的方法，感悟决策者在各种观点相互激荡中果敢决策的智慧与艺术。这段经历，让我更加清楚地认识到，为了在国家法治进程中尽自己的绵薄之力，我们需要增强学术敏感性，不断发现和研究对国家和社会有价值的问题。作为信息时代的研究者，我们还要经常面对海量的信息、观点和主张，合乎逻辑地去伪存真。

感谢中国检察出版社领导的大力支持，感谢史朝霞副主任和杜英琴编辑的辛勤付出！

和天下的所有子女一样，我对父母的感情也是最无法用言语表达的。父母在我年少时以微薄收入养育我和兄弟姐妹长大成人，供养我们上学，帮助我解开成长道路上的一道道难题。对于耄耋之年的父母，我深感愧疚。由于工作原因，我无法经常回到父母身边陪伴；由于经济原因，我无力改善父母的生活环境。我的妻子十几年如一日承担了几乎所有家务，为我在工作之余从事研究创造了很好的条件。我的儿子已经初中毕业，他的成长加深了我对人生价值的理解。他没有以"拼爹"的方式赢在起跑线上，却在平淡的生活与学习中积累了不少优秀品质。我希望他以勤勉和智慧书写自己的美好人生！

本书只是提供一种系统分析检察权与行政权之间监督与被监督关系的框架与思路，提出一些将行政法理论与规则运用于检察制度、检察活动的视角与观点。囿于认识能力和研究能力的局限，书中有些观点不一定准确，希望能为大家将来继续研究提供一种思路，期待读者批评指正。

张步洪

2013 年 7 月于北京